DIREITOS MÁXIMOS, DEVERES MÍNIMOS

BRUNO GARSCHAGEN

DIREITOS MÁXIMOS, DEVERES MÍNIMOS

12ª edição

EDITORA RECORD
RIO DE JANEIRO • SÃO PAULO
2021

CIP-BRASIL. CATALOGAÇÃO NA PUBLICAÇÃO
SINDICATO NACIONAL DOS EDITORES DE LIVROS, RJ

G227d
12ª ed.
    Garschagen, Bruno
    Direitos máximos, deveres mínimos: o Festival de Privilégios que Assola o Brasil / Bruno Garschagen. – 12ª ed. – Rio de Janeiro: Record, 2021.

    Inclui bibliografia
    ISBN 978-85-01-11453-2

    1. Ensaios brasileiros. I. Título.

18-49897

CDD: 869.4
CDU: 82-4(81)

Leandra Felix da Cruz – Bibliotecária – CRB-7/6135

Copyright © Bruno Garschagen, 2018

Todos os direitos reservados. Proibida a reprodução, armazenamento ou transmissão de partes deste livro, através de quaisquer meios, sem prévia autorização por escrito.

Texto revisado segundo o novo Acordo Ortográfico da Língua Portuguesa.

Direitos exclusivos desta edição reservados pela
EDITORA RECORD LTDA.
Rua Argentina, 171 – Rio de Janeiro, RJ – 20921-380 – Tel.: (21) 2585-2000.

Impresso no Brasil

ISBN 978-85-01-11453-2

Seja um leitor preferencial Record.
Cadastre-se em www.record.com.br e receba informações sobre nossos lançamentos e nossas promoções.

Atendimento e venda direta ao leitor:
sac@record.com.br

Sumário

PARTE 1: DIREITOS E PRIVILÉGIOS

1. Universalização dos direitos — 15
2. Origem revolucionária — 21
3. Contra os direitos abstratos — 25
4. Racionalismo dogmático — 31
5. Constituição Cidadã? — 35
6. Ensino, ideologia e mentalidade — 43
7. Privilégio não é exclusividade de homens brancos, heterossexuais e ricos — 51
8. Direito ou privilégio? — 53
9. A Batalha dos Rentistas — 57

PARTE 2: PRIVILÉGIOS NO ESTADO

1. Privilegiado esclarecido: o que prefere servir a ser vítima do Estado — 63
2. Poder Judiciário: auxílios para dar e vender, vestido e maquiagem, terno novo em Miami — 75
3. Poder Executivo: do foro privilegiado às regalias de ex--presidente presidiário — 99

4. Poder Legislativo: os parlamentares mais bem remunerados da América Latina — 109
5. Tribunal de Contas: vitaliciedade, auxílio-aluguel, 15º salário — 117
6. Ministério Público: benefícios não tributados, auxílio-creche e jornada TQQ — 119
7. Privilégios compartilhados: a irrealidade salarial do País das Maravilhas — 123

PARTE 3: PRIVILÉGIOS NA SOCIEDADE

1. Privilegiado ignorante: o que nada vê e não quer nem saber — 139
2. País da Meia-Entrada: quem ganha e quem perde? — 143
3. Ensino superior: se ficar o privilégio pega, se correr o privilégio come — 147
4. Saúde: SUS, judicialização, intervencionismo estatal — 155
5. Aborto: licença privilegiada para matar — 171
6. LGBTTI: privilégio em razão do gênero — 187
7. Empresários: opção preferencial pela servidão — 201
8. Ordem dos Advogados do Brasil (OAB): monopólio, reserva de mercado, benesses constitucionais — 223
9. CLT e Justiça do Trabalho: privilégios trabalhistas e como fui obrigado pela empresa onde eu trabalhava a processá-la — 229
10. Criminosos: do estuprador no Enem à impunidade como privilégio — 249

PARTE 4: PRIVILÉGIOS, RESPONSABILIDADE E O SENTIDO DA VIDA

1. A dinâmica incoercível do Estado moderno — 285
2. Incentivos e privilégios — 289
3. Paternalismo de pai ausente — 295

4. O equívoco do patrimonialismo — 301
5. Privilégios são justificáveis? — 303
6. Em busca de sentido — 307
7. Dever e responsabilidade: que nação queremos ser? — 315

Agradecimentos — 321
Notas — 323
Bibliografia — 369

PARTE 1

DIREITOS E PRIVILÉGIOS

O saudoso Stanislaw Ponte Preta, pseudônimo do jornalista Sérgio Porto, denunciou com humor e inteligência o Festival de Besteiras que Assola o Brasil (Febeapá). Nesse rol entravam com regularidade privilégios de autoridades. Ele disse que era "difícil ao historiador precisar o dia em que o Festival de Besteira começou a assolar o país".[1] Nesta primeira metade do século XXI, digo o mesmo: é igualmente árduo para o estudioso precisar o dia em que teve início o Festival de Privilégios que Assola o Brasil.

Desde o primeiro Febeapá, Stanislaw descreveu a mentalidade das elites políticas e servidoras do Estado. Uma historieta é simbólica. Aconteceu durante entrevista na qual o então deputado federal Arnaldo Cerdeira tentou justificar os reajustes constantes promovidos por ele e seus colegas nos próprios vencimentos com uma confissão de princípios: "Quando eu entrei para a política, meus charutos custavam 300 réis, agora estão custando 1.200 cruzeiros cada um."[2] A mentalidade se mantém, e os charutos de outrora foram convertidos em vencimentos, paletós, moradia, ensino, enfim, toda sorte de auxílios, benefícios, regalias, em suma, de privilégios.

O espírito satírico de Stanislaw está presente neste livro, que é uma exposição do atual estado da arte dos privilégios e suas implicações no âmbito do dever e da responsabilidade. O subtítulo é uma confessa e desabrida homenagem. Mais do que isso: é uma síntese das benesses ocultas sob a forma de direitos que beneficiam tanto políticos e funcionários públicos, categorias mais expostas à observação, quanto os que não trabalham para o Estado brasileiro.

Mostrarei aqui que o grupo de privilegiados é mais amplo do que costumamos pensar. Inclui pessoas que são beneficiadas em razão de singularidades econômicas, físicas, sexuais, etárias. De advogados a estudantes, de abortistas a trabalhadores com carteira assinada, de sindicalistas a criminosos, de empresários a LGBTTIs, no âmbito dos privilégios, muitos são aqueles que dançam conforme o verso da canção de Dominguinhos: "Quem tá fora quer entrar, mas quem tá dentro não sai."

Mas, afinal, onde começa essa história?

Até um passado recente, não era comum se falar sobre direitos com tanta ênfase e volúpia como hoje. A partir da década de 1990, o mote "eu tenho direito" foi um mantra incentivado pela exuberante fauna de políticos, intelectuais, jornalistas, sindicalistas, professores, sociólogos. E foi alçado a um misto de princípio absoluto com categoria de pensamento.

Um dos símbolos populares dessa época era o repórter Celso Russomano. No programa *Aqui e agora*, do SBT, Russomano contava histórias de pessoas que foram ludibriadas por empresas, tomava-lhes a defesa e forçava a barra para que houvesse uma negociação. Tornou-se para sua audiência um *justiceiro do bem*. A cada negociação concluída, a cada promessa de que seria, o repórter encerrava a matéria com o bordão que o tornou famoso: "Estando bom para ambas as partes, Celso Russomano, aqui e agora."

Numa época em que os brasileiros descobriam que tinham direitos e que estes deveriam ser respeitados por empresários e prestadores de serviço a quem faltavam (e faltam) responsabilidades,

Russomano cumpria uma função. Mas, ao priorizar a mensagem do "eu tenho direitos", o repórter a sobrepôs ao dever e à responsabilidade dos lesados. Assim, quem assistia a ele na TV só registrava duas informações: empresário é tudo igual e meus direitos não são respeitados.

A fama de *justiceiro do bem* beneficiou Russomano na TV e, depois, na política. Em 1994, ele venceu a primeira de cinco eleições para deputado federal. Sua bandeira continuou a ser a defesa do consumidor. Ao fazer carreira vendendo a ideia de direitos com a valiosa colaboração da ação anticapitalista de empresários e profissionais no Brasil, reforçou no senso comum a ideia de que a iniciativa privada não pode ser livre e que a criação de direitos era a salvação do país.

Mas a história começa antes, com a atuação dos movimentos sociais que ganharam força na década de 1970 — e prolongaram-se pela década de 1980[3] — na esteira do Ato Institucional nº 5 de 1968, que inaugurou, de fato e de direito, a ditadura militar no Brasil.

O fim de "muitos tipos de movimentos sociais" era (e continua a ser) "reescrever as regras institucionais do jogo e do poder políticos — redefinindo assim o próprio jogo — para que, de modo crescente, incluam e se baseiem em novas regras democráticas do poder social/civil".[4] Seus influenciadores e até mesmo protagonistas contavam com um número cada vez maior de pessoas que iniciaram a ocupação estratégica de espaços na música, no jornalismo, na literatura, no ensino, no serviço estatal, na política informal, na política formal, até na Igreja Católica.

Esse trabalho foi amparado intelectualmente e inserido na universidade por entidades como a Associação Nacional de Pós-Graduação e Pesquisa em Ciências Sociais (Anpocs), a Associação Nacional de Pós-Graduação e Pesquisa em Educação (Anped), a Sociedade Brasileira para o Progresso da Ciência (SBPC), a Sociedade Brasileira de Sociologia (SBS) e as Conferências Brasileiras de Educação (CBEs), que "passaram a debater os problemas socioeconômicos e políticos e a destacar os grupos e movimentos sociais envolvidos". Os eventos realizados por essas associações "pautaram, no fim dos anos 1970 e durante a década de 1980, em seus grupos de trabalho e pesquisa, mesas e debates, o tema dos movimentos sociais".[5] Esse trabalho ganhava visibilidade e legitimidade na grande imprensa por meio dos jornalistas de esquerda ou simpatizantes da causa.

O fim do regime militar no Brasil fez romper o dique dos anseios, desejos e utopias de vários grupos, mais ou menos organizados, que encontraram no debate que antecedeu a Constituição de 1988 seu instrumento de escape e, depois, sua porta de entrada para o paraíso perdido. A discussão sobre direitos sociais atingiu o grau máximo da Escala Richter dos Direitos quando da Assembleia Constituinte em 1987, convocada durante o governo de José Sarney, o primeiro presidente civil de esquerda após a ditadura.

As demandas de grupos de interesse que foram represadas durante o regime inundaram a Constituinte. Por vontade própria ou premidos por grupos de pressão, incluindo os movimentos sociais, seus membros quiseram inserir algum tipo de *direito* e *privilégio* no texto.

Ainda sob a ressaca dos 21 anos de governos de presidentes militares, pareciam agir como se a futura Constituição fosse uma tábua de salvação do país e um escudo contra qualquer nova tentativa de instauração de um regime autoritário. E assim foi feito. Aprovada pelo Congresso Nacional, a Constituição Federal de 1988 inaugurou a Era dos Direitos e Privilégios na história brasileira — e isto não é um elogio.

A seu reboque veio uma série de leis que aumentaram a confusão entre direito e privilégio, desde aquelas que garantiam aos políticos e servidores do Estado (magistrados, procuradores, promotores) regalias as mais variadas até os benefícios atribuídos a grupos da sociedade em função de suas singularidades econômica, racial, física, etária, sexual, penal, profissional. São frutos desse momento da história nacional o Código de Defesa do Consumidor, o Estatuto da Criança e do Adolescente, o Estatuto do Idoso, direitos dos índios, leis contra o racismo, contra a homofobia, contra o feminicídio; a lista é infindável.

Para legitimar esse sortilégio legal, houve também o desenvolvimento de um pensamento jurídico que moldou a maneira como os profissionais do Direito passaram a atuar e como nós passamos a perceber os direitos e a confundi-los com privilégios. O novo cenário jurídico-social acabou criando incentivos para a judicialização em várias dimensões, da saúde à política.

A pressão dos movimentos sociais e a vontade dos políticos são, entretanto, parte da explicação sobre a natureza da Constituição ora em vigor em relação a direitos e privilégios. Há, acima de tudo, uma dimensão ideológica que fundamenta o pensamento e a ação daqueles grupos e que ajuda a iluminar o projeto de concessão de *direitos* e *privilégios* incorporado na nossa Carta Magna, uma história que começou do outro lado do Atlântico.

1 Universalização dos direitos

Costuma-se atribuir à Declaração dos Direitos do Homem e do Cidadão, de 1789, a universalização dos Direitos Naturais. Mas o Direito Natural presente na Declaração era uma versão degenerada porque estruturada num *racionalismo dogmático* e na criação de *direitos abstratos*, dois conceitos que explicarei adiante.

Como se acreditava que o homem — e não mais Deus — era a fonte primordial dos direitos, a legislação escrita era legítima porque resultado da razão e do labor humanos. Teleologicamente, a *Declaração* revolucionária criou nova mentalidade política e um novo tipo de Estado.

Nos seus 17 artigos, certas palavras tiveram suas concepções originais corrompidas e a prática política foi a expressão fiel dessa hipocrisia formal. Liberdade e igualdade não mais significavam liberdade e igualdade.

A própria Assembleia que promulgou a *Declaração* tomou decisões que violaram direitos que o documento supostamente deveria resguardar ao realizar prisões arbitrárias, massacres, e proibir as congregações e os votos religiosos. Como bem observou Alfredo Sáenz, "em nome da liberdade (abstrata) foram abolidas as liberdades concretas".

Desapareceram as "liberdades concretas dos homens, nas corporações, nas comunas, nas regiões" porque "foram absorvidas pela administração centralizada". O Estado francês, observou o jurista brasileiro José Pedro Galvão de Sousa, sacrificou as liberdades individuais e econômicas para facilitar o controle da sociedade e dificultar resistências, e "impor as suas regulamentações e a disciplina legislativa".[2]

Protegidos dos grupos orgânicos que poderiam lhes fazer frente, os agentes estatais ainda contaram com valioso apoio dos grandes capitalistas, que eram igualmente beneficiados porque protegidos da concorrência.

A "forte coloração jusnaturalística" que afirmava "a liberdade do Cidadão em face do Estado" foi corrompida pelos revolucionários franceses e pelos integrantes de movimentos "que, noutros países, subverteram a ordem política para aplicar os princípios de 1789". Isso ajuda a entender por que, "depois de cada guerra, de cada revolução, de cada golpe ou tentativa de subversão da ordem, o poder do Estado sai fortalecido e senhor de maiores atribuições".[3]

As normas, que antes eram um produto da vida em comunidade e das vontades e necessidades da monarquia absolutista, passaram a ser o resultado da divinização do racionalismo dogmático, que os revolucionários pretenderam colocar no lugar de Deus e da religião. A razão não mais poderia ser "limitada pelos constrangimentos da religião".[4]

Os revolucionários franceses foram profundamente influenciados pelos *philosophes*, para quem, segundo a historiadora Gertrude Himmelfarb, "a razão não era apenas oposta à religião ou definida em oposição a ela; reconhecia-se a razão como tendo o mesmo status absoluto e dogmático da religião".[5]

Uma das mais destacadas influências da mentalidade revolucionária na França foi o filósofo Jean-Jacques Rousseau. Seu apego à razão dogmática e o desprezo em relação à realidade política eram, antes de tudo, uma tentativa de submeter o mundo concreto e os indivíduos a um esquema teórico que julgava o melhor em qualquer circunstância.

O racionalismo dogmático de Rousseau era a manifestação de uma teoria perfectibilista de mundo e da natureza humana, por isso confinada no mundo das ideias. Como a realidade concreta é o que é, e não o que deveria ser, o filósofo francês criou sua própria para a partir dela esboçar respostas políticas.

Para que sua concepção fizesse sentido, entretanto, Rousseau alienou da *vontade geral*[6] os propósitos, vontades, capacidades, talentos, limitações, enfim, todas as singularidades existentes nos indivíduos que compõem a sociedade, ao estabelecer a distinção daquela com a vontade de todos (o conjunto dos interesses particulares).

O filósofo francês pretendeu incorporar todas as especificidades humanas em uma mesma e única vontade geral, que, a rigor, só existe no plano teórico, mas que, ironicamente, passou a ser alicerce e instrumento de ideologia, de retórica política e de políticas públicas no mundo ocidental.

A ideia política de Rousseau tornou-se vitoriosa no Ocidente, contaminando a própria noção do que são direitos e a justificativa para a criação de leis. Sua tese foi usada para atribuir poder e legitimidade ao político, ao legislador, ao juiz e a todos aqueles que orientam, definem e aplicam o Direito e concedem direitos e privilégios. Porque desvinculados das pessoas concretas, eles podem utilizar a vontade geral como fundamento ou pressuposto de suas ações.

Esse é um aspecto interessante do teste da teoria na prática. Ao ser realizada, a vontade geral tornou-se a vontade particular de quem detém o poder político. Rousseau, sejamos justos, alertou exatamente sobre o perigo da supremacia do interesse privado sobre o interesse comum no exercício do poder político,[7] muito embora suas ideias políticas não pudessem pavimentar outro caminho que não esse.

Longe de resolver esse antagonismo entre individualismo e coletivismo, um resultado surpreendente da Revolução Francesa foi desprender os homens de seus laços sociais e religiosos, e criar uma "poeira de indivíduos em face do poder do Estado, único que surge para manipular a 'massa' e imprimir-lhe uma direção".[8]

Não sendo mais um corpo orgânico constituído por associações e grupos intermédios, que foram destruídos ou desmobilizados no decorrer do processo revolucionário, sobraram na sociedade indivíduos que careciam de vínculos com seus agrupamentos naturais e históricos. Surge daí um paradoxo: o *individualismo coletivista*.

Dessa constatação, talvez não surpreenda a observação do jurista José Pedro Galvão de Sousa segundo a qual "o monismo individualista preparou o monismo totalitário, [...] aquela concepção da sociedade política reduzida a uma simples soma de indivíduos e a supressão dos corpos intermediários".[9] A desmedida centralização do poder político foi o seu resultado óbvio.

É fato, portanto, o vínculo entre a destruição das instituições tradicionais promovida pelos revolucionários, que fizeram "tábua rasa do Direito histórico",[10] e o fortalecimento do poder estatal sobre a sociedade. Quando Napoleão emergiu na cena política francesa, o Estado centralizado foi instrumento útil e decisivo para a construção de seu projeto de poder. O mesmo aconteceu em outros países do mundo com personagens autoritários distintos, mas resultados parecidos.

O que "tornou possível ao Estado encampar a direção da vida social nos seus variados aspectos foi a destruição paulatina das autoridades sociais e a transferência de todo o poder para o Estado".[11] Quando o poder político passa a ser um instrumento de agressão, "a autoridade do Estado, cuja razão de ser é assegurar a ordem social, perverte-se, então, num fator destrutivo desta ordem".[12]

Foi a luta do Estado contra os poderes criados dentro da sociedade que, segundo Bertrand de Jouvenel, conduziu à "destruição de todo comando em proveito apenas do comando estatal"; à "plena liberdade de cada um em relação a todas as autoridades familiares e sociais, paga por uma completa submissão ao Estado"; à "perfeita igualdade de todos os cidadãos entre si, ao preço de seu igual aniquilamento diante do poder estatal, seu senhor absoluto"; ao "desaparecimento de toda força que não venha do Estado, a negação de toda superioridade que não seja consagrada pelo Estado"; e à "atomização social, a ruptura de todos os laços particulares entre os homens, mantidos juntos apenas por sua comum servidão para com o Estado".[13]

Ao serem rompidos os vínculos particulares, o elo artificial entre as pessoas passa a ser o *Minotauro*, como Jouvenel chamava o Estado, que Thomas Hobbes apelidou de Leviatã[14] e João Camilo de Oliveira Torres, de Megatério.[15] Se a única força existente é a estatal, os direitos e privilégios estabelecidos pelo Minotauro têm autoridade e legitimidade inquestionáveis.

Se é verdade que entre os séculos XII e XVII o poder do Minotauro aumentou como nunca antes, a partir do século XVIII expandiu-se contínua e rapidamente. Mas uma vil novidade passou a dificultar a reação e a estimular a inação: o poder político deixou de ser visível, "manifestado na pessoa do Rei", para se transformar no "instrumento impessoal e sem paixão da vontade geral".[16]

2 Origem revolucionária

A natureza revolucionária das Constituições francesas de 1789 e 1791 está expressa em vários níveis, desde a linguagem que atribuiu novos significados às palavras até a estatização da sociedade, também na forma de concessão de direitos abstratos.

Ao pretender refundar a sociedade francesa, era compreensível que os revolucionários quisessem começar pela destruição das antigas formas de posição social e política. Tomemos o exemplo da qualificação de *cidadão* escolhida para definir cada pessoa de forma distinta à da antiga ordem aristocrática e assim romper vínculos culturais. Porque as instituições aristocráticas feriam "a liberdade e a igualdade dos direitos", decidiu-se que não mais haveria "nobreza, nem pariato, nem distinções hereditárias, nem distinções de ordens, nem regime feudal, nem justiças patrimoniais, nem qualquer dos títulos, denominações e prerrogativas que deles derivavam, nem qualquer ordem de cavalaria, de corporações ou condecorações para as quais se exigiram provas de nobreza, ou que supunham distinções de nascença, nem qualquer outra superioridade senão aquela de funcionários públicos no exercício de suas funções".[1]

No seu célebre *Ensaio sobre privilégios*, o abade católico Emmanuel Joseph Sieyès fez um ataque direcionado contra, primordialmente, a hereditariedade da nobreza.² Por estratégia retórica e política, ele, que, influenciado por Rousseau, foi um dos principais teóricos da Revolução, dividiu a França entre *privilegiados* (a nobreza) e *não privilegiados* (o povo). O comportamento da nobreza francesa, de todas as formas privilegiada, foi muito útil para Sieyès insurgir-se em nome do interesse público,³ alimentar o ódio de classe e anabolizar o ressentimento social.

Outra mudança foi a divisão entre *cidadãos ativos* e *cidadãos passivos* institucionalizada pela Constituição de 1791. O primeiro grupo era alfabetizado, tinha patrimônio, pagava tributos mais elevados, tinha direitos de propriedade, de voto e de participar do governo. O segundo não tinha direito de votar, era proibido de participar do governo e não tinha patrimônio, embora tivesse suas liberdades protegidas formalmente pela lei.

O estatuto de cidadão tinha um propósito, como explica Miguel Morgado em seu livro *A aristocracia e os seus críticos*. Como "o caminho da França para a modernização exigia o reconhecimento e a faticidade do sentimento de semelhança humana", a "cidadania só poderia realizar-se uma vez activado o sentimento de pertença a um corpo homogéneo, a uma comunidade de iguais".⁴ Para realizar-se, contudo, "impunha-se uma espécie de *sinoicismo* actualizado", porque "a única lealdade política possível era a que se dirigia a um espaço unificado e, de uma certa perspectiva jurídico-política, indivisível".⁵

O novo poder revolucionário também estabeleceu um novo estatuto individual de posse e exercício de direitos políticos, e de pertencimento e residência dentro do território do Estado.⁶ Até o Antigo Regime, as formas de obter cidadania eram mediatas e, portanto, mais amplas e sujeitas a menor controle do poder político.

A mudança na estrutura de pertencimento promovida pela Revolução Francesa deixou o indivíduo à mercê do poder estatal, ele que não mais desfrutava da proteção dos grupos intermédios até então existentes. Para agravar o problema, o Estado detinha mais recursos e, portanto, uma capacidade maior de controlar a vida dos cidadãos.⁷

O fato de não mais haver intermediação entre o poder político e o indivíduo permitiu ao Estado expandir a tributação direta e assim extinguir a autonomia de atividades econômicas, instituir o serviço militar obrigatório para todos os cidadãos e impor regulações específicas aos estrangeiros.

Foi graças à "racionalização e a codificação legal da cidadania" que o Minotauro aumentou o seu poder e pôde exigir dos seus nacionais fazer ou deixar de fazer, "determinar quem era ou não cidadão" e "excluir ou regular os não cidadãos".[8] E, apesar de todos serem tratados por *cidadãos* com status de igualdade perante a lei, privilégios e benesses foram preservados e outros foram criados, mas com outros nomes. Os revolucionários franceses derrubaram os privilégios do Antigo Regime para inaugurar os próprios privilégios no novo regime.

Para forjar uma aparência de realidade positiva que não existia — ou que era pior do que a que havia sob o regime anterior —, fez-se necesssário deturpar a linguagem. Afinal, sendo a revolução uma obra de burgueses franceses e não do povo, as desigualdades concretas, a começar pela social, não poderiam ser abolidas somente pelas promessas inscritas na lei.

A *Declaração* e Constituição francesas foram instrumentos jurídicos e políticos poderosos que naturalizaram os ideais da revolução e legitimaram o Minotauro. A sua influência na formulação das constituições europeias só não provocou mais danos porque muitas nações tinham a sua própria cultura, que funcionou inicialmente como um escudo contra o espírito revolucionário.

Mas todas elas sofreram (e sofrem) em alguma medida com os resultados concretos das tentativas de aplicação do lema revolucionário, que pavimentou o caminho para uma liberdade artificial, uma fraternidade sem vínculos e uma igualdade compulsória baseada na promoção da desigualdade.

3 Contra os direitos abstratos

A crítica pioneira formulada por Edmund Burke contra os direitos abstratos dos revolucionários franceses[1] é valiosa para compreendermos os fundamentos que alicerçam constituições e legislações ao redor do mundo e, claro, no Brasil. Sua posição era, sobretudo, contrária "à abstração empobrecedora que isola o indivíduo como se ele mantivesse a sua natureza desintegrada da sociedade e como se não fosse necessário pensá-lo como intrinsecamente social".[2] Burke identificava a *abstração* com as teorias acerca dos direitos do homem, e a *realidade* com a natureza humana.[3] Ao reivindicar e prometer determinados direitos abstratamente, os revolucionários ignoraram a natureza do homem[4] e, portanto, a realidade.

A discrepância entre abstração e realidade, segundo Burke, tinha como consequência a promessa de direitos sem a preocupação com sua realização concreta. Os direitos abstratos eram, portanto, as reivindicações de caráter formal e positivo que estavam dissociadas da realidade. Poeticamente, explicou que "esses direitos metafísicos, ao entrar na vida comum, como raios de luz que penetram num meio denso, são refractados do seu percurso linear, pelas leis da natureza".[5] A realidade, como sói acontecer, enquadra a abstração, mesmo em sua versão radical.

A partir daí se percebe que "os pretensos direitos destes teóricos são todos extremos e, na proporção em que são metafisicamente verdadeiros, são moral e politicamente falsos".[6] Para esses teóricos dos *direitos metafísicos*, "o direito do povo é, quase sempre, sofisticadamente confundido com o seu poder".[7]

No contrato social entre os mortos, os vivos e os que hão de nascer, Burke via a possibilidade concreta de preservar o legado benéfico, construído com árduo e longo labor, que foi deixado pelas sucessivas gerações de um povo. Nessa sociedade, os indivíduos reconhecem um bem maior que não deve ser desfeito porque conduz a uma vida boa.

Faz parte desse compromisso cultural, moral, espiritual entre sucessivas gerações garantir que todos tenham "o direito de fazer tudo aquilo que possa fazer individualmente, sem violar direitos alheios", além de "uma razoável porção de tudo aquilo que a sociedade, com todas as suas combinações de capacidade e força, por fazer em seu favor. Nesta parceria todos os homens têm iguais direitos".[8] Mas isso não poderia ser realizado de forma plena e abstrata porque, segundo explica Ivone Moreira em *A filosofia política de Edmund Burke*, o intelectual britânico considerava "impensável em sociedade reivindicar direitos cuja satisfação a colocaria em risco".[9]

Burke considerava o governo "uma invenção da sabedoria humana para prover às necessidades humanas" cujas satisfações os homens tinham direito. Mas dentre as "necessidades humanas" estava "uma suficiente restrição das paixões". É exigência social que "as paixões dos indivíduos sejam refreadas" e que "as inclinações dos homens devam ser frequentemente contrariadas, a sua vontade controlada e as suas paixões domadas".[10]

Dentre os *direitos dos homens*, forma que Burke encontrou para contrapor a dimensão coletivista e abstrata contida na expressão *direitos do homem*, contavam-se não apenas a liberdade, mas as suas restrições.[11] São precisamente as paixões humanas, explicou João

Pereira Coutinho em *Política e perfeição: um estudo sobre o pluralismo de Edmund Burke e Isaiah Berlin*, "a forma incontrolada como os Homens acreditam ser credores de direitos e a forma como tudo fazem para os obter".[12]

Quando tais restrições são eliminadas pela destruição do compromisso cultural, moral, espiritual, que é um desapreço pelo que as "gerações anteriores construíram",[13] não há impeditivos políticos e éticos para a promessa de concessão de direitos abstratos e de privilégios. Nesse sentido, a Declaração dos Direitos do Homem e do Cidadão era, na opinião de Burke, a grande proposta intelectual para elevar os direitos abstratos a um grau de superioridade jamais visto.

Vários autores partiram dessa crítica aos direitos abstratos para apontar problemas específicos de suas épocas. Um deles foi, ironicamente, um francês, que analisou a conexão entre *direito* e *direitos humanos* e atualizou a posição de Burke ao identificar outras questões que emergiram no século XX.

Em *O direito e os direitos humanos*, o filósofo Michel Villey notou que os direitos humanos eram frutos da esperança que o mundo moderno depositou "na grande máquina estatal desenha por Hobbes — o Deus terrestre, Leviatã". O seu corolário foi fazer com que toda a ordem jurídica emanasse do Estado e se fechasse em suas próprias leis.[14]

Principalmente depois da Primeira Guerra Mundial, no início do século XX, esse Leviatã agigantou-se trazendo no DNA de seu sistema político e do seu ordenamento jurídico a natureza dos direitos abstratos denunciada por Burke no século XVIII. Só assim é possível perceber a linha de continuidade entre a Declaração dos Direitos do Homem e do Cidadão da França (1789), a Declaração Universal das Nações Unidas (1948), a Convenção Europeia dos Direitos Humanos (1950),[15] e a Constituição Federal brasileira (1988).

Porque abstratas, as pautas políticas desses documentos jamais conseguiram atingir plenamente os seus objetivos. "Os 'direitos do homem' são *irreais*. Sua impotência é manifesta", denunciou Villey, para quem os direitos humanos são "um ideal: modelos de realização da liberdade individual (para Kant, o valor jurídico supremo) e de igualdade".[16]

O equívoco de declarações como a da ONU e de constituições como a da França (e, acrescento eu, a do Brasil) é, segundo Villey, "prometer demais: a vida, a cultura, a saúde igual para todos".[17] E quando nada disso é cumprido? "É delicioso ver-se prometer o infinito: mas, depois disso, surpreenda-se se a promessa não for cumprida."

Não cumprir as promessas talvez seja parte essencial da existência de constituições, documentos universais, organizações internacionais, assim como o ocultamento da estratégia ideológica que motivou a sua criação e que garante a sua permanência.

A Declaração Universal dos Direitos Humanos da ONU, por exemplo, não apenas errou idealisticamente ao pretender "igualar direitos sociais e econômicos (direito ao trabalho, direito à saúde, férias remuneradas) aos direitos políticos tradicionais (governo por consentimento dos governados, devido processo legal etc.)". O documento tentou também estabelecer uma "equivalência moral entre as democracias capitalistas liberais e os regimes comunistas ou autointitulados socialistas".[18]

Apesar de não ter conseguido fazê-lo em sua plenitude, por outro lado, a Declaração da ONU forneceu aos representantes de regimes autoritários e totalitários um instrumento legal e internacional que frustrava qualquer esforço para estabelecer um julgamento moral comparado formulado pelos representantes de países que defendiam as liberdades.[19]

Os críticos desse prolongamento revolucionário na história por meio de constituições e legislações locais e de documentos internacionais não negam a importância de haver leis e organizações que protejam efetivamente os indivíduos. A questão aqui é outra. É construir projetos políticos com agendas ideológicas ocultas que são fundamentadas em direitos abstratos que geram consequências perversas na sociedade.

4 Racionalismo dogmático

Direitos abstratos e agendas ideológicas ocultas foram usados como armas de batalha política por intelectuais e a *intelligentsia*. Inoculados com o vírus revolucionário, eles deram nova feição ao Direito, à Justiça e modificaram a natureza da lei, que deixou de ser a expressão de um imperativo do Direito Natural, de um juízo moral comunitário, de um vínculo entre direito e dever.

A lei passou, então, a ser entendida como um instrumento que prescindia da tradição, da cultura, das regras sociais, dos hábitos dos indivíduos, dos fatos da vida cotidiana, enfim, de todos os elementos que estabeleciam um grau de familiaridade entre a norma e a experiência do homem em comunidade. Desfeitos os laços que ligavam a lei às pessoas e à realidade, para legisladores e magistrados, tudo seria possível.

Ao acreditarem "que a função da razão era produzir princípios universais independentes de história, circunstância e espírito nacional", esses *philosophes* amplificavam a assertiva de Condorcet segundo a qual "uma boa lei deve ser boa para todos os homens, assim como uma proposição verdadeira é verdadeira para todos".[1] Retirada de seu contexto, a frase é perigosa porque oculta a sua real intenção e pode até parecer correta. Ela omite, porém, seu duplo equívoco, que explica a mentalidade que orienta e define o comportamento do político-legislador, dos profissionais do Direito, dos militantes de *causas sociais*.

O primeiro equívoco foi descartar o contexto cultural e social a partir do qual os princípios universais são criados. Descartá-los é ignorar o homem que lá vive e que é, ele próprio, o agente fundamental que dá vida à história, à circunstância e ao espírito nacional. É uma utopia política prescindir do homem e da própria realidade para forjar preceitos normativos abstratos que não se enquadram à circunstância histórica e social para a qual foram supostamente criados. O propósito é, contudo, mesmo esse: adequar o homem e a realidade aos princípios criados, não o contrário.

O segundo erro pode ser entendido como o *racionalismo na política*, conceito elaborado pelo filósofo político Michael Oakeshott para explicar um tipo de racionalidade moderna e dogmática que jamais duvida do "poder da sua 'razão' (quando usada adequadamente) para determinar o valor de algo, a verdade de uma opinião ou a justeza de uma ação".[2]

A ação política racionalista, segundo Oakeshott, considera que para toda e qualquer questão haverá uma única solução racional e que esta será a melhor. O racionalista acredita que "a solução 'racional' de qualquer problema é, em sua própria natureza, a solução perfeita". Para ele não existe o melhor de acordo com as circunstâncias, somente o melhor, pois "a função da razão é precisamente superar as circunstâncias".[3]

Fundamentada na crença de que existe "uma 'razão' comum a toda a humanidade",[4] a política racionalista conduz necessariamente a uma política de padronização da sociedade. O não reconhecimento do que é *melhor dadas as circunstâncias* impede que haja variedade.[5] O racionalista rejeita a diversidade porque a entende como adversária do projeto de uniformização.

Ao identificar essas dimensões do racionalismo na política, Oakeshott avaliou a adequação da tese contrária, ou seja, a de que inexiste um único remédio universal para todos os problemas políticos e que é preferível haver escolhas que não sejam dogmaticamente racionalistas, porque todas elas necessariamente coincidem — coincidência esta que é, no caso da atividade política, a base de um projeto de poder uniformizador e autoritário.

O filósofo inglês observou que a história moderna da Europa estava repleta de projetos políticos racionalistas caracterizados pela "disposição comum para acreditar que a engrenagem política pode substituir a educação moral e política".[6] Exemplo disso era fundar sociedades baseadas em documentos que elevassem questões nacionais ou raciais a princípios universais, como a Declaração dos Direitos do Homem e do Cidadão.[7]

No direito abstrato criticado por Burke e nas expressões jurídicas do racionalismo na política apontadas por Oakeshott, subsistem a ideia de perfeição do ser humano e a de igualdade. Como observou Alexis de Tocqueville em *A democracia na América*, a igualdade não fez nascer a ideia de perfectibilidade humana, mas lhe atribuiu um novo caráter. Há, portanto, vínculos que se manifestam de várias maneiras.

Nas sociedades democráticas, o problema insolúvel localiza-se na ampliação excessiva dos limites da noção "segundo a qual o homem é indefinidamente perfectível", tese que as sociedades aristocráticas, segundo Tocqueville, estavam propensas a estreitar.[8]

A extinção gradual do espírito da aristocracia que fundamentava o antigo modelo social e político deixou a democracia vulnerável à ampliação desmedida do novo caráter da perfectibilidade humana atribuído pela igualdade. O ideal igualitário, sem os freios da sociedade aristocrática, foi, então, se tornando uma proposta mais ampla e distinta do que a original igualdade perante a lei.

As consequências da aplicação do ideal igualitário não foram, entretanto, uma traição à sua natureza como pode parecer. Foi, de fato, o corolário de uma igualdade abstrata, que, uma vez convertida em lei, produz consequências imprevistas e não intencionais.

Uma delas é a violação da igualdade perante a lei em nome do combate a diversas desigualdades. Na tentativa de corrigir injustiças sociais que não são resolvidas pela igualdade legal, alguns são beneficiados em função da sua condição ou especificidade enquanto outros são prejudicados. A igualdade é, então, posta em causa para que seja realizada a igualdade de oportunidades ou até mesmo a igualdade de resultados, propostas que foram teoricamente justificadas por John Rawls em seu influente *Uma teoria da justiça*.[9]

Nessa proposta, há autores que vão além. No livro *Levando os direitos a sério*,[10] Ronald Dworkin argumenta em favor da concessão ou restrição de *direitos* e *privilégios* segundo um igualitarismo radical, que é estabelecido por meio da política. A partir daí, o Estado pode obrigar alguém ou uma instituição a fazer ou deixar de fazer algo em nome da igualdade com o objetivo de privilegiar parcelas da sociedade que conseguem se articular politicamente. Tudo dependerá de quem concede (elites políticas) e para quem concede (grupos de pressão). Por essa ótica, há quem mereça e quem não mereça ser beneficiado.

A Constituição brasileira de 1988 é um exemplo significativo de documento que congrega as dimensões que acabei de pontuar.

5 Constituição Cidadã?

Num discurso proferido no dia 3 de fevereiro de 1987, durante a terceira sessão da Assembleia Constituinte, seu presidente, o deputado Ulysses Guimarães, asseverou que a "Constituição deve ser — e será — o instrumento jurídico para o exercício da liberdade e da plena realização do homem brasileiro. [...] Toda a história política tem sido a da luta do homem para realizar, na terra, o grande ideal de igualdade e fraternidade".[1]

Mais de um ano depois, no dia 5 de outubro de 1988, Ulysses realizaria novo discurso, dessa feita para celebrar o resultado do trabalho da Assembleia, a promulgação da Constituição de 1988. Com sua verve habitual, admitiu que a Carta Magna não era perfeita porque admitia reforma, mas se era aceitável contra ela divergir, era inconcebível descumpri-la ou afrontá-la. Quem o fizesse, seria um "traidor da Constituição", um "traidor da pátria".[2]

Os excertos de ambos os discursos iluminam o espírito da Constituição de 1988 pela voz de seu símbolo maior na política da época. A Carta Magna seria instrumento mítico, semidivino, de realização plena do homem fundamentado nos ideais da França revolucionária: igualdade e fraternidade. Quem ousasse afrontá-la, seria nada menos do que um pérfido atraiçoador.

A influência da Revolução Francesa no texto e nos discursos não foi obra do acaso, muito menos o fato de a Carta Magna de 1988 ter sido apelidada de *Constituição Cidadã*. Desde a nossa primeira, de 1824, mas sobretudo a partir da segunda, de 1891, a tradição constitucional brasileira foi sendo desenvolvida sob a influência, primeiro, das legislações portuguesas desde as Ordenações Afonsinas no século XV, e posteriormente, das ideias revolucionárias expressas na Declaração dos Direitos do Homem e do Cidadão de 1789 e da Constituição da França de 1791, que, por sua vez, foram influenciadas pela Declaração de Independência e pela Constituição dos Estados Unidos de 1787.

O legado jurídico de Portugal nos serviu aqui para organizar, "por meio de cargos e privilégios", o Estado, a ordem e a burocracia estatal, e também moldar na elite brasileira a disposição para conceder *privilégio* para quem está ou que faz parte da estrutura do poder político,[3] dentro da qual a benesse é instrumento tão valioso quanto cigarro em presídio. O legado revolucionário francês, por sua vez, se refletiu na cultura de concessão de direitos abstratos que, de forma não intencional, legitimaram a criação de privilégios.

Outra influência marcante foi a Constituição alemã de 1919 (Constituição de Weimar), que, também influenciada pela Constituição americana, atribuiu protagonismo aos direitos sociais e exerceu profunda ascendência sobre as Constituições brasileiras a partir daquela decretada em 1934 pelo governo do ditador Getúlio Vargas.

Celebrada até hoje por seu caráter social, a Carta alemã estabeleceu tanto os direitos de primeira geração (igualdade, liberdades civis e políticas) como vários direitos de segunda geração: ensino obrigatório, público e gratuito; gratuidade do material escolar; função social da propriedade; habitação sadia; trabalho; seguro desemprego; previdência social; pensão e aposentadoria para família de servidor do Estado que faleceu; proteção aos idosos e às gestantes.[4]

A nossa história constitucional é a peça fundamental para entendermos a mudança de cima para baixo operada por profissionais e ativistas dos *direitos máximos* e *deveres mínimos* ao longo do nosso drama presidencialista. Não é coincidência, portanto, o fato de o atual ordenamento jurídico brasileiro institucionalizar e legitimar uma sociedade de direitos e privilégios.

Um exemplo histórico do Brasil Império mostra o início da mudança de paradigma. Um gesto de caridade do imperador D. Pedro II foi logo convertido em direito social pelos golpistas que assumiram o Governo Provisório da República dos Estados Unidos do Brasil.

Quatro dias depois do golpe militar de 1889 que derrubou a Monarquia, eles promulgaram o seguinte decreto:

> Assegura a continuação do subsidio com que o ex-imperador pensionava do seu bolso a necessitados e enfermos, viuvas e orphãos.
>
> O Governo Provisorio da Republica dos Estados Unidos do Brazil:
> Considerando que o Sr. D. Pedro II pensionava, do seu bolso, a necessitados e enfermos, viuvas e orphãos, para muitos dos quaes esse subsidio se tornara o unico meio de subsistencia e educação;
>
> Considerando que seria crueldade envolver na queda da monarchia o infortunio de tantos desvalidos;
>
> Considerando a inconveniencia de amargurar com esses soffrimentos immerecidos a fundação da Republica; Resolve:
>
> Art. 1º Os necessitados, enfermos, viuvas e orphãos, pensionados pelo imperador deposto, continuarão a perceber o mesmo subsidio, emquanto durar a respeito de cada um a indigencia, a molestia, a viuvez ou a menoridade em que hoje se acharem.
>
> Art. 2º Para cumprimento desta disposição, se organisará, segundo a escripturação da ex-mordomia da casa imperial, uma lista discriminada, quanto á situação de cada individuo e á quota que lhe couber.
>
> Art. 3º Revogam-se as disposições em contrario.

Sala das sessões do Governo Provisorio, 19 de novembro de 1889, 1º da Republica. Marechal Manoel Deodoro da Fonseca, Chefe do Governo Provisorio. — Aristides da Silveira Lobo. — Q. Bocayuva. — Ruy Barbosa. — Manoel Ferraz de Campos Salles. — Benjamim Constant Botelho de Magalhães. — Eduardo Wandenkolk.[5]

Se antes o imperador pagava o subsídio do próprio bolso, mesmo que a sua renda fosse oriunda de tributos, os revolucionários de 1889 determinaram que, a partir dali, o ato de caridade fosse convertido em política pública e, portanto, num privilégio.

Foi o início de um processo irreversível a partir do qual quem detinha o poder político adotava medidas legais para espoliação das riquezas produzidas pela sociedade para financiar muito mais o custo da máquina pública do que os programas sociais.

Mas, 65 anos antes do golpe, a nossa primeira Constituição, outorgada em 1824 pelo imperador D. Pedro I, estabeleceu como direitos a instrução primária gratuita (inciso XXXII) e os socorros públicos (inciso XXXI). Curiosamente, a Constituição de 1891 praticamente ignorou tais direitos. O tema só voltaria a ser uma preocupação constitucional com a Carta Magna de 1934, a terceira do país e a primeira depois do golpe de 1930 que conduziu o ditador Getúlio Vargas ao poder.

Muito influenciada por Constituições europeias fundamentadas na ideia do Estado Social, a Constituição de 1934 inseriu na tradição constitucional brasileira, com esse nome, "os direitos sociais e em geral as normas definidoras de fins e tarefas do Estado em matéria social".[6]

Passaram a integrar o texto constitucional a inviolabilidade do direito à subsistência, os direitos ao trabalho, a assistência aos indigentes, assistência social e saúde pública, proteção à maternidade e à infância, direito à educação, que, em seu sentido mais amplo do que apenas o ensino formal, foi estatizada e retirada da esfera de responsabilidade das famílias.

Com o advento do Estado Novo, que submeteu formalmente o Brasil ao regime autoritário já estabelecido em 1930, veio a Constituição de 1937. Outros direitos sociais foram incorporados, como "o dever de educação dos filhos, a proteção da infância e juventude, a gratuidade e obrigatoriedade do ensino primário, o dever social do trabalho e o direito à subsistência mediante o trabalho".[7]

Preservando o espírito assistencialista das duas Constituições que a precederam, a Carta de 1946, promulgada no ano seguinte ao fim da Segunda Guerra, ampliou o rol de concessões ao contemplar "o direito dos necessitados à assistência judiciária, a justiça social como objetivo da ordem econômica, o direito ao trabalho, à assistência à maternidade e à infância e o direito à educação".[8]

Em 1964, houve outro golpe militar — o terceiro da curta história republicana. Como cada regime deseja uma Constituição para chamar de sua e assim legitimá-lo juridicamente, os militares decidiram promulgar uma nova Carta em 1967. E não puseram em causa os direitos sociais previstos nas anteriores. Pelo contrário, os preservaram, como demonstram o "art. 150, § 32 (direito dos necessitados à assistência judiciária), art. 157, caput (justiça social como objetivo da ordem econômica), art. 156, II ('valorização do trabalho como condição da dignidade humana'), bem como o art. 168, que tratava do direito à educação". Em 1969, a Emenda Constitucional n° 1 manteve "direitos e objetivos sociais", modificando apenas a sua localização no texto constitucional.[9]

A Constituição de 1988 não é, portanto, pioneira na inserção de direitos e privilégios sociais nem inaugurou a Carta de Bem-Estar Social. Até então, "as normas relativas a tais direitos encontravam-se dispersas no âmbito da ordem econômica e social, não constando do título dedicado aos direitos e garantias".[10]

Certos direitos sociais que ela estabeleceu já eram, inclusive, previstos nas Constituições anteriores (assistência jurídica, proteção à maternidade e à infância, direito à educação etc.) "mediante dispositivos esparsos, geralmente elencados no catálogo dos direitos individuais ou por meio de preceitos inseridos nos títulos da ordem econômica e social".[11]

Embora não tenha sido inovadora em termos gerais, a Constituição de 1988 trouxe elementos novos quando institucionalizou certos direitos e garantias fundamentais; reinventou o "marco jurídico dos direitos humanos"; ampliou "a dimensão dos direitos e garantias, incluindo no catálogo de direitos fundamentais não apenas os direitos civis e políticos, mas também os sociais". E pela primeira vez na nossa história constitucional, os direitos sociais foram inseridos na declaração de direitos.[12]

A nossa atual Carta Magna ampliou, de fato, os direitos sociais e lhes conferiu legitimidade social e jurídica. Mas também escondeu uma agenda ideológica oculta ao estabelecer um leque amplo de direitos abstratos na forma de políticas distributivas e um generoso Estado de Bem-Estar incompatível com a realidade econômica do país.

Como exemplo de *cláusula transformadora*, a que atribui ao Estado a responsabilidade de fazer *justiça social*, o artigo 3º da Constituição é explícito nesse sentido ao definir como "objetivos fundamentais da República Federativa do Brasil: I - construir uma sociedade livre, justa e solidária; II — garantir o desenvolvimento nacional; III — erradicar a pobreza e a marginalização e reduzir as desigualdades sociais e regionais; IV — promover o bem de todos, sem preconceitos de origem, raça, sexo, cor, idade e quaisquer outras formas de discriminação".

A Constituição de 1988 consagrou um modelo de crescente ampliação na concessão de direitos abstratos e de benesses pelo Estado, que foi retirando gradativamente a responsabilidade da sociedade.

Utopia jurídica: desejos ilimitados para realizações limitadas

A Constituição ora em vigor é extensa, detalhada, confusa e desequilibrada. É constituída por 250 artigos e mais 114 artigos do Ato das Disposições Constitucionais Transitórias. Para efeitos comparativos, a Constituição do Chile tem 129 artigos; a da Argentina, 129; a da Alemanha, 146; a dos Estados Unidos, sete artigos originais e 27 emendas. O Reino Unido não tem uma Constituição escrita, mas ela é constituída pela união de um conjunto de leis criadas no Parlamento (Statute Law), de decisões judiciais (Common Law e Cases Law) e de Convenções Constitucionais.

Além da extensão, uma diferença marcante entre a Constituição brasileira e a de outros países é a inserção de direitos sociais como parte do ordenamento constitucional e que são de difícil (em alguns casos impossível) cumprimento.

Com essa estrutura institucional e legal, é perfeitamente natural que uma pessoa reaja quase sempre da mesma forma ao perder o familiar por falta de vaga nos hospitais: reclamar que a saúde é um direito que lhe foi negado. No aspecto formal, quem cobra do Estado não está errado. O art. 6º da Constituição define como "direitos sociais a educação, a saúde, o trabalho, a moradia, o lazer, a segurança, a previdência social, a proteção à maternidade e à infância, a assistência aos desamparados, na forma desta Constituição".

A nota dissonante na existência de tais direitos na Constituição e na manutenção sem oposição do discurso mantenedor dessa leviandade social é que a garantia legal e as promessas retóricas se mantêm vigorosas a despeito de os serviços públicos serem prestados de forma ruim e precária — quando são. A Constituição tipificou uma utopia. Os resultados são exemplares: desejos ilimitados para realizações limitadas geram insatisfação, impotência, ressentimento.

O incentivo constitucional teve como resultado ampliar a quantidade de pessoas que atribuem ao poder público um amplo leque de funções e responsabilidades. Se perguntada a respeito de qualquer tema diretamente relacionado ao dia a dia da população, a opinião corrente dirá: é um direito, portanto cabe ao Estado.

O anseio de parte da sociedade é oriundo da própria ação do agente político, que tem na promessa de garantir todos os direitos possíveis, a despeito de não prover à maioria e prover mal à minoria, sua moeda de troca para se manter na estrutura de poder que o beneficia, que o elege, que o reelege. No âmbito cultural, um dos efeitos é criar uma cultura de servidão e de disputa por *direitos e privilégios*.

A Constituição é, contudo, apenas a ponta do iceberg de um ordenamento jurídico que é bastante mais amplo, mas que, no entanto, lhe deve obediência. Sendo assim, a nossa Carta Magna e a legislação não são os únicos problemas.

6 Ensino, ideologia e mentalidade

Essa cultura não é criada somente pela lei, que poderia ser rejeitada ou sequer vir à luz se não contasse com a valiosa colaboração do ensino jurídico nas faculdades de Direito. Ainda subsiste na natureza desses cursos o objetivo originário da Universidade de Coimbra que foi transplantado para o Brasil com a fundação das primeiras faculdades: formar elites políticas e servidores do Estado, não profissionais liberais. Essa identidade era facilitada pelo poder do Estado de definir os currículos e métodos de ensino — algo que continua até hoje.

A despeito disso, entretanto, os primeiros cursos de Direito instalados no país, em São Paulo e em Olinda, ainda tinham espírito liberal e ênfase no Direito Natural. Isso começou a mudar em 1895, seis anos após o golpe militar republicano, que modificou a grade curricular e praticamente expurgou os direitos naturais como fundamentos das demais disciplinas.

A decisão teve um efeito simbólico e uma consequência prática: se o Direito Natural é atemporal e reside na verdade, preferir o Direito Positivo era optar pelo factual, circunstancial, transitório. O desgaste da autoridade da concepção do Direito Natural teve implicações na compreensão do Direito, do justo, da lei, e pavimentou o caminho para a confusão entre direitos e privilégios.

Na esfera jurídica, a impermanência do Direito acabou se convertendo, não sem razão, num traço essencial da nossa história constitucional (tivemos sete Constituições num intervalo de 164 anos), no nosso ensino jurídico e na nossa mentalidade legiferante, que pede sempre por mais leis e, portanto, por uma revolução jurídica permanente.

No ensino jurídico, na magistratura e na promotoria, uma parcela dos seus profissionais passou a agir como militantes de uma causa cujo propósito era produzir mudanças endógenas a partir das universidades e do Poder Judiciário. Segundo esse novo entendimento, de que a hermenêutica jurídica — a ciência da interpretação — passou a ser instrumento poderoso, a lei não é só o que está escrito, mas o que pode (e deve) ser interpretado.

Se no passado, porém, a hermenêutica era instrumento usado para compreender o espírito da lei e do legislador, hoje parece ser usada para enquadrar a lei na ideologia do magistrado e numa forma legítima de cometer *justiça social* por meio da concessão de direitos e privilégios. Num país onde as leis são muitas e ruins e seus intérpretes fazem delas uma arma ideológica, não se pode esperar que nasçam bons frutos de uma árvore envenenada.

Junto com a mudança de paradigma no ensino do Direito, o caráter circunstancial do Direito Positivo permitiu a diluição da autoridade originária da legislação. A sua interpretação fundamentada no voluntarismo, no nominalismo e no positivismo se sobrepôs à letra da lei, que não mais estava escudada pelo Direito Natural. A legislação só teria legitimidade se interpretada com o objetivo de atingir determinados fins.

Várias escolas de hermenêutica e de pensamento jurídico foram desenvolvidas a partir de doutrinas destinadas a transcender o texto da lei. Se no início do século XIX a Escola Dogmática desaprovou interpretações e limitou a atuação do magistrado ao texto da lei, no início do século XX a Escola do Direito Livre defendeu a liberdade plena do juiz para interpretar e decidir, mesmo que fosse necessário afrontar a lei para fazer *justiça*.

Ao contrário do que pode parecer, o mundo jurídico não está enclausurado em uma visão técnica e neutra dos eventos e fenômenos sociais. Atualmente, há diversas teorias que influenciam estudantes e profissionais a partir da instrumentalização ideológica do Direito, da legislação, das instituições políticas e jurídicas. Por isso mesmo, se inseridas no currículo das faculdades, apresentadas em palestras, disseminadas em artigos de opinião e utilizadas por magistrados como fundamento de suas decisões, terão um efeito mais amplo e duradouro, inclusive no âmbito da política.

Alguns aspectos dessas teorias merecem atenção porque afetam o nosso dia a dia ao fundamentar decisões políticas (criação de leis) e judiciais (julgamento a partir das leis) com base no rompimento da relação tradicional entre Direito e Moral; na insubordinação do Direito Positivo em relação ao Direito Natural; na supremacia da linguagem sobre a lei e o Direito Natural; e na defesa do poder discricionário do magistrado, que não deveria estar preso aos valores morais nem à lei escrita, e que, por isso, poderia fazer as vezes de legislador; na concessão ou restrição de direitos e privilégios para grupos considerados merecedores porque vulneráveis.

Tais ideias estão presentes na obra de autores importantes e influentes da área jurídica.[1] Seus livros estão na bibliografia das faculdades de Direito e, sem dúvida alguma, devem ser lidos e estudados. O grande problema é que, nas mãos de certos professores, esse material é usado como Arma de Doutrinação em Massa (ADM).

A ADM é um instrumento intelectualmente letal capaz de cooptar de forma ideológica um grande número de jovens. É estruturada a partir de um conjunto de autores e teorias que é utilizado pela intelectualidade e pela *intelligentsia* estatista e/ou de esquerda — grupos que geralmente se confundem — para doutrinação ideológica. O seu propósito é incutir e naturalizar diferentes versões de socialismo e comunismo nas várias esferas da vida em sociedade — e não só no ensino — sem que seus indivíduos percebam.

A ADM é muito usada por docentes de faculdades de Direito nas disciplinas de Ciência Política, Teoria Geral do Estado, Introdução ao Estudo do Direito, Sociologia, Direito Constitucional, Direito Penal, Direitos Humanos. A finalidade é fazer a cabeça dos calouros com ideias e argumentos que justifiquem e legitimem o intervencionismo estatal e a necessidade de criação de direitos e privilégios.

Ao longo do curso, os estudantes são orientados e treinados por determinados professores, que reforçam essa visão de mundo sem nem mesmo apresentarem correntes teóricas divergentes. Assim podemos entender por que uma parcela numerosa dos que trabalham no mundo jurídico tem uma cosmovisão estatista, intervencionista, favorável a privilégios.

Alguns próceres desse estado de coisas usam o seu trabalho e prestígio para moldar o ensino jurídico e estruturá-lo pedagogicamente a partir da amálgama de variações ideológicas de estatismo. Quando querem inserir ou acelerar a introdução de sua ideologia dentro da universidade, vão a público na tentativa de seduzir novas vítimas e ganhar projeção social. E assim vemos nascer movimentos como o Direito Achado na Rua e o Direito Alternativo.

Membros da *intelligentsia*,[2] os representantes do Direito Achado na Rua e do Direito Alternativo dizem falar em nome dos pobres, da igualdade, da democracia, mas o que fazem é tentar justificar a sua atuação em prol de uma versão de *justiça social* e de *sociedade mais justa* por meio de uma interpretação e aplicação ideológica do Direito. Ambos os grupos se caracterizam ainda pelas críticas direcionadas ao positivismo jurídico e ao que consideram ser um apego normativo e excessivo à lei, vista como instrumento de opressão das elites que dominavam o Estado brasileiro. Dois conhecidos representantes dessas correntes eram Roberto Lyra Filho e Amilton Bueno de Carvalho.

Mas não foi dentro da sala de aula que tive o primeiro contato com esses autores e suas ideias. Eu era estudante de Direito em 1999 quando participei de um dos simpósios de Processo Civil organizados país afora pelo falecido professor James Tubenchlak. Um dos palestrantes era justamente Amilton Bueno de Carvalho.

Porque parecia novidade aquilo que ele abordou em sua intervenção, para saber mais, comprei lá mesmo o livro *Direito Alternativo em movimento*. Logo nas primeiras páginas, porém, percebi que havia ali algo fora do lugar. Mesmo sem conhecimento suficiente para saber qual era exatamente o problema, terminei a leitura com a pulga atrás da orelha.

Só quando reli o livro para a pesquisa deste capítulo percebi a dimensão daquilo que quase vinte anos antes havia me escapado e os riscos dessa visão do Direito para a vida em sociedade. Está lá no *Direito Alternativo em movimento* a defesa de juízes progressistas; da não neutralidade do Judiciário; de uma interpretação da lei politicamente participativa; do "positivismo de combate, onde se trava autêntica guerrilha para que as conquistas da maioria da população que já foram erigidas à condição de lei tenham efetiva concretização, ante a tendência de descumprimento de normas que representam vitórias populares".[3] No Brasil, quem usou linguagem similar, defendeu uma "autêntica guerrilha" e a identificação do guerrilheiro com as causas populares foi o terrorista comunista Carlos Marighella.[4]

Mas a maioria dos membros da intelectualidade e da *intelligentsia* desenvolve suas funções sem ser identificada com uma tendência de pensamento jurídico mais ou menos radical. Vários são os que desfrutam de respeitabilidade intelectual, integram o corpo docente de universidades importantes no país, publicam livros influentes e são consultados com regularidade pela imprensa. Uma vez construída essa mentalidade, nem mesmo a letra da lei será um empecilho, como mostraram as reações de magistrados da Justiça do Trabalho ao afirmarem em 2017 que não respeitariam a reforma da CLT.

Um ponto interessante desse debate é que, de forma um tanto esquemática, é possível detectar um lado que chancela a lei e o Direito porque emanam de um Estado que representa a sociedade e um outro lado que vê no Estado um moderno sistema de dominação que deve ser suplantado com a finalidade de privilegiar os injustiçados, as minorias, os menos favorecidos. E é justamente uma parcela dos críticos do poder estatal dominador que, de forma paradoxal, luta para que o Estado crie direitos e privilégios a fim de fazer justiça social. O Estado só é bom se atender as finalidades da luta política.

Daí decorre um ativismo judicial desenvolvido por indivíduos, organizações, promotores, procuradores e magistrados, que, muitas vezes, agem como legisladores — às vezes a pedido do próprio legislador. A judicialização de vários temas, a começar pela política, fez com que ministros do STF deixassem de agir como guardiões da Constituição e passassem a atuar como interventores dos demais poderes da República. De aborto a mudança oficial de nome e de sexo para transgênero, de fatiamento de impeachment a suspensão de mandato de deputado, de ordem para o SUS pagar tratamento de alto custo a ordem para plano de saúde cobrir tratamento caro, tornou-se habitual os ministros do STF proferirem decisões que extrapolam as suas competências constitucionais.

Se há quem considere essa conduta do STF uma ação necessária diante do fracasso dos poderes Legislativo e Executivo de resolver certas questões que lhes competem, num país com leis em excesso e de baixa qualidade, que garantia jurídica haverá se soubermos de antemão que os magistrados não respeitarão o texto da lei, mas a sua própria interpretação, numa tentativa de aplicar o seu conceito de justiça? E se o magistrado, a quem cabe essa responsabilidade, possuir uma ideia de justiça distinta daquela que efetivamente produzirá Justiça?

Em termos de linguagem e instrumentalização da autoridade, quanto mais relevante a função que ocupa e mais amplo for o grupo que a representa, maior a legitimidade da confusão que estabelece entre *direito* e *privilégio*. Se o filósofo, professor, magistrado, ministro, deputado, senador, jornalista, apresentador de TV dizem para você que *aquilo* é um "direito" e que é seu *direito* ter *direito* àquele "direito", temos um giro completo da Roda da Fortuna, aquela que, acreditava-se na Idade Média, "elevava o homem até o alto antes de deixá-lo cair de novo".[5]

Nos tornamos, assim, uma nação que, em busca de direitos e privilégios, se deixa elevar e lançar permanentemente ao chão pela Roda da Fortuna.

7 Privilégio não é exclusividade de homens brancos, heterossexuais e ricos

A Teoria do Privilégio[1] desenvolvida pela professora feminista americana Peggy McIntosh fundamenta uma percepção ordinária e ideológica segundo a qual o privilégio se dá em função de aspectos econômicos e sociais mais vantajosos.

Essa prerrogativa inicial, de acordo com a teoria, beneficia os privilegiados com determinadas vantagens individuais que não foram concedidas pelo Estado e que podem ou não ser aproveitadas; que podem ou não ser reconhecidas como tais; que podem ou não ser discriminatórias.

Quem nasce homem, branco, heterossexual e rico é, segundo a teoria, um privilegiado porque suas singularidades são uma enorme vantagem sobre negros, mulheres, gays e pobres.[2] Por essa ótica, os privilegiados não sofrem determinados tipos de opressão de que são vítimas aqueles que não dispõem de características similares. E as suas vantagens não são concedidas por uma entidade política.

A Teoria do Privilégio ratificou um pensamento comum que enxerga pessoas privilegiadas como aquelas que desfrutam uma condição econômica favorável. Não é raro que um indivíduo se assuma ou que seja acusado de ser privilegiado por ter dinheiro ou por ser de família rica. Essa é uma visão conceitual sobretudo político-

-ideológica que até mesmo reforça a caricatura que o marxismo faz entre ricos e pobres, entre opressores e oprimidos.

Fundamentada, sobretudo, numa visão ideológica da vida em sociedade, a Teoria do Privilégio reforça a ideia perversa do direito como instrumento de correção de desigualdades diversas, sobretudo a econômica, supostamente causadas por esse tipo de *privilegiado*. É uma visão de mundo baseada no jogo de soma zero: para alguém ganhar algo é preciso que outro necessariamente perca alguma coisa.

Usar o Estado para conceder direitos e privilégios seria, portanto, um ato necessário e nobre para ajudar os *desprivilegiados*, que são todos aqueles que não tiveram a mesma sorte dos *privilegiados* e estão numa posição de desvantagem econômica e social. Assim justificam-se quase todos os benefícios criados por lei.

Também existe uma versão complementar que justifica o privilégio como uma espécie de reparação ou compensação. Essa é uma visão sobretudo ideológica do privilégio como categoria política e jurídica que tem o Estado como protagonista e seus escolhidos como *privilegiados*. O auxílio-moradia para magistrados e políticos é um de tantos exemplos que mostrarei nos capítulos vindouros.

Ao contrário do que reza a Teoria do Privilégio, no Brasil, o grupo da população que desfruta de benefícios exclusivos não está necessariamente numa posição de vantagem econômica e social, embora boa parte esteja. Há tantos representantes das parcelas mais pobres quanto das mais ricas, muitos deles políticos, funcionários públicos e empresários que representam o 1% mais endinheirado do país. Aqui, os grupos e contextos sociais são distintos daqueles descritos no artigo da feminista americana.

Por essa razão, a nossa realidade exige uma perspectiva e um conceito mais amplos para uma distinção adequada entre direitos e privilégios. Aqui, a regalia é uma vantagem estabelecida pelo Estado para beneficiar grupos específicos da sociedade e obrigar todos a financiá-la. No Brasil, ricos e pobres recebem algum tipo de privilégio.

8 Direito ou privilégio?

O economista americano Lawrence W. Reed estabeleceu uma distinção bastante clara, simples e pedagógica entre direitos e privilégios. A partir do conceito de Direito Natural, Reed propõe um teste para verificar se um suposto direito é, de fato, um direito válido: esse direito pode ser usufruído por todo mundo "ao mesmo tempo e da mesma maneira"? A resposta a essa pergunta esclarece se se trata de um Direito Natural, que é inerente a todo ser humano e que não pode ser negado a ninguém porque será a negação da "sua própria condição de ser humano",[1] ou se se trata de mero privilégio.

O Direito Natural é o alicerce para a distinção conceitual proposta por Reed porque é fundamentado sob princípios de ordem moral e constitui a base do Direito e do Direito Positivo, que é a regra convertida em legislação. A lei deveria ser, portanto, influenciada ou ser a expressão material do Direito Natural, seu prolongamento.[2]

Dos filósofos gregos aos estadistas romanos, o Direito Natural era uma bússola para o pensamento político e jurídico. Cícero o entendia como a lei verdadeira, a "recta razão, conforme à natureza, em todos gravada, constante, sempiterna, que chama ao dever com suas ordens e com suas proibições afasta do engano". Tratava-se de uma lei "única, sempiterna e imutável" que abarcaria "todas as nações e em todos os tempos, e existirá como que um guia e imperador comum a todos, Deus".[3] Santo Tomás de Aquino, que não dissociava o Direito da Justiça, apontou como característica do Direito Natural ser intrínseco e essencialmente bom e justo.[4]

Se é verdade que o Direito Natural é hoje incapaz de fornecer respostas para todos os dilemas jurídicos da vida em sociedade, continua a ser um valioso princípio e instrumento para a compreensão da natureza do Direito, dos *direitos*, da Justiça e do *privilégio*. Seus usos e recursos são múltiplos desde sempre.

No passado, por exemplo, foi ao Direito Natural que o padre Antônio Vieira recorreu no *Sermão do Bom Ladrão* para falar da lei da restituição, que obriga todos, dos reis aos criminosos comuns, a restituírem a quem deve com o que tem.[5] Nesse caso, a sujeição à punição deve ser a regra geral que não pode beneficiar um ou outro sob pena de ser a lei penal um privilégio para aqueles que dela escapam.

Isso nos traz de volta à distinção proposta por Reed. Ou seja, para que um *direito* seja um direito genuíno, ou seja, um Direito Natural, "seu usufruto não pode levar a nenhum conflito ou a nenhuma contradição lógica".[6] Isso significa que, se um indivíduo afirmar que tem um determinado *direito*, não poderá negá-lo a terceiros, posto que, se esse *direito* é natural, pertencerá a ele e a qualquer outro indivíduo.

Por outro lado, se esse *direito* é negado a outrem; se esse *direito* é uma exclusividade de alguém ou de algum grupo; se esse direito não pode ser usufruído por todos simultaneamente, então não é um *direito*, mas um *privilégio*.

O privilégio não é um direito porque só pode ser desfrutado por uma pessoa ou por um grupo de indivíduos. Além de impedir que os demais possam dele usufruir ao mesmo tempo, impõe a todos os desprivilegiados a obrigação de sustentar o privilégio de terceiros. Sendo assim, o privilégio é o instrumento por meio do qual uma pessoa é obrigada a pagar por algo que só um terceiro poderá usufruir.

Quando um direito ou um privilégio é definido, sua entrada em vigor divide a sociedade em dois grupos: os *especiais* e os *ordinários*. Os *especiais* são os beneficiários do direito ou do privilégio. Os *ordinários* são aqueles obrigados a arcar com a responsabilidade e/ou os custos do direito ou do privilégio.

Uma norma jurídica não deveria ser estabelecida para cada caso específico, advertiu o jurista Miguel Reale, porque é "uma regra para a totalidade dos casos da mesma espécie, o que exclui o privilégio e o arbítrio".[7]

É o que acontece regularmente no Brasil: um direito é criado para cada específico a partir da entrada em vigor de uma lei que, por diversos motivos — alguns até nobres —, beneficia uma determinada parcela da população. Mas esse direito cria imediatamente uma obrigação para todos aqueles que não foram privilegiados.

Certos tipos de privilégios, quando criados para reparar ou compensar questões sociais ou raciais, acabam criando uma contradição insanável: as pessoas beneficiadas em virtude da cor de sua pele, por exemplo, podem até se sentir numa posição mais equilibrada em face daqueles *homens brancos* que a Teoria do Privilegio enquadra como privilegiados em função do gênero e da cor. Mas o fato é que o privilégio recebido nega aquele elemento fundamental do Direito Natural que os proponentes dessa teoria dizem defender: a igualdade entre os homens.

9 A Batalha dos Rentistas

Uma coisa é certa: os privilégios só se tornam realidade quando há o casamento entre a busca por benefícios e a conquista de apoio político para concedê-los. Aqui se realiza aquilo que a teoria econômica chama de *rent-seeking* ou *rentismo*, processo mediante o qual determinados grupos se aproximam das instâncias de poder político para obter privilégios e benefícios do Estado. Ser parte integrante de um dos três poderes facilita a pressão e a negociação com os membros do Judiciário, Legislativo e Executivo, que, sob pressão ou interesse de cooptação, também criam privilégios para grupos da sociedade.

O economista Gordon Tullock, um dos grandes estudiosos do fenômeno, definiu *rent-seeking* como "o uso de recursos com a finalidade de assegurar renda econômica para pessoas, sendo que essa renda provém de alguma atividade que tem valor social negativo". Ele citou como exemplo o dinheiro gasto pela indústria automobilística americana para persuadir o governo a impor tarifas sobre veículos produzidos na Coreia do Sul e assim dificultar a concorrência dos importados. Mesmo que as empresas sejam beneficiadas, o resultado do rentismo prejudica os consumidores, que serão impedidos de comprar carros mais baratos.[1]

Uma das principais consequências sociais negativas do *rent-seeking* é encorajar um número crescente de pessoas a buscar vantagens por meio de apoio político. A partir do momento em que um grupo ou categoria profissional "conquista" um direito ou privilégio, os demais iniciam a "Batalha dos Rentistas" para serem beneficiados. Cada benesse instituída para uma determinada categoria passa a ser uma meta a ser atingida pelas demais. Qualquer tentativa de eliminá-la provoca reações contrárias imediatas.

Quando isso acontece, dá-se início a "uma dinâmica problemática que, ao longo do tempo, deteriora progressivamente o respeito pelo Estado de Direito, pelo governo limitado e pela propriedade privada", elementos que deveriam "proteger os indivíduos contra as intervenções arbitrárias do governo".[2]

Mas há um aspecto importante apontado pelo economista Sanford Ikeda que antecede a erosão desses pilares. As violações ao Estado de Direito não são o resultado do *rent-seeking* ao privilegiar "arbitrariamente uns às custas dos outros", mas partes integrantes das regras do jogo do rentismo.[3]

No caso do Brasil, certos efeitos negativos do *rent-seeking* foram analisados pelos economistas Marcos Lisboa e Zeina Latif no estudo "Democracy and Growth in Brazil". Desde o fim do regime militar, segundo eles, o país conseguiu desenvolver uma excêntrica democratização de privilégios a partir de "políticas discriminatórias com a finalidade de fornecer privilégios ou de beneficiar grupos específicos impondo, muitas vezes, custos ocultos sobre o resto da sociedade".[4]

Lisboa e Latif destacaram três aspectos do rentismo no Brasil: 1) a percepção de que políticas discriminatórias "são aspectos legítimos e essenciais de políticas públicas para promover o crescimento econômico e mediar a interação social e econômica"; 2) a grande influência da pressão política sobre o governo exercida pelas minorias organizadas, que capturam as instituições públicas; 3) as políticas públicas baseadas no rentismo são a origem, não a causa, da "existência de grupos de interesses especiais".[5]

Por isso, as decisões políticas destinadas a proteger ou beneficiar determinados setores da economia são vistas "como mecanismos legítimos e necessários de indução do desenvolvimento econômico".[6] Mas se é verdade que algumas medidas protecionistas ou de incentivos para gastos do governo podem surtir efeito positivo no curto prazo, "a remoção posterior de proteções e de incentivos pode enfrentar a oposição de empresários e de trabalhadores"[7] outrora beneficiados e que perderão seus negócios e empregos.

A lógica perversa do rentismo assegura a preservação do sistema ao basear-se no temor de que "a remoção de privilégios pode significar o colapso de várias empresas e o desemprego".[8] As eventuais consequências negativas provocadas pelo fim dos benefícios são assim utilizadas por beneficiários e defensores do mecanismo para inverter a relação de causa e efeito, e manter intocável a origem do problema.

Quando servidores do Estado amealham um privilégio, impõem à sociedade o custo de sua conquista. Os custos dessas transferências, segundo Tullock, são significativos e geram problemas estruturais.[9] Um dos efeitos perversos na vida em sociedade da tentativa de conquistar benefícios a partir dessas transferências é produzir conflitos, que são "sempre um exemplo de desgaste social".[10]

Quando os incentivos para o rentismo estão institucionalizados, grupos de pressão organizados encontram terreno fértil para criar novos ou preservar direitos e privilégios existentes. Porque "uma das grandes atividades dos governos modernos é fornecer privilégios especiais para vários grupos de pessoas politicamente influentes",[11] a combinação entre ambiente propício, organização e pressão política eficiente permite que não só os grandes e influentes, mas que grupos pequenos mobilizados, dentro e fora do Estado, também consigam seus benefícios.

Dentro do Estado, Luciana Zaffalon Leme Cardoso mostrou em sua tese de doutorado "Uma espiral elitista de afirmação corporativa" como o Poder Judiciário de São Paulo age politicamente para conquistar e preservar os seus interesses corporativos. Embora o estudo defenda uma visão distinta da contida neste livro em relação à provisão de direitos e privilégios pelo poder político, as informações que ela coletou demonstram precisamente de que maneira um grupo influente é bem-sucedido no seu intento de se sobrepor à sociedade por meio de "benefícios remuneratórios e/ou vantagens" (auxílios, gratificações, bonificações e abonos) conquistados a partir da influência nos poderes Legislativo e Executivo estaduais.[12]

O mesmo esquema e mecanismo é desenvolvido nos demais estados da federação e no âmbito federal. É assim que o juiz que recebe auxílio-moradia mesmo tendo casa própria; que o parlamentar recebe salário mais uma pensão por ter sido governador; que os ex-presidentes (inclusive os que foram afastados e presos) têm motoristas e servidores à disposição. Os exemplos abundam e irritam.

Nos próximos capítulos, apresentarei uma seleção especial de exemplos dessa confusão entre *direitos* e *privilégios*. E você verá por que o Festival de Privilégios que Assola o Brasil é o grande esquema de incentivos por meio do qual alguns tentam viver às custas de todos[13] e como a busca por privilégios corrói a responsabilidade individual, deteriora o sentido de dever e desestimula a descoberta de um sentido para a vida.

PARTE 2

PRIVILÉGIOS NO ESTADO

1 Privilegiado esclarecido: o que prefere servir a ser vítima do Estado

Há uma farta bibliografia a demonstrar como os incentivos são importantes para explicar determinados comportamentos humanos. Na esfera pessoal e profissional, se há oportunidades nas quais os direitos, benefícios, privilégios superam as obrigações, deveres e responsabilidades, haverá estímulos para que as pessoas busquem sair da sua situação menos favorável para uma mais favorável e assim satisfazer a desejos, projetos, necessidades e até mesmo veleidades.

Do ponto de vista individual, essa conduta é perfeitamente racional. Mas há um problema sério para a sociedade quando a instituição política chamada de governo, constituída pelos poderes Legislativo, Executivo e Judiciário, cria incentivos ruins por meio de leis e da criação de um ambiente no qual cada um persegue o máximo de direitos para si mesmo sem que a sociedade seja igualmente beneficiada e sem haver um dever correspondente que reforce a necessária responsabilidade. Como vimos, não há direito se não puder ser desfrutado por todos e se não houver a exigência de um dever. Caso contrário, tratar-se-á, sem dúvida, de um privilégio.

Mas, antes mesmo de conceder benefícios para seus servidores e para determinados grupos da sociedade, o Estado define seus próprios privilégios. Não apenas os agentes do Estado desfrutam as regalias que citarei adiante — e outras que não estão neste livro —, mas o próprio Estado, por meio dos políticos, tem diversas benesses legais e jurídicas.

Por que o Estado executa, legisla e judicializa em causa própria, por meio dos três poderes estatais constituídos, há exemplos inacreditáveis. A começar pelo fato de a União Federal ter o maior escritório de advocacia do mundo formado pela Procuradoria Federal (que atende a administração indireta), Advocacia da União (que atende a administração direta) e a Procuradoria da Fazenda Nacional (voltada à área tributária).

Alguns exemplos dos privilégios estatais, se vistos sob essa ótica, são de enervar o mais paciente dos brasileiros. O primeiro é o *precatório*: se você for condenado a pagar uma dívida, a Justiça irá obrigá-lo a fazê-lo e seu patrimônio, se houver, servirá como garantia. Se o Estado for condenado a pagar uma dívida, emitirá um precatório que você, o credor, provavelmente não receberá em vida. Deve ter sido por isso que os idosos têm prioridade nos julgamentos.

O segundo exemplo é a *remessa oficial ou necessária*. Nunca ouviu falar a respeito? Pois bem: se o seu advogado perder o prazo num processo contra a Fazenda Pública, você perderá o direito de recorrer da decisão. Se a Fazenda Pública for condenada e não recorrer, o juiz é obrigado a remeter a sentença para o tribunal a fim de que seja confirmada. Ou seja, se o Estado for condenado e não recorrer, ganha uma espécie de recurso automático e terá novo prazo e instância para se defender.

O terceiro exemplo é a *desapropriação*. Em nome do "interesse público", o Estado desapropria o seu imóvel e determina o valor a ser pago a título de indenização. Se você não aceitar o que for proposto, o problema é seu: o que vale é a vontade estatal.

O quarto exemplo é a *usucapião*. Só é possível usucapir imóveis privados. A Constituição Federal (§ 3º do artigo 183) proíbe que imóveis do Estado sejam objetos de usucapião. Ou seja, a propriedade estatal tem o privilégio constitucional de não estar sujeita a ser adquirida pela posse prolongada e ininterrupta segundo o prazo legal.

O cenário se torna ainda mais desesperador quando nos damos conta de que, além de termos que pagar tantos impostos, somos obrigados pelo governo a fazer o seu trabalho. O recolhimento dos impostos de rendas de pessoa jurídica e física são exemplares do privilégio que o Estado definiu para si. Não apenas somos obrigados a pagá-los como somos compelidos a fornecer-lhe todas as informações e documentos. É o equivalente ao ladrão obrigar a sua vítima a fazer um levantamento de todos os seus ganhos para só depois roubá-la.

Existem ainda as obrigações tributárias acessórias positivas, que são a emissão de nota fiscal, apresentação de declaração com informações econômicas e fiscais, escrituração de livros. Porque era mais fácil e mais eficiente, o Estado passou a obrigar os pagadores de impostos a realizar a "maior parte das tarefas, originalmente estatais, de gestão e fiscalização tributária". Ao transferir para nós a responsabilidade de lançar os principais tributos, restou ao governo, "essencialmente, a tarefa de conferir o acerto dos procedimentos fiscais realizados pelos" pagadores de impostos e "por terceiros vinculados às obrigações acessórias".[1]

Além da obrigação de coletar e fornecer informações e de pagar os tributos, uma consequência negativa que não se vê é mitigar cada vez mais os "direitos e liberdades individuais, inevitavelmente atingidos pelas obrigações tributárias acessórias", pois estas impõem "um comportamento de fazer ou não fazer, atinge a esfera privada do cidadão, restringindo-lhe, em maior ou menor medida, direitos fundamentais ligados a valores de liberdade e propriedade".[2]

Paralelamente, os excessos, abusos ou arbitrariedades cometidos pelos agentes do Estado nas investigações fiscais e ações policiais provocam "medo nos membros do próprio poder público, mesmo naqueles íntegros, sem desvios de comportamento ético ou que ainda não são alvo de investigações".[3] O temor de ser acusado de corrupção ou de fazer parte de algum esquema de sonegação envolvendo empresários cria um incentivo para que servidores honestos decidam em favor do Estado, mesmo quando o Estado não tem razão.

Do Estado, pelo Estado, para o Estado

Sendo o primeiro e grande privilegiado, o Estado tem o poder — e privilégio — de conceder benefícios para si e quem bem entender. Não é surpresa, portanto, que comece a fazê-lo em favor de seus representantes e servidores. Nem que para isso seja preciso prejudicar toda a sociedade.

Porque os incentivos fazem a diferença, quando se vive num país em que o intervencionismo estatal é a regra e a prosperidade é desincentivada e punida, compreende-se por qual razão tantos querem trabalhar para o Estado. Nesse caso, as carreiras do serviço público federal são as mais cobiçadas pelos salários, direitos e benefícios.

Como há sempre o risco de uma deterioração econômica e, portanto, perder o emprego é uma possibilidade real e constante, há muitos brasileiros que têm como horizonte profissional ser servidor público. Há um momento na vida em que é preciso decidir entre ser funcionário ou vítima do Estado.[4]

Não é apenas isso, porém. O Estado atrapalha a economia ao mesmo tempo que se apresenta para a sociedade como o melhor empregador que um funcionário pode querer. Qual trabalhador da iniciativa privada não gostaria de ter salários iniciais mais elevados do que a média do mercado, a certeza de que o salário jamais será reduzido, estabilidade, auxílios diversos, aposentadoria diferenciada, abono de permanência e tantos outros direitos e benefícios?

Pesquisas realizadas desde 2011 pela consultoria Universum mostraram que a segunda maior fonte de preocupação dos universitários brasileiros (dos cursos de Administração de Empresas, Engenharia, Tecnologia da Informação, Direito, Saúde e Medicina, Ciências Naturais, Humanidades e Educação) é a estabilidade no emprego (a primeira é o equilíbrio entre vida pessoal e profissional).[5]

Outro levantamento feito anualmente pela mesma consultoria demonstrou como os incentivos estatais ainda têm forte apelo entre os estudantes quando pensam em seu futuro profissional. A pesquisa "Os Empregadores mais Atraentes 2017" confirmou a opção dos anos anteriores: quem faz faculdade de Direito tem como horizonte profissional primeiro trabalhar para o Governo Federal, ou seja, ser servidor público. Compreende-se: levantamento feito pelo Banco Mundial revelou que "os profissionais jurídicos dos Poderes Judiciário e Legislativo" recebiam "salários iniciais mais de três vezes superiores aos pagos a advogados no setor privado".[6]

Quando fiz a graduação em Direito, 90% dos meus colegas estavam ali para conseguir o diploma e ter alternativas profissionais mais vantajosas em concursos públicos. Na época (1997 a 2001), os cursos jurídicos no Brasil já haviam se transformado em preparatórios para concurso público. A mesma pesquisa revelou que estudantes de Medicina, Engenharia, Ciências Naturais, Humanidades e Educação tinham como as três primeiras opções de empregador o Governo Federal ou a Petrobras.[7]

Uma vez bem-sucedido num concurso público, o servidor federal terá mais direitos e benefícios do que os trabalhadores da iniciativa privada que desempenham funções similares. Das dez categorias profissionais mais bem remuneradas do país, sete são de servidores do Estado, segundo ranking elaborado em 2016 pelo professor José Roberto Afonso, do Instituto Brasileiro de Economia da Fundação Getulio Vargas (Ibre/FGV): 1) titular de cartório; 2) procurador e promotor; 3) magistrado e titular do Tribunal de Contas; 4) diplomata;

5) advogado do setor público, procurador da Fazenda e consultor jurídico; 6) servidor do Banco Central, da Comissão de Valores Mobiliários e da Superintendência de Seguros Privados; 7) auditor fiscal e de fiscalização.

Três categorias da lista são do universo jurídico (promotores e procuradores, magistrados, advogados). Justifica-se tanto interesse: à época do levantamento, os rendimentos anuais dos membros do Poder Judiciário e do Tribunal de Contas somavam R$ 10,6 bilhões.[8]

Com base nas declarações de imposto de renda de pessoa física de 2014, o ranking também mostrou que cada titular de cartório no Brasil tinha, em média, rendimento anual de R$ 1,1 milhão. Você não leu errado: cada titular de cartório ganhava R$ 1,1 milhão por ano no Brasil para produzir burocracia e gasto para quem é obrigado a recorrer aos serviços impostos pela lei, de reconhecimento de firma a registros de imóveis.

Em 2016, as 12,4 mil serventias em funcionamento arrecadaram R$ 14 bilhões, segundo levantamento feito pelo Conselho Nacional de Justiça (CNJ) e pela Associação dos Notários e Registradores do Brasil (Anoreg-BR).[9] Era mais do que o lucro anual de uma gigante como a Vale (R$ 13 bilhões em 2016), uma das maiores mineradoras do mundo. Os dez maiores cartórios do país faturaram cerca de R$ 500 milhões naquele ano. Mesmo sem produzir uma única agulha, conseguiram uma receita suficiente para alçá-los ao seleto grupo de 0,04% das maiores empresas do país.

Outro dado ratificava a informação segundo a qual os servidores públicos, principalmente federais, gozam de mais direitos do que a maioria da sociedade brasileira que trabalha na iniciativa privada. Segundo a Pesquisa Nacional por Amostra de Domicílio (Pnad), realizada pelo IBGE, os "funcionários públicos formam a única categoria cujos salários não caíram em nenhum momento desde 2012". E mesmo que funcionários públicos sejam, na média, mais bem qualificados, é injustificável que, em 2016, ganhassem 63,8% a mais do que os trabalhadores da iniciativa privada.[10]

Com metodologia mais robusta e completa, o estudo "A Evolução do Diferencial Salarial Público-Privado no Brasil", conduzido pelo professor Naercio Menezes Filho, do Insper, em parceria com Gabriel Nemer Tenoury, verificou que até 1997 os trabalhadores da iniciativa privada tinham, na média, certa vantagem em relação aos servidores públicos das esferas federal, estadual e municipal.

Em 2015, porém, a situação mudou significativamente. Duas décadas depois do início do período analisado, os servidores públicos, sobretudo os federais com média e alta instrução, passaram a ter uma ampla vantagem salarial em relação aos trabalhadores privados.[11]

O estudo também demonstrou que, no âmbito federal, o prêmio salarial público-privado — a diferença entre o salário-hora médio do setor privado e o público baseada numa série de variáveis explicativas como idade, instrução, experiência, tempo de emprego — era de impressionantes 93%. Ou seja, os servidores públicos federais brasileiros tinham, em média, vencimentos mais de 90% acima dos da iniciativa privada. Em 1995, essa diferença era de 50%.[12]

Uma distinção importante entre os dois estudos é que na pesquisa do Pnad-IBGE a comparação era limitada às médias salariais entre os setores, enquanto no *policy paper* do Insper foram controladas as características entre os trabalhadores de cada setor. Isso porque não faz sentido dizer que um magistrado ganha mais que uma empregada doméstica porque ele é servidor público enquanto ela trabalha na iniciativa privada. É preciso, portanto, controlar as variáveis compostas pelo nível educacional, idade, carreira dentre outras.

Outro ponto analisado pelo estudo foi a diferença existente no prêmio salarial da iniciativa privada e do setor público de outros países. Apesar de metodologias um tanto distintas utilizadas em cada estudo, descobriu-se que a variação encontrada neles destoava muito menos do que a da administração estatal no Brasil. O prêmio salarial da Alemanha, por exemplo, era de cerca de 10%; na França, de 10,5%; na Dinamarca, de 14%. No Reino Unido, não foi encontrada nenhuma diferença significativa entre os salários percebidos pelos trabalhadores da iniciativa privada e do setor público. Nesses cálculos não entravam as gratificações.

Essa é uma informação revelante porque, em 2017, R$ 42,3 bilhões foram pagos aos servidores públicos da União a título de gratificações. Dessa forma, a cada R$ 100 de salários pagos, o servidor ganhava outros R$ 77 sob a alcunha de incentivos ou bônus. A maior parte das gratificações para ocupantes dos cargos efetivos foi instituída no governo de Luiz Inácio Lula da Silva em meio a reestruturações da remuneração do funcionalismo. Como são calculadas de acordo com os vencimentos salariais, sempre que há aumento de salário, os benefícios também aumentam.[13]

A partir de outra perspectiva, um relatório do Tribunal de Contas da União (TCU) também mostrou que os poderes Executivo, Legislativo e Judiciário federais gastavam quase R$ 3,5 bilhões por mês para sustentar os quase 350 mil funcionários em cargos de confiança e comissionados distribuídos em 278 órgãos dos três poderes, incluindo estatais, autarquias e fundações. Essa despesa representava 35% dos R$ 9,6 bilhões mensais gastos para pagar o 1,1 milhão de funcionários públicos federais.[14] Repetindo: 1,1 milhão de funcionários públicos federais.

Um dos ocupantes de cargo de confiança era Mikael Tavares Medeiros. Aos 19 anos, Mikael era responsável por administrar contratos da ordem de R$ 473 milhões no Ministério do Trabalho. Como alguém tão novo exerce uma função de tanta relevância? Seria um prodígio? Um gênio? Um jovem com alta qualificação técnica? Não, ele apenas vive no Brasil, um país onde um alto QI é tudo. No seu caso, o Quem Indica era o seu pai, Cristiomário Medeiros, um delegado da Polícia Civil que tinha influência política por ser presidente do PTB em Planaltina de Goiás e aliado do deputado federal Jovair Arantes, do mesmo partido.

Na folha de serviços prestados ao país por Arantes constava uma condenação em 2016 pelo Tribunal Regional Eleitoral de Goiás (TRE-GO) por colocar um servidor público para trabalhar no horário do expediente em seu comitê eleitoral na campanha em 2014. Ele também estaria envolvido num esquema de "pagamento de propina em troca da liberação de registro sindical".[15]

Foi assim que Mikael passou de vendedor numa loja de óculos a gestor de contratos milionários com salário de R$ 5.440,00, mesmo sem ter qualquer experiência prévia na área. Inicialmente nomeado como coordenador de documentação e informação, dois meses depois ele foi designado para um setor responsável pela liberação do dinheiro dos contratos estabelecidos pelo Ministério do Trabalho. No dia seguinte à sua nomeação, Mikael "liberou (o pagamento de) R$ 22 milhões em contrato suspeito".[16] Descoberto, o jovem disse que havia sido indicado pelo PTB. Três dias depois da história ser divulgada, ele foi exonerado do Ministério.

Certamente há muitos "Mikaéis" dentre os mais de 95 mil funcionários em cargos de confiança no Poder Executivo federal. O número é quase 24 vezes a quantidade de cargos comissionados na esfera federal dos Estados Unidos, 318 vezes mais que no Reino Unido e 191 vezes mais que na Alemanha e França.[17] Só no Ministério da Educação brasileiro há 41.161 funcionários em cargos de confiança, quantidade 137 vezes maior do que os existentes no governo do Reino Unido.[18]

No Brasil, há muito mais cargos de confiança do que em países desenvolvidos e os nossos servidores recebem salários mais altos em relação ao setor privado do que o verificado lá fora. Esse desarranjo contribui para que uma das promessas da Constituição — a redução das desigualdades sociais (art. 3º, inciso III, da Constituição Federal) — não seja realizada. A despeito disso, os privilégios salariais concedidos aos servidores públicos também colaboram em ampla medida para aumentar a desigualdade no Brasil em razão de seu efeito concentrador de renda.

É o que mostra um estudo do Ipea, que concluiu que cerca de um terço da desigualdade total estava diretamente relacionado às transferências e aos pagamentos feitos pelo Estado aos indivíduos e às famílias,[19] mesmo considerando os efeitos progressivos dos tributos diretos e das contribuições. Proporcionalmente, o Estado brasileiro favorece mais a desigualdade do que o mercado de trabalho privado.

A irredutibilidade salarial é outro privilégio garantido aos servidores pela Constituição. Ou seja, por lei, o governo não pode reduzir o vencimento do funcionário público porque, de acordo com o artigo 37, inciso XV, "o subsídio e os vencimentos dos ocupantes de cargos e empregos públicos são irredutíveis".

O servidor conta ainda com uma proteção adicional contra a sociedade que lhe paga o subsídio e vencimento. Pelo artigo 331 do Código Penal, quem desacatar "funcionário público no exercício da função ou em razão dela" está sujeito a uma pena de "detenção, de seis meses a dois anos, ou multa".

Na prática, a norma premia o mau servidor, pois o Judiciário gasta "muito tempo e dinheiro para julgar ações por desacato, muitas vezes decorrentes do abuso do agente público que considera ofensa a opinião negativa do cidadão".[20]

A 5ª Turma do Superior Tribunal de Justiça (STJ) até tentou extinguir essa excrescência em dezembro de 2016 ao decidir que desacato não deveria ser crime "por entender que a lei atentaria contra a liberdade de expressão".[21] Mas em maio de 2017 a 3ª Seção do STJ entendeu de forma diversa e manteve o crime de desacato contra funcionário público tal qual definido pelo Código Penal.

A decisão do STJ fez a Ordem dos Advogados do Brasil (OAB) se mexer. Seu Conselho Federal ajuizou em 2017 no STF uma arguição de descumprimento de preceito fundamental (ADPF) para que o desacato deixasse de ser crime. O argumento da OAB era similar ao adotado pela 5ª Turma do STJ em 2016.[22] Até a conclusão deste livro, o julgamento não havia sido realizado.

Há muitos mais exemplos de privilégios. Os que apresentei até agora foram pequena amostra do que está por vir no âmbito dos poderes Executivo, Legislativo, Judiciário.

2 Poder Judiciário: auxílios para dar e vender, vestido e maquiagem, terno novo em Miami

No dia 3 de outubro de 2017, a então ministra dos Direitos Humanos, Luislinda Dias de Valois Santos, protocolou um pedido que, se atendido, violaria a regra do teto de salários dos servidores públicos definida pelo artigo 37, inciso XI, da Constituição Federal. Uma desembargadora aposentada que naquele momento trabalhava como ministra de Estado queria que o seu direito prevalecesse sobre o de todos. Ao fazer o pedido, ela deixava clara a sua posição: a norma que valia para todos não deveria valer para ela.

Natural de Salvador, Bahia, Luislinda Dias de Valois Santos recebia a quantia de R$ 30.471,10 a título de aposentadoria. Como ministra, teria direito a receber R$ 30.934,70. Teria. A regra constitucional, porém, estabelece como limite para remuneração "dos ocupantes de cargos, funções e empregos públicos" o subsídio mensal de ministro do STF, que era de R$ 33,7 mil. Por isso, uma vez que sua aposentadoria foi preservada, Luislinda Dias de Valois Santos recebia R$ 3.292,00, que era parte do salário de ministra, para que o teto fosse respeitado. Se lhe fosse permitido acumular aposentadoria e salário de ministra, ela receberia — como pretendia — R$ 61,4 mil por mês.

No pedido que fez ao governo, Luislinda Dias de Valois Santos comparou a diminuição do benefício com a escravidão: "o trabalho executado sem a correspondente contrapartida, a que se denomina remuneração, sem sombra de dúvidas, se assemelha a trabalho escravo o que também é rejeitado, peremptoriamente, pela legislação brasileira desde os idos de 1888 com a abolição da Escravatura".[1] Seria, sem dúvida, o trabalho escravo mais bem pago do mundo.

Para reforçar o seu pedido, a ministra citou ainda uma possível violação do "tão cantado e decantado princípio da igualdade no seu sentido mais amplo que for possível se lhe dar",[2] princípio que ela certamente esqueceu ao pretender ser privilegiada.

Mesmo depois da intensa reação contrária ao seu pedido, Luislinda Dias de Valois Santos não se arrependeu de forma alguma. Numa entrevista concedida às jornalistas Andreza Matais e Naira Trindade do *Estadão*, ela disse que não havia exagerado no pedido porque "todo trabalho que é executado com dignidade, com respeito tem que ser remunerado".[3]

A ministra ainda garantiu que não era obrigada a se justificar e que fizera "apenas uma analogia". "Todo mundo sabe que o trabalho que não é remunerado é considerado trabalho escravo. Agora, por que as pessoas se apegaram somente a isso? Isso é que eu não entendi."[4]

Nem eu entendi por qual razão a ministra levantou outras justificativas que nada justificavam para tentar se justificar. A melhor talvez tenha sido a de que morava em Brasília, algo que, por si só, admito, mereceria adicional por insalubridade. Mas eis o que disse Luislinda: "Estou distante da minha família, eu pago condomínio, tenho minhas despesas, tenho que me vestir com dignidade, tenho que estar maquiada, [...] eu pago o condomínio, que é altíssimo, quase R$ 1.600. Eu tenho meus imóveis em Salvador, que eu continuo pagando água, luz, condomínio, uma pessoa para cuidar da minha casa lá."[5]

Sejamos misericordiosos: como viver sem os R$ 60 mil para arcar com todas essas despesas? A ministra, coitada, precisava do valor integral para ser confortada em razão do sofrimento de residir longe da família e para viver modestamente com seus imóveis na capital baiana.

Duas semanas depois de comover o Brasil com o seu drama, diante de uma plateia de jovens no Rio de Janeiro, Luislinda Dias de Valois Santos declarou que era "preta, pobre e da periferia" e aconselhou os adolescentes que "o caminho da retidão é o melhor".[6] Isso aconteceu em novembro de 2017 durante o lançamento do Programa Emergencial de Ações Sociais para o Rio de Janeiro, estado que vivia penúria financeira talvez similar à da ministra.

Num país cuja renda per capita média era de R$ 1.228 por mês em 2017, a desembargadora aposentada recebia R$ 30.471,10 a título de aposentadoria. Sem mais trabalhar, ela recebia quase 25 vezes a renda média do trabalhador brasileiro em atividade. Com essa quantia, ela poderia comprar um pacote de viagem com passagens aéreas saindo de Salvador para ficar quinze dias em Nova York hospedada no hotel cinco estrelas WestHouse NY e ainda sobrariam uns R$ 10 mil para comprar roupas e ir ao salão de beleza. Ou, se não quisesse sair da capital baiana, poderia comprar mais de 3.800 acarajés com camarão (R$ 8 a unidade).

Em 2014, tivemos outra declaração singular de mais um magistrado vítima da remuneração do Judiciário. Foi do então presidente do Tribunal de Justiça do Estado de São Paulo, José Renato Nalini. Ao ser questionado sobre o pagamento do auxílio-moradia, ele respondeu que o salário dos juízes dificultava ir "toda hora a Miami para comprar terno novo, uma camisa razoável, um sapato decente", arcar com o plano de saúde e ter carro próprio.[7] De cortar o coração.

Nalini também afirmou que o penduricalho de R$ 4,4 mil mensais (um valor que por si só já é superior à renda de 92% dos brasileiros) era importante para que "o juiz fique um pouquinho mais animado, não tenha tanta depressão, tanta síndrome de pânico, tanto AVC".[8]

O então desembargador foi ainda mais sincero ao revelar o que todo mundo já sabia: "esse auxílio-moradia na verdade disfarça um aumento do subsídio que está defasado há muito tempo".[9]

Pouco depois dessa infeliz declaração, José Renato aposentou-se e acabou por ser nomeado secretário de Educação do governo de São Paulo. Assim, passou a acumular a aposentadoria de desembargador, vencimentos turbinados por sua participação no conselho de duas empresas públicas daquele Estado. Já chegou a receber R$ 6 mil para participar de uma única reunião, e passou a ter vencimentos mensais de R$ 65 mil.[10] Ir para Miami comprar ternos ficou muito mais fácil.

Luislinda e José Renato, no entanto, não estavam sozinhos nessa. Vários magistrados e servidores ganhavam acima do texto, mesmo que em forma de indenizações e conversão de licença-prêmio em dinheiro. No STF, por exemplo, nove servidores receberam num só mês valores entre R$ 37,8 mil e R$ 226,8 mil. Este valor era suficiente para adquirir a cada trinta dias uma unidade das versões mais luxuosas da BMW ou da Mercedes-Benz.

Do universo de 4.655 juízes estaduais, em 73% dos casos foram verificados vencimentos acima do teto constitucional. Os desembargadores de Minas, São Paulo e Rio eram os mais beneficiados: o ganho líquido médio ultrapassava o teto num percentual de 68% a quase 150%.[11]

Em São Paulo, 718 magistrados receberam R$ 44,3 mil em junho de 2017, montante muito acima do teto. A justificativa para o valor foi a soma de indenizações, gratificações e vantagens pessoais e eventuais. Além disso, "569 juízes e desembargadores da Justiça Estadual receberam mais do que a maior renda do Supremo (R$ 57,5 mil), numa média de R$ 66,4 mil, enquanto os ministros do STF ficaram na média de R$ 48,5 mil".[12]

No Tribunal de Justiça de São Paulo, somente um desembargador, Getúlio Evaristo dos Santos Neto, recebeu R$ 100,7 mil brutos.[13] Havia ainda casos como a da viúva de um desembargador do Tribunal Regional do Trabalho (15ª Região), com sede em Campinas, que recebeu quase R$ 1,2 milhão entre os anos de 2012 e 2013 e mais R$ 700 mil em vantagens eventuais no mesmo período.[14]

No Tribunal de Justiça do Espírito Santo, praticamente todos os 343 juízes receberam supersalários no mês de julho de 2017 (apenas um não recebeu). Na Justiça Estadual de Minas Gerais deu-se algo similar: 98% dos magistrados receberam muito acima do teto naquele mesmo mês.[15]

Esses números revelavam apenas parte da situação, porque muitos tribunais dificultavam o acesso aos dados, apesar da Lei nº 12.527, conhecida como Lei de Acesso à Informação, vigorar desde 2011. Além da norma, a então presidente do STF, ministra Cármen Lúcia, cobrou dos presidentes dos Tribunais de Justiça o cumprimento da determinação que obrigava o envio ao CNJ dos dados referentes à remuneração dos magistrados de todo o país.[16]

A remuneração de Luislinda Dias de Valois Santos e de seus colegas de carreira ajuda a entender por que o Poder Judiciário brasileiro nos custou R$ 84,8 bilhões em 2016, segundo o relatório Justiça em Números elaborado pelo CNJ. A despesa foi o equivalente a 1,4% do PIB daquele ano. Caso incluíssemos o custo do Ministério Público, o gasto saltaria para 2,1% do PIB.

Na comparação com os gastos e com a produtividade de países ricos ou de riqueza similar, a nossa Justiça é muito dispendiosa. O orçamento do nosso Judiciário é, segundo o estudo "O custo da Justiça no Brasil: uma análise comparativa exploratória", "muito provavelmente o mais alto por habitante dentre todos os países federais do hemisfério ocidental". A despesa é "superior à de outros países em diferentes níveis de desenvolvimento, seja em valores proporcionais à renda média, seja em valores absolutos per capita".[17] Gastávamos como ricos antes de termos enriquecido.

Na comparação com os países europeus e latino-americanos, o orçamento da Justiça brasileira mostra a imensa desproporção das despesas em face do nosso nível médio de renda. Enquanto gastamos 1,30% do PIB com o Judiciário, a Espanha gasta 0,12%; os Estados Unidos, 0,14%; a Inglaterra, 0,14%; e a Alemanha, 0,3%. Na América Latina, a Argentina gastava 0,13%; a Colômbia, 0,21%; e o Chile, 0,22%.

O estudo também mostrou que possuímos menos juízes por habitante do que os países citados, mas que o número de burocratas no

Judiciário brasileiro ultrapassa em duas vezes a média das demais nações. E o alto custo de manutenção — a maior parte destinada ao pagamento de pessoal — segue paralelo a uma elevada taxa de 70% de congestionamento nos tribunais.

Em 2016, só para pagar remuneração, proventos, pensões, encargos, benefícios e outras despesas indenizatórias a juízes e servidores, ativos e inativos, foram gastos R$ 75,9 bilhões. Esse valor representava quase 90% do custo total do Poder Judiciário no país. Na média, cada magistrado brasileiro nos custava R$ 47,7 mil por mês,[18] renda superior à de 99,7% dos brasileiros.

Na Bahia, terra de Luislinda Dias de Valois Santos, a despesa média mensal em 2016 com cada magistrado era de R$ 47.620 e, por servidor, de R$ 15.876. No Rio de Janeiro, primeiro estado da lista de melhor pagador da categoria, a despesa média com cada juiz era de impressionantes R$ 65.691, e, por servidor, de R$ 15.921, segundo o relatório do CNJ.[19]

Aqueles que ocupavam cargos elevados recebiam ainda mais: em 2015, presidentes dos Tribunais de Justiça ganhavam por mês, em média, R$ 59.992, e os procuradores-gerais de Justiça recebiam R$ 53.971. O campeão nessa categoria era o presidente do Tribunal de Justiça de Minas Gerais, Pedro Carlos Bitencourt Marcondes, que recebeu mais de R$ 125 mil por mês, em média, entre janeiro e março do mesmo ano.[20] O valor incluía indenizações e gratificações temporárias.[21]

Auxílios para dar e vender

Levantamento produzido pelo Banco Mundial em 2015 descobriu 32 privilégios oferecidos aos membros do Poder Judiciário que despertariam inveja em qualquer trabalhador da iniciativa privada: "dois meses de férias anuais — mais um recesso de 14 a 30 dias, [...] auxílios para moradia, alimentação, transporte, plano de saúde, dinheiro para livros e computadores e ajuda até para pagar a escola particular dos filhos".[22]

O blog Estadão Dados revelou em 2017 que a "concessão generalizada de auxílio-moradia, auxílio-alimentação e auxílio-saúde" fez "com que 26 tribunais estaduais de Justiça" gastassem "cerca de R$ 890 milhões por ano com esses pagamentos". Em razão desses privilégios, mais de 80% de todos os juízes haviam recebido 30% a mais sobre o salário-base referente ao mês de novembro daquele ano.[23]

Nem mesmo a penúria financeira do estado do Rio de Janeiro fez com que o Tribunal de Justiça fluminense reduzisse os seus gastos. Enquanto uma maioria de servidores estaduais como professores e policiais amargava atrasos no recebimento de salários e de aposentadorias, e acumulava dívidas diversas (contas de água, de energia elétrica, de gás, aluguel, condomínio, farmácia, cartão de crédito, empréstimo bancário, plano de saúde), graças à autonomia financeira do Judiciário, os juízes, desembargadores e servidores desse poder recebiam rigorosamente em dia seus vencimentos turbinados com auxílio-educação, auxílio-locomoção, auxílio-creche, auxílio--moradia, auxílio-alimentação.[24]

Juízes requisitados pelo STF para trabalhar como auxiliares dos ministros da Corte também recebem auxílio-moradia em seus locais de origem e ao serem transferidos para Brasília. Um levantamento realizado pelo jornal *O Globo* identificou dezoito juízes que estiveram a serviço do STF entre janeiro e outubro de 2017 e dois casos chamaram a atenção: os de Hugo Sinvaldo Silva da Gama Filho e Pedro Felipe de Oliveira Santos. Ambos eram do Tribunal Regional Federal da 1ª Região (TRF-1) e foram cedidos, respectivamente, para os gabinetes dos ministros Alexandre de Moraes e Luiz Fux. Mesmo ambos residindo em Brasília, receberam o auxílio-moradia pelo tribunal de origem e pelo STF.[25]

Igualmente beneficiados eram os membros do Ministério Público Estadual, que ganhavam mais com privilégios do que com salários. Além disso, seus servidores ativos e inativos continuaram a receber em dia os seus vencimentos e benefícios enquanto os demais funcionários do estado passavam por sérias dificuldades. Alguns deles enfrentavam uma situação tão dramática que se viram obrigados a enfrentar filas para receber comida e outras doações.[26]

O órgão mais generoso com seus servidores era o Tribunal de Justiça do Rio de Janeiro, que oferecia "auxílio-creche de R$ 854 por filho até 6 anos, auxílio-educação de R$ 953 por filho até 24 anos (na faculdade), [...] 180 dias de licença-maternidade (padrão) mais 90 de aleitamento" e "de três a cinco salários mínimos por adoção até o filho ter 24 anos".[27]

No Rio Grande do Norte, beneficiados pela legislação,[28] os juízes e desembargadores, até mesmo os aposentados, receberam cada um R$ 130 mil só de auxílio-moradia em outubro de 2017. Com essa quantia, daria para comprar um apartamento de um quarto em alguns bairros da capital, Natal. O privilégio deveu-se a pagamentos retroativos de 2009 a 2014 por decisão dos magistrados do próprio Tribunal de Justiça, que, de uma só vez, gastou R$ 39,1 milhões do dinheiro dos pagadores de impostos para garantir os *direitos máximos* da categoria.[29]

Outro privilégio do Judiciário potiguar, concedido por treze desembargadores para si próprios, foi a concessão de licença-prêmio retroativa aos últimos 22 anos. A licença-prêmio é um privilégio que garante a magistrados descanso remunerado de três meses a cada cinco anos de trabalho.

Com a determinação judicial, o desembargador que exercesse a atividade desde 1996 receberia R$ 300 mil só de licença-prêmio,[30] além de outros privilégios concedidos a todos os magistrados do Rio Grande do Norte, tais como o auxílio-moradia (R$ 4.300), o auxílio-saúde (R$ 500) e o auxílio-alimentação (R$ 400), que não contavam para o cálculo do teto salarial.

Os privilégios concedidos aos magistrados contrastavam com a realidade financeira do estado do Rio Grande do Norte. Em 2017, o governo estadual pediu socorro ao Governo Federal para custear as despesas com a folha de servidores, que estava atrasada havia meses.

Em protesto, foram feitas diversas manifestações e paralisações e funcionários públicos chegaram a apedrejar o carro do governador Robinson Faria.[31]

Em julho de 2017, os 1.610 magistrados de Minas Gerais receberam do Tribunal de Justiça "valores líquidos acima do teto constitucional" de R$ 33.763. Um grupo minoritário foi ainda mais beneficiado: quatro magistrados e doze servidores receberam, cada um deles, mais de R$ 100 mil líquidos. Somente um juiz de entrância especial recebeu R$ 461.153,91 líquidos e outros dois juízes ganharam, respectivamente, R$ 408.690,36 e R$ 362.228,19. Agregando vantagens eventuais e indenizações, o Tribunal de Justiça de Minas Gerais pagou cerca de R$ 170 milhões, "quase o triplo dos gastos salariais", que somaram R$ 60,3 milhões.[32]

Em São Paulo, "vantagens pessoais, eventuais, indenizações e gratificações" garantiam aos 440 desembargadores e juízes "estaduais paulistas ganhos que ultrapassavam R$ 100 mil mensais, em valores brutos".[33] Só de auxílio-mudança, por exemplo, a juíza federal Simone Karagulian, do Tribunal Regional Federal da 3ª Região, em São Paulo, recebeu R$ 62 mil. O total de seus ganhos no último mês de 2017 foi de R$ 133 mil.

No Tribunal de Justiça de São Paulo, o afortunado desembargador James Alberto Siano recebeu R$ 131 mil em dezembro de 2017. Nesse montante, de fazer cair o queixo de qualquer Papai Noel, estavam incluídos salário, "R$ 54 mil como auxílio-moradia, R$ 18 mil de pagamentos retroativos e R$ 21 mil no item *outra*".[34]

Outro afortunado da magistratura brasileira era o desembargador do Tribunal de Justiça do Mato Grosso do Sul, Claudionor Abss Duarte, que recebeu R$ 170 mil brutos em dezembro de 2017. O valor era a soma de R$ 90 mil de pagamento retroativo, "R$ 16,8 mil de indenização por férias não gozadas, R$ 6 mil de auxílio-moradia e R$ 1,5 mil de auxílio-alimentação e de auxílio-saúde" mais "R$ 20 mil do terço de férias". Feitos os descontos, o desembargador levou para casa R$ 158 mil líquidos.[35]

Entretanto, o mais afortunado dos afortunados dos magistrados brasileiros estava ali ao lado, no estado vizinho do Mato Grosso. Titular da 6ª Vara da Comarca de Sinop, cidade localizada a 503 quilômetros de Cuiabá, o juiz Mirko Vincenzo Giannotte recebeu — preparem-se — impressionantes, extraordinários, inacreditáveis R$ 503,9 mil em vencimentos no mês de julho de 2017. Num único mês, um juiz de Direito recebeu mais de meio milhão de reais, valor de salário de jogador de futebol de grande time.

O que explicava esse valor? Como entre 2004 e 2009 o juiz atuou numa comarca maior do que aquela onde era titular sem receber a mais por isso, teve direito ao pagamento previsto no artigo 124 da Lei Orgânica da Magistratura: "o Magistrado que for convocado para substituir, em primeira ou segunda instância, perceberá a diferença de vencimentos correspondentes ao cargo que passa a exercer, inclusive diárias e transporte, se for o caso".

Mas não foi só isso. A fortuna paga ao magistrado era a soma do seu salário-base de R$ 28.947,55 com "R$ 40,3 mil de vantagens individuais, R$ 25,7 mil de gratificações, R$ 137.522 de indenizações e — respirem fundo — R$ 300,2 mil de remuneração paradigma (remuneração do cargo efetivo, gratificação de atividade judiciária, vantagem pecuniária individual, adicionais de qualificação, gratificação de atividade externa, gratificação de atividade de segurança)".[36]

Questionado a esse respeito, o juiz Giannotte respondeu que não estava "nem aí" para a polêmica envolvendo o seu nome. Disse mais: que seus ganhos eram justos porque eram legais[37] — uma clara confusão entre legalidade e justiça que faz parte da mentalidade média de magistrados e servidores públicos. Para que a história ficasse ainda mais interessante, o pagamento dos mais de meio milhão de reais foi realizado no dia do aniversário do juiz, que comemorou: "foi um belo presente". Outro presente aguardado pelo juiz era o recebimento de "outros passivos estimados em R$ 750 mil, referentes ao acúmulo de varas".[38]

Giannotte só não contava com a reação do corregedor do Conselho Nacional de Justiça, ministro João Otávio Noronha, que, em agosto de 2017, determinou que fosse aberto um Pedido de Providências para suspender os pagamentos de passivos realizados pelo Tribunal de Justiça do Mato Grosso a 84 magistrados. Porque não foram autorizados pelo CNJ, a suspensão valeria até que os fatos fossem esclarecidos.[39]

Nem só de pão vive o magistrado

Mesmo quando o país está em crise, principalmente a parcela privilegiada de servidores federais (e parte dos servidores estaduais) é beneficiada porque recebe em dia os seus vencimentos e benefícios. Além de bons salários, juízes e funcionários do Poder Judiciário têm direito a auxílio-moradia mesmo que residam na cidade onde trabalham.

Em 2017, segundo a Consultoria de Orçamentos, Fiscalização e Controle do Senado, a União gastou R$ 817 milhões só com o pagamento de auxílio-moradia para políticos, magistrados e servidores dos poderes Legislativo, Executivo e Judiciário. Em oito anos, o crescimento da despesa com auxílio-moradia foi absurdo. Em 2010, o gasto era de R$ 75 milhões.[40] Para 2018, a previsão de dispêndios da União com o privilégio era ligeiramente mais elevada: R$ 831 milhões definidos na Lei Orçamentária Anual (LOA) que foi aprovada em dezembro de 2017 pelo Congresso.[41]

O aumento dos gastos com auxílio-moradia foi exponencial: passou de R$ 75 milhões em 2010 para 817 milhões em 2017. Por que isso aconteceu? Em 2014, uma decisão liminar do ministro Luiz Fux, do STF, concedeu a todos os juízes do país o direito de receber o privilégio, que resultava num acréscimo de R$ 4,3 mil no salário mensal.

A primeira ação a pedir o auxílio-moradia foi proposta em face da União (Ação Originária nº 1.773) por oito juízes federais com assistência da Ajufe. Mesmo com salários mais altos do que a média brasileira, os juízes federais entraram na Justiça para pleitear um dos privilégios contidos no artigo 65 da Lei Orgânica da Magistratura Nacional. Até então, as vantagens existiam e eram desfrutadas somente por ministros do STF, do STJ e por membros do Ministério Público.

A justificativa do ministro Luiz Fux para conceder a liminar foi exemplar do espírito de corpo e da mentalidade de quem serve ao Estado. Uma vez que outras carreiras já gozavam daquele direito, pelo princípio da isonomia, os juízes federais deveriam ser igualmente beneficiados. Assim, não existiriam "castas no Poder Judiciário".[42]

Antecipando-se às críticas mais óbvias, Fux negou que o benefício fosse "um exagero ou algo imoral ou incompatível com os padrões de remuneração adotados no Brasil". Para o ministro, que parecia desconhecer os números sobre a realidade salarial no Brasil, porque "cada categoria de trabalhador brasileiro possui direitos, deveres e verbas que lhe são próprias",[43] fazia mais sentido privilegiar todos os juízes porque alguns já eram privilegiados do que extinguir o privilégio.

O incentivo negativo contagiou as demais entidades. No dia seguinte à conquista do privilégio pelos juízes federais, "a AMB e a Associação Nacional dos Magistrados da Justiça do Trabalho (Anamatra) ingressaram com ações pedindo também o auxílio-moradia". Como era de se esperar, foram prontamente atendidas pelo ministro Fux, que determinou a ampliação do pagamento "para membros da Justiça do Trabalho, da Justiça Militar e para magistrados de nove estados: Amazonas, Bahia, Ceará, Espírito Santo, Paraíba, Piauí, Rio Grande do Sul e São Paulo".[44]

O resultado da decisão foi o óbvio: explosão de gastos. Antes da liminar, o auxílio-moradia nos custava pouco mais de R$ 24 milhões por ano. Depois da sua ampliação, o privilégio passou a nos custar mais de 1,62 bilhão por ano.[45] No início de 2018, "mais de 17 mil juízes, desembargadores e ministros de tribunais superiores" recebiam o auxílio-moradia.[46]

Como a decisão do ministro do STF fora concedida em caráter liminar, para tornar-se permanente, o pagamento do auxílio-moradia deveria ser decidido pelo Supremo. Somente em 19 de dezembro de 2017, três anos depois de decidir pela ampliação do privilégio, Luiz Fux liberou a matéria para votação pelo plenário da Corte.

Quando a presidente da Corte, a ministra Cármen Lúcia, designou a data de 22 de março de 2018 para o julgamento, cerca de cem magistrados federais, um grupo com renda superior a 99,5% dos brasileiros, iniciaram um movimento para convencer seus colegas a aderirem à greve. Adicionalmente, acusaram-na de ser seletiva ao mirar somente a Justiça Federal.[47]

Questionado, o presidente da Associação dos Magistrados do Espírito Santo (Amages), Ezequiel Turíbio, negou que o movimento fosse um protesto contra o fim do auxílio-moradia, mas sim pela reparação da perda salarial em decorrência da inflação dos últimos anos. Para ele, "como a Constituição Federal determina que anualmente haverá, ou deveria haver, a revisão dos vencimentos da magistratura e isso não ocorreu na magistratura federal, esse é o principal motivo que está levando ao movimento nacional".[48]

Como sempre, o posicionamento dos privilegiados é estritamente de apego à legalidade. Outros juízes e procuradores, em um contra-ataque à má repercussão do movimento, divulgaram nota conjunta afirmando que a greve também seria contra projetos de leis que eram "símbolos de retrocesso cívico e caminham todos no sentido de calar, punir e/ou retaliar os agentes de Estado que, no exercício isento de seu dever, atrevem-se a fazer cumprir o princípio constitucional de que todos são iguais perante a lei".[49]

Greve não houve, mas sim uma paralisação parcial realizada no dia 15 de março de 2018 por representantes da Anamatra, da Ajufe e da Associação Nacional dos Procuradores da República (ANPR). Como a pauta do auxílio-moradia tinha pegado mal, criaram outra narrativa para defender o reajuste anual previsto na Constituição e a equiparação dos subsídios entre as magistraturas federal e estadual.

Seis dias depois, o ministro Fux entrou novamente em cena, protagonista que foi do grande teatro de concessão do privilégio. No dia 21 de março, véspera da sessão e a pedido da Associação dos Magistrados Brasileiros (AMB), Fux "retirou da pauta do plenário do STF o julgamento de seis ações que discutiam "a constitucionalidade do benefício".[50] O ministro também determinou que a discussão fosse "levada para a Câmara de Conciliação e Arbitragem da Administração Federal", órgão da Advocacia-Geral da União (AGU).[51]

Receosa de que a pressão contra o privilégio resultasse na sua extinção, a AMB preferiu resolver o problema internamente com apoio da AGU, que serviria de intermediária na negociação com o poder público federal. Ou seja, uma instituição do Estado mediaria os interesses de duas instituições estatais. Ganha um auxílio-moradia aquele que adivinhar quem sairia perdendo.

Dois beneficiários desse *direito máximo* eram o juiz federal Marcelo Bretas, uma das estrelas da operação Lava Jato no Rio de Janeiro, e sua mulher, a também juíza federal Simone Diniz Bretas. Ambos recebiam o privilégio desde 2015, quando ingressaram na Justiça para requisitá-lo, muito embora morassem na mesma residência no Rio de Janeiro.[52] O busílis é que um casal de juízes morando num mesmo imóvel não poderia receber, cada um deles, o privilégio.

Desde 2014, por decisão do CNJ, o magistrado não tem "direito ao pagamento da ajuda de custo para moradia quando: [...] perceber, ou pessoa com quem resida, vantagem da mesma natureza de qualquer órgão da administração pública, salvo se o cônjuge ou companheiro(a) mantiver residência em outra localidade" (parágrafo 3º da Resolução nº 199).

Em janeiro de 2018, confrontado com a publicação da história pela imprensa, Bretas reagiu no Twitter: "pois é, tenho esse 'estranho' hábito. Sempre que penso ter direito a algo eu VOU À JUSTIÇA e peço. Talvez devesse ficar chorando num canto ou pegar escondido ou à força. Mas, como tenho medo de merecer algum castigo, peço na Justiça o meu direito".[53] O magistrado parecia ser daqueles que não diferenciava os direitos dos privilégios quando se tratava de benefícios para a sua categoria.

Conhecida pelo corporativismo, a magistratura logo reagiu em defesa de Bretas e do privilégio. A Associação dos Juízes Federais do Rio de Janeiro e do Espírito Santo (Ajuferjes) emitiu uma nota na qual afirmava que o recebimento do auxílio não era ilegal, nem imoral.

Assinada por seu presidente, Fabrício Fernandes de Castro, o texto ia além ao acusar a existência de uma "constante campanha para tentar desmoralizar os juízes federais brasileiros" com o intuito de "não só subtrair um direito como denegrir a honra dos que hoje mais se empenham em coibir o maior dos males da administração pública brasileira, a corrupção organizada e voraz".[54] Para Castro, o auxílio-moradia era legal, belo e moral. E quem ousasse questioná-lo fazia parte de uma cruzada para manchar a reputação dos magistrados.

No seguimento da polêmica, Sergio Moro, a estrela-mor da Lava Jato, ficou do lado dos seus. Ele também advogava em causa própria. Mesmo tendo apartamento próprio em Curitiba, Moro recebia o auxílio-moradia de R$ 4.377 desde 2014. Ao defender publicamente o privilégio, ele repetiu a justificativa padrão: uma compensação pela falta de reajuste dos vencimentos dos magistrados desde janeiro de 2015.[55]

O teto não é o limite

Uma análise feita pelo Núcleo de Dados do jornal *O Globo* em 2017 mostrou que "71,4% dos magistrados dos Tribunais de Justiça (TJs) dos 26 estados e do Distrito Federal somaram rendimentos superiores aos R$ 33.763 pagos aos ministros" do STF. Ou seja, "dos mais de 16 mil juízes e desembargadores dos TJs", 11,6 mil receberam acima do teto.[56] A média de remuneração no período analisado foi de R$ 42,5 mil por mês.

Na Justiça comum brasileira, "três de cada quatro juízes receberam remunerações acima do teto constitucional" em 2016, de acordo com um levantamento feito pelo jornal *O Globo*.[57] Um levantamento feito em 2015 revelou que essas categorias não respeitavam o teto constitucional de subsídio de R$ 33,7 mil mensais.[58]

Como esses servidores conseguiram furar legalmente o teto constitucional? A resposta mostra a criatividade brasileira em sua pior forma: eles converteram em dinheiro "quase todo tipo de benefício recebido" ("gratificações, remunerações temporárias, verbas retroativas, vantagens, abonos de permanência e benefícios concedidos pelos próprios órgãos e autorizados pela Lei Orgânica da Magistratura"),[59] pois "apenas a remuneração base" era "levada em conta a fim de se considerar o teto remuneratório limitado pela Constituição". *È vero, e non è ben trovato*: os membros do Poder Judiciário burlam o texto constitucional para se beneficiarem.[60]

O constituinte brasileiro parecia estar ciente da possibilidade de explosão de gastos ao estabelecer o teto remuneratório no artigo 17 do Ato das Disposições Constitucionais Transitórias (ADCT) da Constituição. O texto confirma tal precaução: "os vencimentos, a remuneração, as vantagens e os adicionais, bem como os proventos de aposentadoria que estejam sendo percebidos em desacordo com a Constituição serão imediatamente reduzidos aos limites dela decorrentes, não se admitindo, neste caso, invocação de direito adquirido ou percepção de excesso a qualquer título".

A partir da Constituição de 1988, outras regras foram criadas para manter o espírito original: Lei de Responsabilidade Fiscal, Regra de Ouro, Teto dos Gastos (Emenda Constitucional nº 95). O problema não é, portanto, a ausência de regras,[61] mas a criatividade dos poderes para criar privilégios e a flexibilização dos limites legais pelo Judiciário.

Em audiência pública em 2016, a ministra Cármen Lúcia, na época presidente do STF, foi precisa ao definir a burla: "além do teto, tem cobertura, puxadinho e sei mais lá o quê".[62] Mas foi a própria Corte que, ao excluir privilégios e acumulação de cargo do cálculo do teto remuneratório, criou incentivos para que o limite fosse desrespeitado e houvesse proliferação indiscriminada de auxílios e de outras regalias.

Foi a partir de uma ação ajuizada pela AMB no ano seguinte à promulgação da Constituição Federal que o STF começou a flexibilizar o teto remuneratório.[63] Os ministros interpretaram o artigo 17 da ADCT de forma diferente ao espírito original e excluíram os privilégios do montante sujeito à limitação constitucional.

Dentre as centenas de julgamentos que chegaram ao STF sobre o limite constitucional de retribuição pecuniária no funcionalismo público brasileiro, consolidou-se um claro padrão interpretativo favorável à flexibilização do teto para uma "restrita cúpula de servidores nos três poderes e nos entes federativos".[64]

A transigência hermenêutica promovida pelo STF teve como resposta do Legislativo emendas constitucionais que tentaram, sem sucesso, impor restrições: as emendas constitucionais da Reforma Administrativa (EC nº 19/1998) e da Reforma da Previdência (EC nº 41/2003). Ambas foram, contudo, novamente flexibilizadas pelo STF, em diversas decisões com viés corporativista em razão de "um contexto jurisdicional de constantes mutações por ação ou por omissão do Judiciário, [assim como] um contexto legiferante de promoção de emendas constitucionais".[65]

Esse entendimento criou incentivos para que os servidores usassem a lei e o Judiciário para buscar vários tipos de privilégios. Em vez de a "limitação da retribuição pecuniária de servidores públicos se estabilizar no Brasil, existe um crescente aumento da sua complexidade dado o volume acentuado de interações do funcionalismo público com as esferas legiferante e jurisdicional, o qual incrementalmente tem impactado em uma baixa efetividade material da norma constitucional devido à esquizofrênica capacidade de mutação normativa e hermenêutica".[66]

Algumas vezes, o próprio CNJ legitimava a corrida por privilégios. No início de 2018, o órgão entendeu que juízes que realizavam audiências de custódia no Rio de Janeiro deveriam receber pagamento extra porque se tratava de trabalho adicional. Esse entendimento contou com o voto favorável da presidente do CNJ e do STF, ministra Cármen Lúcia,[67] posição que contradizia sua crítica ao teto com cobertura e puxadinho.

Mesmo que todos os benefícios fossem legais, eram justos e morais? O presidente da Ajufe, Roberto Veloso, entidade beneficiada pela decisão do ministro Fux, respondeu que essa não era uma preocupação dos magistrados. "Não é uma pauta nossa. Estamos pensando um pouco mais à frente. Precisamos resolver essa questão remuneratória."[68]

Resolver a "questão remuneratória" significava conseguir a aprovação no Senado da proposta de Emenda Constitucional nº 63, que definia a criação de um plano de carreira chamado de Valorização por Tempo de Magistratura. O objetivo era padronizar os direitos das categorias do Judiciário e evitar a redução dos vencimentos.

Magistrados criam privilégios para driblar o teto e assim aumentar os próprios vencimentos sem que isso configure uma violação constitucional. A limitação pela Constituição, entretanto, gera um incentivo para que um poder que deveria ser o guardião das leis seja ele próprio um agente de relativização das normas jurídicas. E seu exemplo nada virtuoso será seguido pelos outros poderes que usam as conquistas do Judiciário como uma espécie de direito vinculante, que, se conquistado por uma categoria, poderá ser ampliado para as demais.

Punição VIP: aposentadoria com vencimento integral

Dois outros direitos figuram no rol de privilégios que assolam o Brasil. O primeiro é definido pelo artigo 113 da Constituição combinado com o artigo 25 da Lei Orgânica da Magistratura (Loman): juízes têm direito à vitaliciedade, inamovibilidade e irredutibilidade de vencimentos. O segundo está contido no artigo 42 da Loman e diz respeito a uma das formas de punição do magistrado. Dentre as penalidades descritas, a mais chocante é, certamente, a aposentadoria compulsória com vencimentos proporcionais ao tempo de serviço. Vejamos o que diz o artigo 56:

> O Conselho Nacional da Magistratura poderá determinar a aposentadoria, com vencimentos proporcionais ao tempo de serviço, do magistrado:
> I — manifestadamente negligente no cumprimento dos deveres do cargo;
> II — de procedimento incompatível com a dignidade, a honra e o decoro de suas funções;
> III — de escassa ou insuficiente capacidade de trabalho, ou cujo proceder funcional seja incompatível com o bom desempenho das atividades do Poder Judiciário.

É exatamente o que está escrito: um juiz negligente, indigno ou incompetente, em vez de ser demitido e perder seus direitos e vencimentos, ganha um prêmio pelos serviços não prestados. E assim pode desfrutar lépido e fagueiro a sua polpuda aposentadoria.

Há a possibilidade desse privilégio ser extinto, entretanto. Desde 2010 circulam na Comissão de Constituição e Justiça da Câmara dos Deputados quatro propostas de emenda constitucional para pôr fim à aposentadoria compulsória como forma de punição. Uma delas tramita desde 2003. Apesar de aprovada em 2013 pelo Senado Federal, a PEC nº 505/2010 emperrou na Câmara dos Deputados.[69] A discussão jurídica sempre esbarra em algum entrave e os maus juízes continuam sendo beneficiados.

Dentre as doze maiores aposentadorias e pensões descobertas pelo site Spotniks, todas localizam-se em Tribunais Regionais do Trabalho. Nesse universo, os cem maiores beneficiários de aposentadorias e pensões do Judiciário levaram para casa R$ 48 milhões em dezembro de 2017, uma média de R$ 480 mil por magistrado.[70]

Desse grupo de privilegiados faz parte a pensionista do TRT-7 do Ceará, Francisca Alves. Ela embolsou sozinha R$ 8,2 milhões em apenas um mês.[71] Daria para comprar a mansão do ex-governador do Rio, Sérgio Cabral, localizada em Mangaratiba.

Outro privilégio é o abono de permanência instituído em 2003 pela Emenda Constitucional nº 41. O abono é um benefício monetário "equivalente ao valor da sua contribuição previdenciária" pago ao servidor que tiver "completado as exigências para aposentadoria voluntária estabelecidas" pelo artigo 40, § 1º, III, da Constituição Federal, mas que optou "por permanecer em atividade" até "completar as exigências para aposentadoria compulsória", como atingir a idade-limite de 75 anos.[72]

Uma parcela dos magistrados considera o abono não uma renda, mas uma espécie de prêmio por continuarem trabalhando quando, na verdade, já poderiam ter se aposentado. É como se esses magistrados achassem que nós, brasileiros, fôssemos obrigados a recompensá-los por eles próprios terem escolhido continuar trabalhando.

Esse entendimento segundo o qual o abono de permanência não constitui renda foi legitimado a partir de 2008 por decisões judiciais que determinaram a não incidência de Imposto sobre a Renda da Pessoa Física (IRPF) sobre o abono recebido por magistrados representados pela Ajufe.

Mas, em 2010, o STJ decidiu que a cobrança do imposto de renda deveria ser realizada porque o abono constitui a renda dos magistrados. Mesmo assim, juízes de instâncias inferiores continuam decidindo em favor do fim da cobrança, em flagrante desrespeito à decisão da instância superior.

Para tornar a história ainda mais absurda, em março de 2017, a ministra Laurita Vaz, do STJ, uma das beneficiárias da não cobrança do imposto de renda sobre o abono, rejeitou por despacho um recurso da Procuradoria da Fazenda que pedia a incidência do imposto com base na decisão anterior do próprio STJ. A ministra, que se beneficiava da isenção do imposto, decidira em causa própria.

A Procuradoria recorreu do despacho e o processo foi redistribuído. No sorteio, a responsabilidade coube ao ministro Francisco Falcão, que, assim como Laurita Vaz, também era beneficiado pela isenção de imposto sobre o abono. Mas, antes mesmo do ministro Falcão tomar uma decisão, o caso da decisão em causa própria veio à tona em janeiro de 2017 por meio de uma reportagem do *BuzzFeed News Brasil*.[73]

Ao ser questionada pelo repórter do site, a ministra, que já era presidente do STJ, recuou. Antes que a história tomasse proporções negativas ainda maiores, ela disse que se declararia impedida de atuar no processo e que, portanto, aquela sua decisão seria anulada e o recurso da Procuradoria seria novamente redistribuído.

Entretanto, a ministra e seus colegas magistrados continuaram sendo beneficiados por força da decisão do Tribunal Regional Federal da 1ª Região. Eles só perderiam o privilégio se o STJ decidisse a favor da Procuradoria — o que não aconteceu até a conclusão deste livro.

Outro privilégio envolvendo aposentadoria é a isenção de quase 30% do IRPF para a elite do funcionalismo público brasileiro formada por membros do Judiciário, Ministério Público, Tribunais de Contas. Numericamente, os servidores privilegiados representavam menos de 1,0% do total de 4,8 milhões de funcionários públicos do país, mas os seus rendimentos isentos somavam R$ 6,4 bilhões. Ou seja, estavam livres de tributação "10,7% do total de R$ 59,7 bilhões [...] declarados pelo funcionalismo".[74] É o tipo de privilégio que bem poderia ser um direito de todos.

Carros oficiais: mordomias que custam R$ 250 mil

Os carros oficiais de representação e os veículos de transporte institucional são outros privilégios sustentados com o nosso dinheiro. Seus beneficiários são "ministros de tribunais superiores, presidentes, vice-

-presidentes e corregedores dos demais tribunais", além de "desembargadores e juízes que não ocupavam cargos da cúpula dos tribunais".[75]

Considerando as cortes superiores de Justiça, os Tribunais Regionais Federais (TRFs) e os Tribunais de Justiça (TJs) dos estados, segundo levantamento realizado em 2017 pelo jornalista Lucio Vaz, a frota era composta por "6.579 carros oficiais, sendo 592 de representação e 1.687 institucionais"; "os outros 4.224" eram "veículos de serviço". E quais eram os carros preferidos dos magistrados? Do Renault Fluence ao Pajero Full, os modelos podiam custar de R$ 100 mil a mais de R$ 250 mil.[76]

Um projeto de lei aprovado na Câmara dos Deputados em 2017 pretendia limitar a mordomia. À espera de avaliação pela Comissão de Constituição e Justiça (CCJ) no início de 2018, se aprovado no Senado e sancionado pela presidência, o carro oficial seria de uso exclusivo de presidente e vice-presidente da República, dos presidentes do Senado, da Câmara e do Supremo Tribunal Federal (STF), dos ministros de Estado e dos três comandantes das Forças Armadas. Embora reduzido, ainda assim, continua a ser um privilégio.

Gastos do Judiciário: *para o alto e avante!*

Num período de vinte anos, de 1995 a 2015, o gasto médio da União com os servidores e magistrados do Poder Judiciário mais do que dobrou: passou de R$ 9,5 bilhões por ano para R$ 34,8 bilhões. Houve uma combinação de aumento do quadro de funcionários com aumento das despesas per capita. Se duas décadas atrás cada servidor nos custava R$ 12,3 mil por mês, em média, passou a nos custar R$ 26 mil. Na comparação com os outros dois poderes, o gasto só é menor do que o custo com o quadro de servidores do Legislativo, de R$ 30 mil por mês, em média.

O aumento também é justificado por magistrados, servidores e representantes dessas categorias como adequado diante da complexidade, responsabilidade e do volume de trabalho realizado. Eles citam não só o crescimento da quantidade de processos julgados, o que mostraria ganho de produtividade, mas também a necessidade de reposição salarial pelas perdas com a inflação.[77]

Diante de tantas regalias e de números tão expressivos, dois outros privilégios podem até parecer insignificantes, mas não o são: férias e feriados. Os magistrados e procuradores têm direito a dois meses de férias por ano. A justificativa do então presidente da Ajufe, Roberto Veloso, foi calcada numa suposta compensação devida aos magistrados, que não recebiam horas extras nem tinham direito ao FGTS.[78] O benefício, entretanto, estaria com os dias contados se fosse aprovado ainda em 2018 um projeto de emenda constitucional que pretendia regulamentar o limite salarial dos servidores.

E os feriados? Temos onze nacionais aqui no Brasil. Além desses, que valem para todos, os magistrados e servidores dos Tribunais Superiores e da Justiça Federal têm direito a folga entre 20 de dezembro e 6 de janeiro (recesso judiciário), na Semana Santa (entre a quarta-feira e o Domingo de Páscoa), na segunda e terça-feira de Carnaval, nos dias 11 de agosto (Dia do Advogado), 1º (Dia de Todos os Santos) e 2 de novembro (Finados) e 8 de dezembro (Dia da Justiça). As datas estão definidas no artigo 62 da Lei nº 5.010, de 30 de maio de 1966. O Poder Judiciário estadual também desfruta desses privilégios junto com os feriados estaduais e municipais. Na comparação com quem trabalha na iniciativa privada, "os servidores da Justiça Federal dispõem de 25 dias de folga oficial a mais".[79]

3 Poder Executivo: do foro privilegiado às regalias de ex-presidente presidiário

Na estrutura do Poder Executivo federal há privilégios para todos os gostos. O presidente, seus ministros e os respectivos membros das cúpulas da presidência e dos ministérios têm direito a uma estrutura que inclui assessores, cartões corporativos, carros de luxo com motoristas, aparelhos celulares. E apesar do presidente da República e dos ministros de Estado receberem R$ 27.841,2 brutos por mês, com todos os privilégios que desfrutam, quase não têm gastos e, portanto, o valor recebido é lucro líquido.

Manter essa estrutura exige muito dinheiro. Em 2016, o Governo Federal gastou R$ 182,7 bilhões com servidores da ativa, aposentados, pensionistas e terceirizados do Poder Executivo, segundo o Relatório de Gestão Fiscal. O montante bancava todos esses funcionários mais os quase 100 mil cargos de confiança, funções comissionadas e gratificações espalhados em trinta ministérios, de acordo com o Ministério do Planejamento. O Poder Executivo ainda mantinha, com nosso dinheiro, 151 empresas estatais com mais de 500 mil funcionários e um déficit de R$ 1,6 bilhão.

No fim do primeiro mandato de Dilma Rousseff a despesa era maior: R$ 214 bilhões por ano para sustentar uma estrutura com quase 900 mil servidores, incluindo os efetivos, com contrato temporário, cargos de confiança e comissionados.[1]

Adotado em 2001, o Cartão de Pagamento do Governo Federal, vulgo cartão corporativo, deveria ser um instrumento para uso mais ágil e controlado de recursos pelos agentes do Estado, mas, na prática, só cumpriu mesmo o quesito rapidez nos gastos. Em 2016, as despesas com o cartão somaram R$ 52 milhões, segundo levantamento da ONG Contas Abertas. O órgão que mais gastou foi a Presidência, com dispêndios de R$ 13,7 milhões.

O uso do cartão sem responsabilidade é incentivado pelo sigilo das transações. A maior parte das despesas é tratada como informação sigilosa, assunto de "segurança nacional". São, portanto, secretas todas as despesas relacionadas "à segurança do presidente da República e sua família, do vice-presidente e dos ministros diretamente ligados à Presidência da República" assim como as "de órgãos de segurança do Estado, como a Polícia Federal, a Abin e o Gabinete de Segurança Institucional".[2]

Em 2008, vários casos de abuso no uso do cartão foram publicados na imprensa. De reforma de mesa de sinuca a compra de anilhas e halteres, de compras em loja de material de construção a pagamento de diárias em hotel de luxo, o cartão corporativo foi usado até para pagar tapioca. O descontrole com o cartão provocou, inclusive, a exoneração da então secretária especial de Políticas de Promoção da Igualdade Racial.

Matilde Ribeiro torrou R$ 171.500,00 no cartão corporativo em despesas de viagem (locadora de automóveis, produtos em *free shop* de aeroporto internacional e outros gastos). Sua demissão fez com o que governo Lula proibisse o uso do cartão pelos ministros durante um curto período de tempo.

Além do salário bruto, que é de R$ 30.934,70, o presidente da República tem vários direitos e benefícios, como usar o Palácio da Alvorada (residência oficial) e a Granja do Torto (casa de campo oficial) sem pagar um único tostão de aluguel e das despesas de manutenção. O presidente da República não coloca a mão no bolso para pagar nem um mísero cafezinho servido nas duas residências oficiais.

Mesmo sem ser ocupada em tempo integral, a Granja do Torto, com 370.000 m², lago artificial, piscina, campo de futebol, quadra poliesportiva, heliponto e uma área de mata nativa, nos custa cerca de R$ 840 mil por ano. Em setembro de 2017, a conta de água foi de R$ 10.049,60, a de energia elétrica, R$ 24.237, e a de telefone, R$ 9.062,80. Isso porque o presidente Michel Temer só havia ido lá duas vezes até aquele mês desde que assumira a presidência em 31 de agosto de 2016.[3] Imagine a despesa mensal se ele morasse lá?

Há também o Palácio do Jaburu, residência oficial do vice-presidente onde o presidente Michel Temer continuou a morar mesmo depois de assumir a presidência. No primeiro trimestre de 2017, os gastos com manutenção e outras despesas foram de R$ 361,8 mil.

As distorções são infindáveis. A Presidência da República, por exemplo, tinha um contrato de R$ 8,5 milhões com uma empresa para prestação de serviço de copeiragem. Cento e cinquenta e dois garçons, garçonetes, copeiras, auxiliares de serviços gerais e encarregados pelos serviços atendiam o presidente e funcionários de outros órgãos vinculados ao Poder Executivo. Todos para executar tarefas indignas de um presidente e seus servidores, tais como buscar na cozinha um copo d'água, um café, um bolo de fubá.

O presidente da República, além da cara infraestrutura à sua disposição, também tem direito a plano de saúde, a nomear assessores especiais, a preencher sem moderação os cargos de confiança legalmente previstos, a viajar de graça nos aviões da FAB (mesmo em viagens particulares) e ao foro privilegiado.

Até o foro é privilegiado

Desde o seu advento no Brasil com a Constituição de 1824, o *foro especial por prerrogativa de função*, adequadamente chamado de foro privilegiado, pretendia cumprir uma função positiva: ser "uma garantia, de elementar cautela, para amparar, a um só tempo, o responsável e a Justiça, evitando, por exemplo, a subversão da hierarquia, e para cercar o seu processo e julgamento de especiais garantias, protegendo-os contra eventuais pressões que os supostos responsáveis pudessem exercer sobre os órgãos jurisdicionais inferiores". Por essa razão, o instituto "não é concedido à pessoa, mas lhe é dispensado em atenção à importância ou relevância do cargo ou função que exerça".[4] Sendo assim, uma vez fora do cargo, quem o ocupa não desfrutará mais do privilégio.

O foro privilegiado também era restrito a alguns agentes políticos, mas ao longo da história o rol de autoridades beneficiadas foi sendo ampliado até chegarmos à longa lista que temos hoje na Constituição de 1988.[5] Até 2015, inclusive, não se sabia exatamente o número de autoridades contempladas. A força-tarefa da Operação Lava Jato estimava um total de 22 mil, mas a Ajufe descobriu que o número era muito maior, mais do que o dobro: impressionantes 55 mil cargos com direito ao foro especial por prerrogativa de função. A regalia é ainda mais reprovável quando verificamos o que acontece em outros países. Nos Estados Unidos, por exemplo, nem mesmo o presidente desfruta de tamanho privilégio.[6]

Muitas dessas autoridades usam o foro especial para, no período de mandato, escapar de julgamentos e de eventuais punições. Na prática, o instituto impede "que as autoridades acusadas de delitos" fossem "responsabilizadas pelos seus atos de forma eficaz" e que a impunidade seja combatida.[7] Não seria exagero dizer que, ao contrário do que a doutrina jurídica vem sustentando, o instituto deixou de ser uma garantia legítima para se transformar num privilégio, violando, sim, o princípio constitucional da isonomia. Não foi sem razão que o foro especial foi rebatizado apropriadamente de foro privilegiado.

A comparação entre a atuação da Justiça Federal e do STF nos processos da Lava Jato mostra, inclusive, uma grande disparidade em virtude do foro privilegiado. Em três anos e meio, a Justiça Federal de Curitiba, que responde pela primeira instância, processou 272 suspeitos, prendeu 192 acusados e condenou 107 criminosos. No STF, em Brasília, somente seis dos 250 deputados federais, senadores, governadores e ministros investigados no período respondiam a processo, apenas três suspeitos foram presos preventivamente e ninguém foi condenado.[8]

Um dos poucos agraciados com a prisão preventiva foi o ex-senador Delcídio do Amaral, do PT, que atuou como líder do governo Dilma e era suspeito de tentativa de obstrução das investigações da Lava Jato. Preso em dezembro de 2015, em março de 2016 ele firmou um acordo de delação premiada com a Procuradoria-Geral da República e em maio teve seu mandato de senador cassado por quebra de decoro parlamentar.

Afastado do Senado e sem a proteção do foro privilegiado, Delcídio teve que encarar o juiz Sergio Moro, que em março de 2018 aceitou a denúncia contra o ex-senador por corrupção ativa e passiva e lavagem de dinheiro no esquema da compra pela Petrobras da Refinaria de Pasadena, nos Estados Unidos, em 2006.

Além de Delcídio, porque não contavam com o foro privilegiado, a Justiça Federal conseguiu condenar e prender Antonio Palocci, Eduardo Cunha, Fernando Baiano, Pedro Corrêa, Luiz Argôlo, João Vaccari Neto e Luiz Inácio Lula da Silva.

O ex-presidente bem que tentou escapar da Justiça Federal de Curitiba por meio desse escudo jurídico. Em 2016, Lula negociou com a então presidente Dilma a sua nomeação como ministro da Casa Civil, função que lhe garantiria foro especial. A intenção era tão óbvia que a manobra fracassou: o STF entendeu que o ato administrativo da nomeação continha desvio de finalidade e o anulou.

Caso a tentativa do logro fosse bem-sucedida, Lula teria escapado do processo até o impeachment da sua presidente. Mas não foi isso o que aconteceu e Lula foi condenado em primeira instância em julho de 2017 pelo juiz Sergio Moro a uma pena de nove anos e seis meses de prisão pelos crimes de corrupção passiva e lavagem de dinheiro. A condenação foi confirmada em janeiro de 2018 pelos desembargadores do Tribunal Regional Federal da 4ª Região, em Porto Alegre, que aumentaram a pena para doze anos e um mês de prisão. Lula foi preso em abril.

Em novembro de 2017, foi aprovada na Comissão de Constituição e Justiça da Câmara dos Deputados uma Proposta de Emenda à Constituição (PEC) para acabar com o foro privilegiado em casos de crimes comuns cometidos por ministros, deputados e senadores, que passariam a responder por eventuais ações penais em instâncias judiciais inferiores. Todos os que tivessem cometido qualquer tipo de crime antes ou depois do mandato não teriam o privilégio de serem julgados pelo STF. O privilégio continua, porém, para ocupantes dos cargos de presidente da República, presidente da Câmara, presidente do Senado e presidente do Supremo Tribunal Federal.[9]

Na época, o STF também cuidava da matéria. No dia 23 de novembro de 2017, a maioria dos ministros votou favoravelmente à limitação do foro. Para os casos que chegassem ao Supremo, a regra passaria a valer para deputados e senadores que tivessem cometido crimes "durante o exercício do mandato" e que estivessem relacionados "à função, como prática de corrupção".[10]

A decisão final só foi tomada no dia 3 de maio de 2018, quando sete dos onze ministros votaram a favor da restrição do foro para senadores e deputados federais, que só seriam julgados pelo STF em razão de crimes cometidos no exercício do mandato e relacionados à atividade política. Mesmo restrito, o privilégio continua a existir, portanto, para os parlamentares. E, sem limitação, o foro privilegiado ainda vigora para mais de 50 mil autoridades no país.

Naquele mesmo dia, o presidente da Câmara dos Deputados, Rodrigo Maia, determinou a instalação de uma comissão especial destinada a analisar o mérito da PEC. A proposta, entretanto, por determinação constitucional, só poderia ser colocada em votação após o fim da intervenção militar no Rio de Janeiro, previsto para 31 de dezembro de 2018.

Nem ex-presidente escapa dos privilégios

Além dos vencimentos, garantias e privilégios de que desfrutam os presidentes da República no exercício do cargo, quando deixam de sê-lo, mantêm certos direitos e regalias. Uma vez encerrado o mandato, segundo garantem a Lei nº 7.474 de 1986 e o Decreto nº 6.381 de 2008, todo ex-presidente tem prerrogativa, em caráter permanente, "aos serviços de quatro servidores para atividades de segurança e apoio pessoal; a dois veículos oficiais, com os respectivos motoristas; e ao assessoramento de dois servidores ocupantes de cargos em comissão do Grupo-Direção e Assessoramento Superiores". Ou seja, cada ex-presidente tem direito a oito assessores mais dois carros à disposição sem pagar um real por isso.

Os privilégios para os ex-presidentes nos custam cerca de R$ 5,5 milhões por ano. José Sarney, Fernando Collor de Mello, Fernando Henrique Cardoso, Luiz Inácio Lula da Silva e Dilma Rousseff, mesmo fora da presidência, são um ônus. Não importa se foram bons ou péssimos presidentes, se quebraram ou não o país, se foram ou não afastados do cargo por impeachment, todos têm esses benefícios estabelecidos por lei e pagos por nós.

Depois de condenado e preso por corrupção passiva e lavagem de dinheiro, Lula só perdeu provisoriamente os privilégios de ex--presidente em razão de uma liminar concedida no dia 17 de maio de 2018 pelo juiz federal Haroldo Nader, da 6ª Vara Federal da 3ª Região. Na decisão, que atendeu um pedido do advogado Rubens

Nunes, o juiz determinou a suspensão dos gastos com assessores, veículos e motoristas porque, uma vez preso, não necessitaria de tais benefícios.

Doze dias depois, no entanto, o desembargador do Tribunal Regional Federal da 3ª Região, André Nabarrete, atendeu o pedido da defesa de Lula e determinou que os privilégios fossem restabelecidos. Para o desembargador, as regalias a um preso condenado não eram um custo desnecessário (o que seria?), e as benesses não eram benesses, mas direitos e prerrogativas que não poderiam ser cassadas pelo Poder Judiciário em razão da separação dos poderes.[11]

Se depender do deputado federal Wherles Rocha, porém, esses privilégios estão com os dias contados. Ele é autor de um projeto de lei que, caso aprovado, revogaria a Lei nº 7.474 e todas as regalias destinadas aos ex-presidentes. Quando concluí este livro, o projeto de lei encontrava-se ainda na Mesa Diretora da Câmara dos Deputados.

Os privilégios para quem ocupou a Presidência da República não param por aí. Menos de 24 horas depois de sofrer o impeachment no dia 31 de agosto de 2016, um dos aliados de Dilma Rousseff entrou pela porta dos fundos da Agência da Previdência Social munido de uma procuração em seu nome para dar entrada no pedido de aposentadoria.

Carlos Eduardo Gabas, ex-ministro da Previdência do governo afastado, deu entrada em um requerimento e, imediatamente, Dilma conseguiu a sua aposentadoria com o teto do regime previdenciário, R$ 5.189,82. O que para ela levou apenas alguns minutos, para um cidadão comum do Distrito Federal demora em média quase 4 meses.[12]

Seis dias depois de ser destituída do cargo, dois caminhões buscaram a mudança da ex-presidente. Uma empresa foi contratada para transportar os objetos para Porto Alegre ao custo de R$ 60 mil. Dilma não tirou um tostão do bolso. A conta foi quitada por nós, pagadores de impostos.

Quando ainda estava na Presidência, ela recebia R$ 30.934,00 brutos por mês. Não gastava absolutamente com moradia, alimentação, energia elétrica, água, gás, telefone, TV a cabo, internet, empregados, manutenção da residência. Até ser defenestrada da presidência por crime de responsabilidade fiscal, suas despesas no Palácio da Alvorada eram praticamente o dobro dos gastos da rainha Elizabeth II e da família real britânica.[13]

Ao sair do governo, Dilma teve direito a mais uma benesse paga por nós: viajar de graça, pela última vez, num avião da FAB na volta para a capital do Rio Grande do Sul.

4 Poder Legislativo: os parlamentares mais bem remunerados da América Latina

A desconfiança e o cansaço em relação aos políticos são tão graves e profundos que eleger certos candidatos é uma forma de bagunçar o coreto. Foi exemplar a estupenda votação conquistada pelo humorista Tiririca nas eleições para deputado federal em 2010, quando tornou-se o mais votado do país, e em 2014, quando reelegeu-se como o segundo mais votado.

Parlamentar assíduo, mas de atuação apagada, em dezembro de 2017 Tiririca proferiu o seu primeiro discurso depois de sete anos de mandato. Prestes a completar duas legislaturas, ele nunca havia dado o ar da graça na tribuna da Casa.

Perante seus pares, Tiririca se disse decepcionado com a política e com seus colegas da Câmara dos Deputados, e prometeu não disputar as eleições vindouras. "Estou saindo muito chateado, muito chateado mesmo com a nossa política, com o nosso Parlamento. Como artista popular que sou e político que estou, estou saindo chateado. [...] O que eu vi nos sete anos aqui, eu saio totalmente com vergonha."[1]

A indignação de Tiririca tocou o coração de muitos, que o converteram na voz que representava a ilha de honestidade em meio ao mar de lama do Congresso. Sim, ele era humorista, nunca foi um bom deputado, mas, pelo menos, era honesto. Na falta de todo o resto, a integridade tornou-se um traço distintivo para se avaliar um político.

Qual não foi a surpresa quando, no dia seguinte ao discurso, a imprensa noticiou que Tiririca, o deputado ético indignado com a política nacional, "usou dinheiro público para comprar passagens aéreas para ele e seus assessores, com destino a locais em que se apresentaria como humorista".[2] Seu gabinete teria usado dinheiro da cota parlamentar, que só pode ser utilizada em gastos relacionados ao exercício do mandato, na aquisição de bilhetes aéreos para cidades de Minas Gerais, Bahia, Sergipe, Piauí e para Brasília.

Nem Tiririca nem sua assessoria quiseram responder, o que fez do deputado um alvo de sua própria crítica quando atacou os direitos e benesses dos parlamentares em seu derradeiro discurso: "A gente é bem pago, a gente tira livre R$ 23 mil para a gente. A gente tem apartamento, direito a carro. Sem falar na carteirada que muitos de vocês dão. Ando de cabeça erguida, mas já vi deputado se escondendo porque, para o povo, isso aqui é uma vergonha."[3] De fato.

Tão vergonhoso quanto os diversos direitos e regalias mantidos pelos deputados além do salário, de R$ 33.763 (brutos) por mês. Eles tinham à disposição verba de gabinete no valor de R$ 97.116,13 por mês e uma cota parlamentar que variava, a depender do estado de origem do deputado, de R$ 30.788,66 (para os que são do Distrito Federal) a R$ 45.612,53 (para os de Rondônia). Um deputado de São Paulo, como era o caso de Tiririca, recebia verba de R$ 37.043,53.

Um deputado federal ainda tinha direito a auxílio-moradia no valor de R$ 4.253,00 caso não tivesse residência em Brasília ou não ocupasse apartamento funcional, aquele imóvel disponível para político não pagar aluguel. E, se não tivesse plano de saúde, o parlamentar poderia ser reembolsado pela Câmara dos Deputados se utilizasse serviços médicos e odontológicos na rede privada.

A farra com ressarcimentos médicos era, aliás, bastante conhecida. Um dos episódios envolveu o ex-senador Milton Cabral, que, mesmo tendo encerrado seu último mandato em 1986, enviou em 2013 uma conta de R$ 2,2 mil referente a aplicações de botox. O gasto total foi maior, porém: o documento que solicitou o reembolso indicava despesas de R$ 5,1 mil que também incluíam gastos médicos dele e da esposa.[4]

Se preferissem, um deputado e seus familiares incluídos como dependentes no imposto de renda poderiam ser atendidos gratuitamente no Departamento Médico da Câmara (Demed), que contava com 82 médicos, tomógrafo e até UTI móvel. Ex-deputado também tinha direito ao privilégio. E, se quisesse, poderia se "associar ao programa de assistência à saúde da Câmara dos Deputados (Pró-Saúde), que tem cobertura familiar".[5]

Pelo plano de primeira linha, que inclui convênios para atendimento nos hospitais Sírio-Libanês e Albert Einstein de São Paulo, cada parlamentar (e servidor) pagava em 2017 meros R$ 322,00 por mês. Esse valor era, claro, subsidiado. Se cobrada integralmente, a mensalidade custaria R$ 1.110,16 naquele ano. Era esse o valor pago por todo ex-deputado que quisesse continuar coberto pelo Pró-Saúde. Até mesmo os parlamentares que foram cassados por decisão da Câmara tinham direito a ser atendidos no Demed sem pagar nada por isso.

Só as despesas médicas com os deputados, dependentes e servidores têm um alto custo para nós, pagadores de impostos, que temos direito apenas ao caro e ineficiente Sistema Único de Saúde. Em 2014, tais gastos atingiram R$ 2.940.679,34; em 2015, R$ 4.297.120,08; em 2016, R$ 2.836.571,20.

O ônus é ainda maior quando se considera a manutenção de toda a estrutura de atendimento médico. Para manter tudo funcionando, a Câmara dos Deputados gasta R$ 100 milhões, em média, por ano. É uma despesa maior do que a da maioria das cidades brasileiras. "Menos de 4% dos municípios brasileiros" gastam "mais com saúde do que a Câmara".[6] Somente 180 das 4.792 prefeituras que prestaram contas ao Tesouro Nacional em 2016 tinham despesas mais elevadas.

Na Câmara dos Deputados tramitava um projeto de lei (mais um) para mudar (de novo) as regras dos planos privados de saúde, mercado cuja pesada regulamentação estatal gerou tantas consequências negativas que o custo do sistema aumentou, com o atendimento ficando a cada dia mais precário. As decisões políticas estavam transformando o sistema particular numa versão privada do SUS.

Altos vencimentos e serviço médico vitalício

Num levantamento feito em 2016, os deputados e senadores brasileiros eram os que tinham os mais altos salários-base da América Latina. Logo depois vinham os parlamentares chilenos, colombianos e mexicanos.[7]

O Senado Federal custa ao país cerca de R$ 160 milhões por ano. Só com o pagamento dos senadores, com seu salário bruto de R$ 33.763,00, o Senado nos custa mais de R$ 3 milhões por mês. É a soma dos salários dos 81 senadores no exercício de mandato com os vencimentos de dez senadores afastados porque trabalham no Governo Federal ou estão de licença por questões de saúde ou particulares. Além disso, os senadores, e também os deputados federais, têm direito a quinze salários por ano.

Junto com os salários, os senadores têm privilégio vitalício ao serviço médico do Senado; ao ressarcimento de despesas médicas em hospitais e clínicas particulares para ele(a), cônjuge e dependentes até 21 anos; à cota para exercício da atividade parlamentar que varia entre R$ 30 mil e R$ 45 mil por mês para cada senador; a apartamento funcional sem ter que pagar aluguel (só condomínio e despesas); ao auxílio-moradia mensal no valor de R$ 5.500,00; e, no gabinete, além de seis servidores efetivos, podem nomear mais onze pessoas, no máximo, em cargos comissionados. Um cálculo feito pela

ONG Transparência Brasil estimou em R$ 82 mil a despesa média mensal de cada um dos 81 gabinetes dos senadores.

Outro privilégio que senadores (e deputados) têm é o de escolher entre manter ou não o salário de senador caso aceitem um cargo no Poder Executivo federal ou estadual e a remuneração seja menor. Dessa maneira, o Senado (e a Câmara) tem que pagar todo mês o salário do senador (ou deputado) licenciado mais o salário do suplente que assumiu o mandato. O custo é alto, mas difícil de mensurar, pois o cálculo depende da quantidade de vezes que um senador se licencia e é substituído.

Ganhos, aposentadoria e a mulher do Padilha

No programa de humor *Planeta dos Homens*, em 1980, o personagem Padilha, careca e franzino, era casado com um mulherão. Nos esquetes, o personagem interpretado por Jô Soares vivia elogiando hiperbolicamente a esposa do amigo, um privilegiado no casamento que, a despeito disso, saía sempre sozinho. O bordão "Vai pra casa, Padilha!" ganhou o país.

Para deputados e senadores, a "mulher do Padilha", o grande e imerecido privilégio, é a permissão para acumular aposentadoria com o salário de parlamentar. Onze políticos em pleno exercício do mandato em 2017 acumulavam "ganhos por terem sido governadores e senadores e outros sete por terem sido governadores e deputados federais". Além disso, oito senadores e quatro deputados federais recebiam pensão como ex-governador mais o salário de parlamentar.[8] Ao contrário do esquete, porém, é melhor para o país que os Padilhas da política se divorciem dos benefícios e saiam de casa.

Mesmo após mudanças nas regras, aposentadorias e pensões no Legislativo ainda somavam uma quantia significativa. Em dezembro de 2017, os dez maiores beneficiários receberam juntos R$ 3,5 milhões de uma só vez, segundo levantamento feito pelo site Spotniks.[9]

Se é verdade que as regras atuais de aposentadoria são bem mais rígidas do que antes, até o momento em que eu escrevia este livro 503 ex-deputados federais e 61 ex-senadores recebiam, em média, R$ 14,1 mil por mês de aposentadoria contra uma média de R$ 1.862 pagos pelo INSS aos aposentados da iniciativa privada. No total, 1.170 ex-parlamentares e dependentes (viúvas ou filhos) dos já falecidos recebiam aposentadorias e pensões. O custo anual para nós, pagadores de impostos, era de R$ 164 milhões por ano. No INSS, esse mesmo valor custeava a aposentadoria de 6.780 pessoas que recebiam R$ 1.862 por mês em média.[10] Só não recebiam conjuntamente salário e aposentadoria aqueles parlamentares já aposentados que exerciam mandatos na Câmara e no Senado.

Em 2016, Eliseu Padilha recebia por mês R$ 19.389,60 de aposentadoria da Câmara dos Deputados e mais R$ 30.934,70 como ministro-chefe da Casa Civil. Padilha se aposentou em 1999 aos 53 anos de idade e era responsável no governo de Michel Temer pela condução da reforma da Previdência, cujas regras mais rígidas não o prejudicariam em razão desse privilégio chamado direito adquirido. Seu colega nessa missão era Geddel Vieira Lima, ministro da Secretaria de Governo que se aposentou em 2011 aos 51 anos de idade e após cinco mandatos como deputado. Além do salário de ministro de R$ 30.934,70, recebia mais R$ 20.354,25 de aposentadoria.[11]

Esses ex-deputados e ex-senadores conseguiram aposentadorias privilegiadas porque tinham uma condição especialíssima. O extinto Instituto de Previdência dos Congressistas (IPC) para o qual contribuíam permitia aos parlamentares requisitar suas aposentadorias aos 50 anos de idade e após oito anos de contribuição. O IPC acumulava um rombo de R$ 520 milhões quando foi encerrado em 1997, débito que, quase dez anos depois, ultrapassava R$ 2 bilhões, "cobertos com o Orçamento da União".[12]

A partir de 1999, os senadores e deputados eleitos tiveram que se adequar às regras do Plano de Seguridade Social dos Congressistas (PSSC), que substituiu o IPC e exige comprovação de "35 anos de exercício de mandatos — federais, estaduais ou municipais — ou de outros cargos públicos ou privados, além de 60 anos de idade", para receberem "aposentadoria integral, no mesmo valor do salário de deputado".[13] Como parlamentares, ainda têm que pagar R$ 3,7 mil por mês ao PSSC (a Câmara subsidia mais R$ 3,7 mil), valor equivalente a 11% do salário de R$ 33,7 mil.

Caso o político não atinja o critério do tempo de contribuição, para cálculo do benefício com proventos proporcionais é necessário dividir o total de anos de mandatos por ele exercidos por 35, o tempo mínimo de contribuição para aposentadoria.

Embora com critérios mais rígidos do que o IPC, o PSSC não impede privilégios. Um desses casos teve como protagonista o então deputado fluminense Manuel Rosa Neca. Tendo assumido o mandato em janeiro de 2013 como suplente, ele entrou no plano de previdência da Câmara e apenas dois anos depois requisitou a aposentadoria, após averbar 26 anos de contribuição ao INSS mais os períodos em que exerceu mandatos como vereador e prefeito em Nilópolis, no Rio de Janeiro. Lépido e fagueiro, aposentou-se como deputado e passou a receber R$ 8,6 mil todo mês.[14]

Caso a reforma da Previdência do governo de Michel Temer fosse aprovada sem alterações, deputados e senadores perderiam o direito à aposentadoria especial e participariam do regime geral do INSS, que exigia 65 anos como idade mínima, 25 anos no mínimo de contribuição e cujo valor máximo de aposentadoria era de R$ 5.189.[15]

Todos os direitos, privilégios e que tais reservados a deputados, senadores e servidores das duas casas fazem com que o Congresso Nacional nos custe cerca de R$ 28 milhões por dia.[16] Por dia. Essa dinheirama paga a estrutura, os salários, os privilégios e a incompetência da Câmara dos Deputados e do Senado Federal.

5 Tribunal de Contas: vitaliciedade, auxílio-aluguel, 15º salário

Os Tribunais de Contas dos Estados (TC) e da União (TCU) foram criados para auxiliar o Poder Legislativo no exame das despesas dos agentes públicos, apontar irregularidades e superfaturamentos em obras e serviços e tentar evitar que recursos governamentais sejam desperdiçados. Apesar das discussões teóricas acerca da vinculação dos TCs a um dos três Poderes, o órgão atua de forma independente e autônoma assim como o Ministério Público.[1]

As instituições também têm o poder de rejeitar ou aprovar as contas dos governantes, algo que, em caso de parecer negativo, pode até mesmo impedir a candidatura para cargos eletivos em razão da Lei da Ficha Limpa.

Como a maioria das indicações, por força constitucional, são feitas pelos poderes Legislativo (dois terços) e Executivo (um terço), os escolhidos são, geralmente, políticos de carreira (ex-deputados, ex-secretários) ou parentes de pessoas política ou economicamente influentes.

Cada conselheiro do TC estadual é privilegiado com vencimento base de R$ 26.589 mensal, vitaliciedade no cargo, carro com motorista, diárias e, em alguns estados, verba para aluguel, 14º e 15º salários.[2]

As despesas dos TCs são tão altas que consomem a maior parte do orçamento de Legislativos estaduais. No Rio de Janeiro, o TC consumiu R$ 593 milhões dos R$ 681,5 milhões do orçamento da Assembleia Legislativa em 2014. Nesse mesmo ano, o TC do Amazonas gastou R$ 185,6 milhões dos R$ 222,8 milhões do orçamento da Assembleia estadual.[3]

Entre os critérios de escolha para as nomeações dos 189 conselheiros dos 27 TCs estaduais e dos nove ministros do TCU estão a idoneidade moral e o notável conhecimento jurídico, contábil, econômico, financeiro ou de administração pública. Na prática, esses requisitos raramente são cumpridos e por isso já se discute o uso da Lei da Ficha Limpa para escolha dos futuros conselheiros e ministros.

Um levantamento feito pela ONG Transparência Brasil revelou que o requisito da idoneidade não é lá muito observado: em 2014, 44 dos 189 conselheiros dos TCs estaduais respondiam a ações na Justiça por corrupção, falsidade ideológica, formação de quadrilha, lavagem de dinheiro e uma condenação por homicídio.[4]

Mesmo com todos os privilégios à disposição dos conselheiros, não são raros, por isso mesmo, os escândalos envolvendo membros dos TCs país afora, situação que os iguala aos representantes dos demais poderes que fiscaliza. Em 2017, por exemplo, foi descoberto um esquema milionário de pagamento de propinas no TC do Rio de Janeiro para aprovar contas irregulares de obras públicas.[5]

6 Ministério Público: benefícios não tributados, auxílio-creche e jornada TQQ

A piada é boa e exata: "O juiz pensa que é Deus, o desembargador tem certeza e o advogado, no máximo, contrataria Deus para ser seu estagiário."

Quando servidores do Estado conseguem algum privilégio colocam-se, imediatamente, numa posição de vantagem perante todos e perante a lei. Seus benefícios geram duas desigualdades: formal (jurídica) e real (regalia). Uma vez que detêm poder e privilégios, os servidores das instituições do Estado são levados a acreditar que são, realmente, uma categoria especial dentro da sociedade e não servidores públicos apenas.

Um caso exemplar dessa mentalidade foi protagonizado pela promotora de Justiça Monica Fachinelli, de Goiás. Questionada por ter escrito no Twitter que concordava com a reforma da Previdência proposta pelo governo de Michel Temer em 2017, desde que fossem incorporados aos privilégios de sua categoria aqueles que eram restritos aos aposentados privados (FGTS, tempo de contribuição, fim da cobrança após a aposentadoria), Monica saiu-se com essa pérola do *farinha pouca, meu privilégio primeiro*:

> É porque a sociedade não compreendeu que os membros do Ministério Público (MP) não são servidores públicos comuns. O MP defende a sociedade, contrariando os interesses dos governantes, das grandes empresas e dos poderosos. Se o Estado não remunerar bem, os bons não ficam![1]

Quando o tuíte foi publicado, no dia 10 de dezembro de 2017, os promotores de Justiça do estado de Goiás recebiam R$ 26 mil por mês, remuneração que os colocava no grupo dos 0,5% mais ricos do Brasil. No resto do país, o vencimento base mensal era similar.

Quando confrontada com os dados,[2] Monica respondeu que "se a sociedade achar que não merece os melhores profissionais para defendê-la, e que se deve pagar mixaria, então os bons estarão nas grandes bancas da advocacia, defendendo os interesses escusos de quem os contratou (e não os interesses do povo!)".[3]

A reação da promotora de Goiás não é exceção entre membros do MP, do Ministério Público Federal (MPF) e, claro, do Judiciário. Há servidores que acreditam piamente no excepcionalismo da sua categoria. Porque os incentivos importam, quanto mais privilégios conseguem mais esse sentimento é reforçado.

O salário-base mensal de um procurador federal é de R$ 28.947,55. Em 2017, o MPF gastou cerca de R$ 2,9 bilhões apenas para pagar servidores. Só com privilégios (auxílio-alimentação, auxílio-transporte, auxílio-moradia, ajudas de custo e auxílio-creche), que não são tributados, cada um dos 1.153 procuradores recebeu, em média, R$ 4,3 mil por mês naquele ano.[4] Esse valor é maior que os R$ 3.022,42 pagos a título de salário médio inicial para pessoas com ensino superior completo.[5]

Um levantamento feito pela revista *Época* em 2015 mostrou que, somando vencimentos e privilégios, promotores estaduais e procuradores federais ganhavam, em média, R$ 40.853 por mês. Como chefes do MP, os procuradores-gerais de Justiça recebem, em média, R$ 53.971 por mês.

O procurador-geral do estado do Rio de Janeiro, Marfan Vieira, ganhou mais de R$ 122 mil por mês no primeiro trimestre de 2015. O valor incluía indenizações, gratificações temporárias, verbas, mas R$ 22 mil foram retidos pelo teto.[6] Sobravam apenas R$ 100 mil. Mesmo tendo sido um pagamento atípico, não deixa de ser escandaloso.

A discrepância entre a realidade de procuradores e promotores e aquela vivida por trabalhadores da iniciativa privada não se restringe aos salários. Os membros do MP e do MPF usufruem de dois meses de férias por ano, recesso anual de catorze a trinta dias, não têm horário fixo de trabalho, recebem auxílios para moradia, alimentação, transporte, plano de saúde, dinheiro para livros e computadores e ajuda até para pagar a escola particular para os filhos.

Assim como os magistrados, promotores também não precisam cumprir horário comercial como na iniciativa privada. Alguns atuam no fórum três ou quatro vezes por semana, na chamada jornada TQQ (terça-quarta-quinta), principalmente aqueles que trabalham no interior, mas residem na capital. E muitos MPs estaduais ainda pagam gratificações de até um terço do salário a quem acumula função do colega de férias ou de licença.

Em São Paulo, a Lei Orgânica do MP prevê dezesseis auxílios extras que, apesar de serem considerados legais, ajudam a ultrapassar, em muito, o teto constitucional.[7] Privilégios como vale-alimentação, auxílio-moradia, auxílio-livro, auxílio-funeral, pagamento de diárias, remunerações retroativas e duas férias anuais são somados ao salário dos promotores e procuradores do estado de São Paulo.

7 Privilégios compartilhados: a irrealidade salarial do País das Maravilhas

No âmbito das distorções e dos incentivos negativos do sistema, a política salarial do funcionalismo público parece seguir a lógica do absurdo de *Alice no País das Maravilhas*.[1] As remunerações estão descoladas do grau de prosperidade do país e da realidade econômica da sociedade, que é obrigada a pagar a fatura das despesas e dos privilégios. Vivemos num permanente chá de loucos a conversar com o Chapeleiro Maluco.

Uma comparação simboliza à medida o estado de coisas. Um professor de ensino básico da rede pública com nível médio de formação recebia R$ 2.298,80 de salário inicial em 2017. Um técnico judiciário do Tribunal Regional do Trabalho da 15ª Região com nível médio recebia R$ 7.260,41 de salário inicial. Um analista tributário com nível superior recebia R$ 11.132,21 de salário inicial. Um auditor fiscal com nível superior recebia R$ 19.669,01 de salário inicial. Um técnico legislativo da Câmara dos Deputados em função comissionada (FC-2), cujo concurso exigia ensino médio, tinha direito a uma remuneração mensal fixa de R$ 24.975,80 mais os correspondentes direitos e privilégios do cargo.[2]

A remuneração mais alta de determinados servidores públicos, que já contam com outros privilégios como a estabilidade no emprego, não é nem "muito justa, adequada ou prudente", segundo o professor do Insper, Naercio Menezes Filho.[3] A "irracionalidade dos pagamentos e benefícios" é, aliás, um dos quatro principais problemas estruturais da administração pública federal junto com a "má distribuição de funcionários pelas diversas áreas de governo, a burocracia para contratar, promover e demitir e o excesso de cargos por indicação".[4] Mas, com tantas facilidades, privilégios, benesses, poder, quem abrirá mão de seus benefícios e combaterá as próprias regalias?

O Judiciário é, talvez, o mais eficiente grupo de pressão que existe no Brasil, porque tem a decisão final sobre a maioria dos aspectos envolvendo o Estado brasileiro. A decisão do ministro Fux foi mais uma que privilegiou a sua própria categoria, a de servidores do Poder Judiciário. Mesmo que haja reação contrária da sociedade e dos demais poderes, o Judiciário cria mecanismos para assegurar seus direitos e privilégios. Se, por exemplo, o Legislativo estabelecesse um teto salarial, o Judiciário criaria privilégios sem violar a Constituição e daria ganho de causa a demandas que preservassem os existentes ou criassem novos.

Mesmo quando um governo de turno adota medidas paliativas para resolver problemas financeiros emergenciais, a reação dos servidores é imediata e contrária. Em 2018, por exemplo, sindicatos de servidores ajuizaram ações no STF e em várias instâncias inferiores para derrubar a Medida Provisória nº 805/2017. A MP cancelou aumentos, postergou o reajuste do salário de servidores federais e aumentou a contribuição previdenciária dos funcionários da ativa e dos aposentados que ganhassem mais de R$ 5,3 mil, renda mais alta do que a recebida por 95% dos brasileiros.

O governo estimava que essa mudança no desconto previdenciário representaria um aumento de receita na ordem de R$ 2,2 bilhões. A intenção era reduzir o rombo no regime de aposentadoria dos servidores da União, que registrou em 2017 um déficit de R$ 86,3 bilhões.[5] Atendendo a um pedido do PSOL, o ministro Ricardo Lewandowski concedeu uma liminar em dezembro daquele ano que suspendeu os efeitos da MP até o julgamento da ação pelos 11 ministros do STF.

O ativismo judicial realizado por certas categorias é um método eficiente para conquistar ou preservar direitos e privilégios. Quando acionado por servidores, temos a seguinte situação: representantes do Estado que atuam no Judiciário concedem decisões favoráveis a outros representantes do Estado que trabalham no mesmo poder ou em outros. Em casos assim, não é preciso muita imaginação para supor para qual lado pende a balança da justiça.

Existe, de fato, um problema grave e profundo entre a percepção dos servidores públicos quanto aos seus direitos e privilégios (o que é diferente de buscar aumento ou reposição salarial) e a responsabilidade na qual estão investidos.

Blindados pelo Estado das incertezas econômicas que afetam a todos em razão de tudo aquilo a que têm direito por lei ou norma interna, os servidores confirmam a observação perspicaz do economista americano Thomas Sowell: "A primeira lei da economia é a escassez: nunca há o suficiente para satisfazer plenamente todos aqueles que o desejam. A primeira lei da política é desprezar a primeira lei da economia."[6]

Há um choque evidente entre duas classes (a dos servidores e a dos privados), sendo que aqueles que fazem parte do Estado estão numa posição superior aos que estão de fora e são obrigados a financiá-los. Ao mesmo tempo, os privados são vítimas de um sistema que os atrapalha, que não funciona com eficiência e que gasta cada vez mais.

Se a sociedade adere às regras desse jogo de soma zero — no qual um ganho significa a perda de outro — ou nada faz para confrontá-las, permite que floresça um ambiente ideal para o aumento de privilégios por meio da ampliação de seu quadro de funcionários e da submissão voluntária ou tácita de nós brasileiros. E assim vamos nos tornando cada vez mais uma nação de credores em busca de quem satisfaça nosso desejo por mais direitos, por mais privilégios.

Aposentados e pensionistas

Nosso sistema previdenciário preserva benefícios para servidores e para quem não trabalha no serviço público. Embora este tópico esteja no capítulo dedicado aos privilégios no Estado, terá informações a respeito das benesses da Previdência para quem trabalha na iniciativa privada.

Um dos primeiros pontos de discussão sobre o tema, porque também está vinculado aos privilégios existentes, é o déficit da Previdência. Herança maldita passada de presidente para presidente, de Congresso para Congresso, os políticos só decidem fazer algo quando são forçados a tal. Foi assim também com o presidente Michel Temer. Em 2017, seu governo propôs uma reforma que detonou um conflito de interesses para saber qual categoria de servidores conseguiria defender com mais afinco e eficiência os seus privilégios.

Naquele ano, o rombo da Previdência — obsceno — era de 2,8% do PIB. O déficit foi de R$ 268,7 bilhões contra R$ 226,8 bilhões em 2016. O INSS registrou déficit de R$ 182,4 bilhões, e a previdência dos servidores da União, de R$ 86,3 bilhões.[7] O alto custo de manutenção e as distorções que favoreciam grupos de funcionários públicos eram os dois principais problemas do nosso sistema previdenciário.

A situação era a seguinte: as reformas dos militares representavam um rombo de R$ 37,6 bilhões; as aposentadorias dos servidores públicos, de R$ 45,2 bilhões; as aposentadorias dos trabalhadores privados urbanos, de R$ 71,7 bilhões; e as aposentadorias dos trabalhadores privados rurais, de R$ 110,7 bilhões.[8]

Com base nos dados de 2016, o estudo "Aspectos fiscais da seguridade social no Brasil", elaborado pela Secretaria do Tesouro

Nacional, mostrou as disparidades entre os valores médios pagos aos beneficiados: cada aposentado privado urbano nos custava R$ 1,8 mil; cada aposentado privado rural, R$ 10,7 mil; cada funcionário público, R$ 63,3 mil; cada pensionista militar, R$ 99,2 mil; cada militar reformado, R$ 127,6 mil.[9]

No caso dos militares, há uma situação diferenciada. Todos eles estão submetidos ao regime de dedicação exclusiva, têm que estar disponíveis integralmente à convocação das Forças Armadas a qualquer tempo, são proibidos de exercer outras atividades e de fazer greve, além de estarem sujeitos a remoção por decisão superior.

Considerando essas singularidades, há o outro lado: os militares não pagam um centavo para a Previdência. Após cumprirem trinta anos de serviço, quando passam para a reforma ou para a reserva, recebem o vencimento integral. Tudo é custeado por nós, pagadores de impostos, via transferência de recursos feita pela União. A ausência de data limite criou a seguinte situação: segundo o Tribunal de Contas da União, "55% dos militares que passaram à reserva em 2016 tinham entre 45 e 49 anos".[10]

As duas únicas contribuições mensais obrigatórias pagas pelos militares da ativa e pelos inativos são "7,5% da sua remuneração bruta para constituir pensões, que são legadas aos seus dependentes", e "3,5%, também da remuneração bruta, para fundos de Saúde". Pensão militar é a "importância paga, mensalmente, aos beneficiários do militar falecido ou assim considerado, nos termos da Lei".[11]

Desde 2000, quando houve alteração do art. 7º da Lei de Pensão Militar, o benefício é vitalício e beneficia, em caso de morte do militar, o "a) cônjuge, b) companheiro ou companheira designada ou que comprove união estável como entidade familiar; c) pessoa desquitada, separada judicialmente, divorciada do instituidor ou a ex-convivente, desde que percebam pensão alimentícia; d) filhos ou enteados até vinte e um anos de idade ou até vinte e quatro anos de idade, se estudantes universitários ou, se inválidos, enquanto durar a invalidez; e e) menor sob guarda ou tutela até vinte e um anos de idade ou, se estudante universitário, até vinte e quatro anos de idade ou, se inválido, enquanto durar a invalidez".

Mas até aquele ano, recebiam a pensão mensal as filhas solteiras de militares, mesmo com idade superior a 21 anos, idade em que o filho homem deixava de ser beneficiado. Esse incentivo legal produziu consequências culturais: para não perderem o benefício, muitas mulheres preferiram não se casar legalmente, embora mantivessem relações estáveis. Em 2015, havia 185.326 beneficiárias da pensão na Marinha, Exército e Aeronáutica que representaram um gasto de R$ 3,8 bilhões, segundo o Ministério da Defesa.

O privilégio foi extinto em 2000, mas só para os militares que ingressaram na carreira a partir daquele ano. Aqueles que já integravam as Forças Armadas e quiseram manter o benefício passaram a ter descontado nos salários um adicional de 1,5% a título de contribuição, percentual que não era suficiente para pagar a despesa. Uma estimativa apresentada no documento "Avaliação atuarial das pensões dos militares" projetava déficit nas contas até 2080, ano em que seriam pagos os últimos benefícios pela regra antiga.[12]

Em sua página oficial, o Exército questionou esses números. E sem citar a fonte, informava apenas que "cálculos mais precisos (do que os realizados pelo Ministério da Previdência e pelo Ministério do Planejamento), porque baseados em dados decorrentes dos anos de 2001 e 2002, portanto reais, permitem afirmar que, provavelmente, esse sistema será superavitário até 2036, quando se inicia seu período de extinção, em decorrência de a população do sistema atingir o limite previsível de sobrevida".[13]

A situação da previdência brasileira é tão absurda que, em 30 de janeiro de 2018, o ministro Dyogo Oliveira, do Planejamento, informou que, mesmo após 148 anos do fim da Guerra do Paraguai, o Estado brasileiro ainda pagava pensões a cinco famílias de militares.[14]

Situação mais grave ainda — e injustificável — eram as pensões para filhas solteiras de integrantes dos poderes Executivo, Legislativo e Judiciário. Em 2017, nós pagamos 51.826 pensões desse tipo, que representaram uma despesa anual de cerca de R$ 3 milhões. Nesse mesmo ano, após investigação, o Tribunal de Contas da União (TCU) ordenou que fossem revisados 19.520 benefícios que estariam violando parte da lei.[15]

Um exemplo de beneficiária do "Bolsa Solteirona" era a dentista Márcia Machado Brandão Couto. Mesmo tendo se casado na igreja de véu, grinalda e vestido de noiva com João Batista Vasconcelos em novembro de 1990, em cerimônia para duzentos convidados na igreja Nossa Senhora do Brasil, no bairro carioca da Urca, ela continuou a receber do estado do Rio de Janeiro cerca de R$ 43 mil reais mensais relativos a duas pensões por ser "filha solteira maior" do desembargador José Erasmo Couto, que faleceu em 1982.

O que explica o privilégio? Márcia não se casou perante o oficial do Cartório do Registro Civil. Não tendo assinado o contrato com o Estado, era como se continuasse solteira e, por isso, poderia continuar a desfrutar dos benefícios pagos pela Rioprevidência (órgão previdenciário fluminense) e pelo Fundo Especial do Tribunal de Justiça do Rio.

Há mais de três décadas recebendo as pensões, ela só deixou de receber os vultosos benefícios durante um curto período em razão de uma ação judicial movida pela Rioprevidência. Logo depois, entretanto, teve o privilégio restabelecido por decisão do mesmo Tribunal de Justiça onde o seu pai já havia atuado como desembargador.[16]

Afinal, o que diz a norma, a Lei nº 3.373 de 1958? Em seu artigo 5º, parágrafo único, ela estabelece que se ocupante de cargo público permanente — caso de servidora estatal, por exemplo —, a filha solteira maior de 21 anos perderá a pensão temporária. Outra restrição, que não está na lei, mas que foi adotada por decisão do TCU para limitar a concessão dos benefícios, é vedar a pensão para as pensionistas que tenham "renda própria — fruto de emprego na iniciativa privada", que desenvolvam "atividade empresarial" ou que recebam "benefício do INSS, fatos que descaracterizam a dependência econômica à pensão".[17]

Mas, a pedido da Associação Nacional dos Servidores Públicos, da Previdência e da Seguridade Social (Anasps), o ministro do STF Edson Fachin concedeu liminar em maio de 2017 contra a decisão do TCU e restabeleceu o privilégio somente para as integrantes da Anasps. O caso ainda não havia sido julgado pelos ministros até a conclusão deste livro.

Outra categoria de funcionários do Estado beneficiada pelo sistema em vigor são os auditores da Receita Federal, que desfrutam de salário inicial de R$ 19 mil. Para impedir que os privilégios fossem eliminados, no debate sobre a reforma da Previdência, a associação que os representa chegou ao ponto de distorcer "números em interesse próprio" ao utilizar "conceitos que nada" têm "a ver com a sustentabilidade da Previdência para criar um número sem significado prático". O objetivo era converter ilusão em realidade ao afirmar "que a insustentabilidade da Previdência" era "matéria de opinião, ou de política, ao invés de uma gritante conclusão técnica".[18]

Enquanto o Tesouro Nacional calculou um déficit de R$ 239,4 bilhões em 2016,[19] a Associação Nacional de Auditores Fiscais da Receita Federal do Brasil (Anfip) reduziu a conta para R$ 57 milhões.[20] O que explicava diferença tão significativa?

Enquanto o Tesouro usou "a diferença entre receitas e despesas da Previdência" para obter o resultado previdenciário, a Anfip adicionou a Desvinculação de Receitas da União ao mesmo tempo que retirava do cálculo "a aposentadoria de funcionários públicos, responsável por metade do déficit".[21]

Assim como Mefistófeles sempre volta para cobrar de Fausto o cumprimento do pacto, o rombo na Previdência, ainda que tarde, jamais falhará. Um relatório do Tesouro Nacional publicado em novembro de 2017 mostrou que cada brasileiro já nasce com uma dívida de R$ 175 mil com a Previdência. Até o fim da vida, é obrigado a pagar essa conta por meio de impostos para "cobrir os déficits do regime geral (o INSS) e do regime próprio dos servidores civis federais", além das "aposentadorias e pensões dos funcionários públicos estaduais e municipais".[22]

Como esses R$ 175 mil de dívida são somente para cobrir o rombo, cada brasileiro é obrigado a pagar ainda mais para financiar a manutenção de um sistema insustentável. E como a população brasileira envelhece rapidamente sem reduzir os gastos previdenciários, o resultado é o mais óbvio: com o tempo, não haverá dinheiro para pagar as aposentadorias e pensões.

A aposentadoria dos políticos e dos servidores públicos é um privilégio porque oferece vários benefícios que não são oferecidos para os aposentados privados. Só que até a aposentadoria para os trabalhadores privados privilegia uma parcela dos beneficiados. A aposentadoria rural é um exemplo.

Quem trabalha na zona rural, em razão de sua singularidade, tem direito à aposentadoria mesmo que não tenha contribuído durante o mesmo período que um aposentado da zona urbana. É um privilégio que pode ser visto como benefício maior do que aquele que existe nas aposentadorias dos servidores públicos, uma vez que os funcionários do Estado pagaram durante todo o período definido por lei para ter acesso ao pagamento mensal. Mas essa é uma comparação possível e plausível?

A resposta será negativa se considerarmos as especificidades do trabalhador rural brasileiro, que precisa ser tratado de uma maneira distinta. O grande problema é: mesmo assim, será que as várias distinções existentes são justas? O pressuposto do argumento que justifica a existência de um privilégio para quem dele precisa não poderá ser usado por aqueles que têm privilégios (ou que pretendem tê-los) e deles não precisam?

Outro privilégio que vinha sendo questionado era a aposentadoria por tempo de contribuição, modelo pouco adotado no mundo e que, no continente americano, só era mantido por Brasil e Equador. O critério privilegiava esse tipo de aposentado na comparação com quem se aposentava por tempo de serviço.

A explicação é bastante simples: uma pessoa que consegue se aposentar aos 50 anos de idade por tempo de serviço recebe o benefício por pelo menos mais 28,8 anos, número que considera a expectativa de sobrevida de 78,8 anos no Brasil, segundo o IBGE. Já quem se aposenta aos 60 anos de idade possui expectativa de sobrevida de 81,1 anos, ou seja, teria 21,1 anos de aposentadoria. Por outro lado, quem se aposenta por idade tem menos tempo de sobrevida para receber o benefício, o que permite o controle dos gastos previdenciários.

Um levantamento feito pelo Instituto Mercado Popular para o seu guia sobre a reforma da Previdência mostrou que "em 1980, havia no Brasil 13 ativos para cada idoso; em 2018, esse número chega a 7,7 ativos para cada idoso; em 2060, espera-se que essa relação alcance 2,22 ativos para cada idoso".[23]

O guia mostrou que, "em termos comparativos, a idade típica para alguém se aposentar por tempo de contribuição no Brasil (em geral, 50 anos para mulheres e 55 anos para homens) é baixa, se comparada aos países-membros da Organização para a Cooperação e Desenvolvimento Econômico (OCDE)". Por isso, era necessário modificar a regra vigente para "tornar equivalentes o tempo mínimo para aposentadoria por tempo de contribuição e por idade" e, dessa forma, promover "maior equidade, porque os mais pobres majoritariamente já se aposentam por idade".[24]

Quer ser rico? Passe num concurso público federal

O título acima não é troça. Seis em cada dez servidores federais fazem parte dos 10% mais ricos do país, segundo a Pesquisa Nacional por Amostra de Domicílios (Pnad) de 2017. Na comparação com a iniciativa privada, a diferença é brutal: somente um em cada dez trabalhadores integra a parcela dos 10% mais ricos do Brasil.

Os servidores federais ganham, em média, "o dobro do que trabalhadores do setor privado" com "características educacionais, regionais e laborais similares". A consequência é que, no curto prazo, ao privilegiar servidores "relativamente mais ricos, o ganho real dos servidores públicos" pode "aumentar a desigualdade"[25] — fato confirmado por estudos estatísticos como "Gasto público, tributos e desigualdade de Renda no Brasil"[26] e "Inequality in Brazil: A Regional Perspective".[27] Quanto maiores os privilégios, maior a desigualdade.

Quem é servidor público tem mais privilégios do que quem trabalha na iniciativa privada. Essa realidade é, inclusive, percebida pela população: 70,2% dos brasileiros acreditam que os funcionários públicos têm privilégios, segundo pesquisa do Instituto Paraná divulgada em janeiro de 2017. Para uma parcela dessas pessoas, porém, isso não é um problema. Mais de 60% dos entrevistados gostariam de se tornar servidores do Estado. A maioria, 71,8%, era formada por jovens entre 16 e 24 anos,[28] grupo da população que, ao identificar no serviço estatal uma forma de obter privilégios, passa a projetar no concurso uma meta profissional a ser atingida.

Não há um problema de a remuneração do servidor ser compatível com sua qualificação, responsabilidades e atribuições, o que exigiria um plano de carreira que premiasse os melhores. Hoje, os mais qualificados e competentes não têm incentivo para melhorar, visto que receberão no fim do mês o mesmo que os colegas que não gostam de trabalhar ou que são incompetentes.

Como o salário-base inicial dos servidores não difere muito da remuneração-base do topo da carreira, o principal fator para progressão da remuneração é o tempo de serviço e os privilégios adquiridos. Por isso, há pouco incentivo para o servidor melhorar o seu desempenho.

Além de estímulos positivos para funcionários públicos, o ideal seria que os empecilhos para o enriquecimento privado fossem revogados. Assim, a diferença de renda entre os trabalhadores da iniciativa privada e os políticos e servidores seria tão significativa que o controle ou redução de vencimentos nem seria objeto de discussão. Mesmo que os servidores tivessem remuneração mais alta do que hoje, isso não representaria um problema tal como hoje, desde que as vantagens e os privilégios fossem eliminados.

Até porque não há nada mais marxista-leninista do que a proposta de reduzir os vencimentos de políticos e servidores para igualá-los aos da iniciativa privada — rebaixando-os todos, portanto — em vez de retirar os obstáculos que impedem a sociedade de prosperar. Lenin, seguindo Marx, defendeu a "supressão de todas as despesas de representação, de todos os privilégios pecuniários concedidos ao corpo de funcionários, redução dos vencimentos de todos os funcionários ao nível de um *'salário de operário'*". As medidas eram meios para substituir a democracia burguesa (dos opressores) pela democracia proletária (dos oprimidos).[29]

Há, ainda, um aspecto em toda essa discussão que acaba sendo negligenciado quando reduzimos a discussão aos privilégios de políticos e servidores: o fato de que eles são agentes de um Estado que atrapalha a prosperidade econômica do país e impede que os trabalhadores privados sejam mais prósperos do que são.

Pela forma como são estabelecidos e as consequências que produzem, somos levados a acreditar que os salários e privilégios do funcionalismo são a raiz do problema. Pensar assim é um erro porque, sem saber a causa, não conseguimos atacar o efeito. Os benefícios do funcionalismo são o resultado do problema cujas origens são o tamanho, o custo e a ineficiência do Estado assim como os empecilhos criados pelas instituições políticas que atrapalham a sociedade como um todo e o sistema de incentivos que privilegia seus servidores e determinados grupos sociais.

Exercendo suas funções, são eles que colaboram para manter um ambiente contrário ao enriquecimento econômico e sedimentar uma sociedade com privilégios seletivos, com baixo grau de confiança e reduzida responsabilidade.

Num ambiente de incentivos ruins e de privilégios institucionalizados, a qualidade dos serviços prestados pelas instituições é inversamente proporcional ao seu custo de manutenção. Não deveria ser surpresa que o Poder Judiciário seja um dos mais caros e mais ineficientes; que o Poder Legislativo seja um dos mais inconfiáveis e dispendiosos; que o Poder Executivo seja um dos mais incompetentes e intervencionistas do mundo.

PARTE 3

PRIVILÉGIOS NA SOCIEDADE

1 Privilegiado ignorante: o que nada vê e não quer nem saber

Estamos tão acostumados a reconhecer privilégios naqueles que servem e são servidos pelo Estado, dos políticos aos funcionários públicos, que não nos damos conta dos benefícios distribuídos para grupos de interesse dentro da sociedade. Conseguimos ver como privilegiado o magistrado, mas não aquele que desfruta da meia--entrada; o deputado, mas não o universitário; o promotor de Justiça, mas não o criminoso; o servidor federal, mas não o LGBTTI. Em termos gerais, somos, portanto, Privilegiados Ignorantes.

O custo e as implicações dos privilégios de quem trabalha para o Estado podem ser mais elevados do que os privilégios na sociedade, mas estes existem e produzem consequências que não podem ser desconsideradas.

A semelhança entre quem trabalha para o Estado (como servidor ou como político) e quem não trabalha para o Estado é que quase todos aqueles que desfrutam de privilégios legais, se não forem eles próprios os criadores das regalias, reagem a incentivos previamente existentes. Todos eles lidam com o fato de que, uma vez que os privilégios são oferecidos, estão respaldados pela lei. Às favas todos os escrúpulos do justo, da ética, da moral.

Na esfera privada, tudo pode servir como justificativa para a criação de benefícios, especialmente num país como o nosso, onde há tantos problemas sociais, econômicos e políticos que se desdobram como empecilhos para a superação de problemas individuais. Perante essas dificuldades institucionais, aqueles que mais precisam de ajuda acabam por defender e aceitar — e por isso mesmo legitimar — qualquer tipo de ajuda oferecida pelas instituições estatais.

Só nos irritamos com os privilégios que os outros têm e nós não temos. Alguns, entretanto, fazem da busca e conquista desses privilégios o sentido de suas vidas profissionais. No âmbito da ética, se o objetivo for desfrutar privilégios, inexiste diferença entre o servidor público e o que trabalha na iniciativa privada. As distinções serão o método para conquistá-lo e o custo de transação. Essa situação encontra terreno fértil num ambiente em que os incentivos conduzem os agentes à escolha mais óbvia e segura: conseguir um benefício.

Ser *especial*, ou seja, detentor de um privilégio legal, é uma maneira de ser ao mesmo tempo beneficiado e protegido, posto que não será prejudicado como os *ordinários*. Há tantos obstáculos legais, jurídicos, institucionais e culturais para viver de forma independente que ser dependente de terceiros — especialmente do Estado — é a regra que confirma as exceções.

Há outro grave problema, contudo: os muitos casos em que um direito legítimo é inserido na legislação junto com um privilégio. E aí a confusão é ainda maior, assim como a dificuldade de perceber e identificar o que é direito e o que é privilégio.

Existem também os casos de privilégios específicos que não existem na lei, mas que a Justiça concede porque a Constituição Federal permite esse tipo de interpretação a partir do rol de deveres do Estado. Quando o Judiciário também se torna concessor e legitimador desse tipo de direitos, crava no espírito dos brasileiros a certeza de que o país não tem jeito e que, por isso mesmo, o melhor a fazer é aderir e pedir privilégios.

A judicialização da saúde é um de vários exemplos. As decisões de magistrados para que alguém seja beneficiado por um tratamento ou medicamento de custo elevado é o caso clássico de jogo de soma zero: para que uma pessoa seja tratada, outras serão prejudicadas quando da realocação do recurso estatal. Dessa forma, quando o Judiciário define o privilegiado, estabelece que todos os demais usuários do SUS sejam prejudicados.

Quando o brasileiro olha no seu entorno, ele vê uma série de privilégios concedidos pelo Estado a diversas categorias e grupos sociais. Ele então compara os direitos que possui formalmente pela lei com aquilo que de fato recebe do governo, supostamente em troca dos tributos que paga.

O sucesso político de categorias profissionais, sindicatos e movimentos sociais na obtenção de privilégios agrava a percepção de injustiça ao mesmo tempo que cria incentivos para que outros grupos se articulem com o propósito de conseguir suas próprias benesses.

A divisão entre *ordinários* e *especiais* também fomenta o conflito social e o ressentimento entre as pessoas. Quanto mais grupos são beneficiados em função de suas singularidades e capacidade de mobilização política mais se sedimenta na sociedade a certeza de que mais vale depositar no Estado as suas expectativas e desejos individuais do que assumir a responsabilidade que lhes cabe e, compulsoriamente, a daqueles que foram privilegiados. E não se trata apenas de quem trabalha para o Estado: indivíduos privados também são protagonistas do grande Festival de Privilégios que Assola o Brasil.

2 País da Meia-Entrada: quem ganha e quem perde?

"República da meia-entrada" é a expressão que os economistas Marcos Lisboa e Zeina Latif criaram para definir o estado da arte do *rent-seeking* no Brasil.[1] Sua origem é a Lei da Meia-Entrada, criada em 2013 e regulamentada em 2015, destinada a garantir a estudantes, idosos, pessoas com deficiência e jovens de 15 a 29 anos comprovadamente carentes um desconto de 50% do preço do ingresso em espetáculos artístico-culturais e esportivos.

Lisboa e Latif apontaram a meia-entrada como exemplo de *subsídio cruzado*, quando uma parcela de consumidores paga preços mais altos para subsidiar outra parcela, que terá o privilégio de pagar menos. Inicialmente voltado para estudantes a idosos, por meio de leis estaduais e municipais, o benefício foi sendo ampliado para outros grupos, de policiais a professores, de jornalistas (jornalistas?) a doadores (doadores?) regulares de sangue e de medula óssea.[2]

No estudo "O impacto da meia-entrada na precificação de ingressos e no planejamento estratégico de companhias de entretenimento", de 2013, Carlos Martinelli mostrou que a lei tem falhas e não garante o desconto que estabelece.[3] Isso acontece por uma razão um tanto óbvia, menos para legisladores e estatistas: os empresários repassam para o custo dos bilhetes a perda com o desconto estabelecido

143

pelo governo. Quem paga o preço total está pagando boa parte da meia-entrada; quem paga meia-entrada, na verdade, está tendo um desconto de pouco mais de 30% do valor do ingresso.

Para não ter prejuízos, os promotores de eventos criaram alternativas, desde elevar significativamente o preço da entrada para não perder com a meia-entrada até vender lotes promocionais pela "metade do preço" para todo mundo. Mas essa metade é, na verdade, o preço cheio que foi dobrado para justificar a promoção.

Em 2017, o secretário nacional da Juventude, Assis Filho, propôs uma mudança nas regras para obrigar os empresários a venderem os ingressos pela metade do valor da meia-entrada. Se a meia-entrada virou inteira, deve ter pensado o ministro, por que não criar a meia-entrada da meia-entrada? Assim como aconteceu quando da criação do privilégio, provavelmente os empresários repassarão os custos, e a meia-entrada da meia-entrada passará a ter o preço da antiga meia-entrada.

Políticos e servidores públicos, como decidem sobre dinheiro que não é deles e cujos donos ignoram, inventam as medidas mais disparatadas e ineficientes. Esses atos políticos criam problemas que não existiam sem atingir plenamente o objetivo pretendido. Por que estudante tem que ter desconto se o dinheiro que ele usa para o ingresso, na maioria dos casos, sai do bolso dos pais, que são preteridos no privilégio?

Se a meia-entrada fosse extinta, provavelmente o preço cheio dos ingressos seria reduzido pela metade ou próximo disso, estimou Martinelli.[4] Num cenário sem o privilégio, todos, inclusive os estudantes, pagariam menos do que hoje.

Quem, afinal, mais ganha com a meia-entrada são as entidades estudantis autorizadas pela Lei nº 8.537/2015 a expedir a Carteira de Identificação Estudantil: a União Nacional dos Estudantes (UNE) e a União Brasileira dos Estudantes Secundaristas (Ubes).

A UNE é a entidade que se orgulha de batalhar "pelo reconhecimento da meia-entrada para atividades culturais e esportivas como um direito de todos os estudantes" e que reivindica pautas tão afeitas a uma agremiação estudantil como "a desmilitarização da polícia, o respeito à diversidade e o fim do genocídio da juventude negra nas periferias urbanas".[5]

A Ubes é a entidade que "reivindica a reformulação do ensino médio, mais democracia nas escolas, o fim do machismo, do racismo e da homofobia no ambiente escolar e mais assistência estudantil", e diz lutar por causas tão apropriadas ao perfil de uma associação estudantil como a "desmilitarização da Polícia Militar" e a "democratização dos meios de comunicação".[6] Por que, afinal, UNE e Ubes estão engajadas para acabar com a Polícia Militar? Essa obsessão deve significar algo não muito inteligente.

A meia-entrada é muito boa para as entidades estudantis que emitem as carteirinhas de estudante e que têm nessa reserva de mercado, portanto, nesse privilégio, a garantia de receita certa e, por extensão, de sua própria existência — algo parecido com o que acontecia com os sindicatos que sobreviviam somente por causa da contribuição compulsória, este oximoro.

Desconto em ingressos baseado na lei da meia-entrada é desses privilégios que a sociedade nem consegue perceber seus efeitos negativos pela aparência de resultados positivos.

3 Ensino superior: se ficar o privilégio pega, se correr o privilégio come

Quando olhamos os dados do ensino superior no Brasil emerge a dúvida: o direito à gratuidade pode ser considerado um privilégio? A indagação parte da informação segundo a qual uma parcela considerável dos alunos dos cursos mais disputados (Medicina, Engenharia, Direito) das universidades federais é constituída por estudantes das classes média e alta. São jovens oriundos de famílias que lhes ofereceram recursos, tempo e conforto para que pudessem estudar em boas escolas privadas e assim lograr êxito ao entrar para as instituições estatais.

O orçamento estatal destinado ao setor de ensino cresceu de 3,8% do PIB em 1994 para 6,3% em 2014, quase o dobro em pontos percentuais.[1] A despeito disso, em relação à despesa por aluno, o Estado brasileiro optou por priorizar o ensino superior.

Em 2014, por exemplo, 63% do investimento total foi destinado ao ensino superior. Para cada estudante em universidade pública, seria possível manter, em média, quatro alunos de ensino médio ou fundamental. Essa priorização beneficiava justamente os universitários da classe alta,[2] com renda média familiar per capita de, em média, R$ 1.422, que ocupavam 45,5% das vagas. Alunos da classe baixa, com renda familiar per capita de, em média, R$ 291, representavam apenas 8,4% do total.[3]

Essa é a realidade a despeito da lei das cotas, que, em tese, seria capaz de garantir o ingresso de alunos de menor poder aquisitivo que estudam em escolas públicas (ensino fundamental e médio) e que nem sempre têm famílias estruturadas para lhes oferecer condições para que só estudem, pois muitos precisam trabalhar.

A baixa renda familiar e as condições de vida dificultam a entrada nas universidades federais e têm impacto direto na formação e no futuro profissional desses jovens.[4] Para cada ano adicional de estudo, adultos têm um aumento de sua renda entre 6,5% e 10%.[5]

Só que as regras e incentivos existentes nas universidades federais promovem transferência de renda dos mais pobres para financiar o ensino superior dos mais ricos, o que ajuda a preservar os obstáculos para a ascensão profissional e a prosperidade.

A solução para reverter um pouco esse quadro e tornar a despesa pública no ensino superior mais equânime seria instituir a cobrança de mensalidades nas universidades públicas para estudantes que pudessem pagá-las e conceder bolsas para os demais.

Entretanto, diminuir ou retirar privilégios implica contrariar grupos de interesse já estabelecidos — algo invariavelmente bastante difícil de se realizar na esfera da política. Em março de 2017, a Câmara analisou proposta de emenda à Constituição nº 395/2014, que autorizava as instituições públicas a cobrarem por cursos de pós-graduação, a critério de cada universidade.

O que se pretendia era seguir o exemplo de algumas instituições que cobravam por cursos de especialização. Como sói acontecer, a exigência de pagamento passou a ser questionada na Justiça por alunos com base no princípio constitucional da educação pública gratuita. Depois de várias ações judiciais, o resultado foi o óbvio: algumas universidades cancelaram os seus cursos de especialização em vez de mantê-los gratuitamente.

A PEC nº 395 não teve destino melhor: foi rejeitada pela Câmara dos Deputados. Faltaram apenas quatro dos 308 votos necessários para a sua aprovação.[6]

Cobrança de mensalidade e um novo privilégio

Uma questão difícil de resolver é como convencer os mais ricos a pagarem mensalidade se eles também pagam impostos para financiar o ensino superior federal. Se todos pagam para que o sistema exista, e se os mais ricos pagam mais do que os pobres, por que os mais prósperos deveriam aceitar continuar pagando pela universidade pública se teriam que pagar de novo para que seus filhos lá estudassem?

Se o Estado, mesmo cobrando impostos, não provê um ensino fundamental e médio de qualidade, e por isso as famílias têm que pagar escolas privadas, não faz muito sentido que os pais e jovens estudantes abram mão do direito de estudar numa universidade federal, direito concedido a todos os brasileiros. Se isso for feito, estabelece um privilégio para os mais pobres e a discussão seria se o benefício era ou não justificável.

A discussão sai, então, da esfera restrita do direito ao ensino superior estatal para um problema mais amplo e de resolução ainda mais complicada: os serviços oferecidos pelo Estado — e pelos quais todos nós pagamos via impostos — devem ser universais, ou seja, destinados a todos os brasileiros, ou devem atender apenas aquela parcela da população que não teria a menor condição de ter acesso a eles se só houvesse instituições privadas de ensino?

Se existe um senso comum na sociedade de que é dever do Estado atender as parcelas mais pobres da população, então, o caminho mais óbvio seria reduzir a dimensão e o escopo dos direitos sociais a serem prestados pelo Estado, conforme rege a Constituição. Dessa forma, embora todos continuassem a pagar impostos, os serviços seriam reduzidos à dimensão de sua necessidade de atendimento. Assim, o Estado reduziria a proporção de suas atribuições à quantidade de pessoas que precisam de serviços, como o de saúde ou de ensino, por exemplo.

A situação é tão cruel que as soluções para o problema estabelecem um antagonismo bastante complexo entre alunos de realidades econômicas bastante distintas. Em face do sistema existente, como não criar mecanismos de ingresso dos mais pobres à universidade e, paralelamente, como acusar de *privilégio* o *direito* de alunos mais ricos de estudar em universidades federais pelas quais eles e seus pais também pagaram mediante tributos? Se há um *direito* ao ensino fundamental, médio e superior universal e gratuito para todos, como excluir aqueles que desfrutam de uma condição econômica mais favorável e que pagaram mais impostos? A única maneira de resolver isso é definir quem o Estado deve atender com seus serviços: se todo mundo (e aí haveria direito, mas alguns teriam vantagens individuais no acesso) ou só quem precisa (e aí teríamos um privilégio para um grupo da sociedade).

Temos ainda uma situação interessante. Nos moldes atuais, a universidade federal gratuita é, em grande parte, um privilégio dos mais ricos. Isso acontece porque os filhos de famílias com mais recursos podem colocá-los desde cedo para estudar em escolas privadas de melhor qualidade de ensino enquanto os filhos das famílias pobres não têm outra opção senão estudar em escolas estatais de baixa qualidade.

Considerando que o Poder Executivo federal é o que dispõe de mais recursos porque tem o privilégio legal de expropriar por meio de tributos todas as riquezas produzidas nos municípios, o governo central consegue alocar muito mais dinheiro nas universidades federais do que, na média, conseguem fazê-lo os prefeitos e governadores nas escolas de ensino fundamental e médio.

E porque têm muito menos dinheiro e menos funcionários menos qualificados do que o Governo Federal, os Poderes Executivos municipais e estaduais oferecem um ensino de baixa qualidade, que é um obstáculo para que os alunos de menor poder aquisitivo consigam disputar em igualdade de condições as vagas nas universidades federais e, depois nos concursos públicos mais concorridos.

Para tentar minimizar o problema, em vez de modificar o sistema tributário e acabar com o privilégio da drenagem de recursos para a União, os políticos criam cotas para que os estudantes mais pobres, oriundos daquelas escolas com ensino de baixa qualidade, consigam entrar nas universidades federais. Uma vez que entram, esses alunos vivem o segundo de vários dramas que terão que enfrentar: dificuldades para acompanhar a exigência e o ritmo das aulas, para frequentar a universidade, para comprar livros, para encontrar tempo para os estudos porque muitos têm de trabalhar.

É o exemplo marcante de como opera a mentalidade de grupos de pressão e dos políticos: cria-se um privilégio (cotas) para tentar minimizar o problema anterior (poucos estudantes pobres na universidade federal) sem atacar a sua origem (a baixa prosperidade econômica no país mantida pela política).

As regras privilegiadas do Fies

Alunos de faculdades privadas também têm privilégios. A partir das mudanças promovidas pelo governo Lula em 2010, entre 2014 e 2017 o Programa de Financiamento Estudantil (Fies), criado em 1999, tornou-se um enorme privilégio para estudantes e faculdades. À época o governo triplicou o número de meses de carência e fixou os juros em 3,4% ao ano para todos os cursos — cerca de metade da inflação média do período.

Além disso, o Fies permitiu ao estudante solicitar o financiamento a qualquer período do curso, afrouxou a exigência de fiador e alongou o prazo de quitação. Em vez de atacar a origem do problema que faz com que estudantes precisem do benefício, o governo cria privilégios a partir dele e conta com o apoio da sociedade.

Como os contratos do Fies passaram a ter taxas de juros inferiores às que o próprio governo pagava quando emitia títulos da dívida para se financiar no mercado, o custo do programa passou a ser dividido entre o pagador de impostos e quem tinha seu curso financiado pelo programa.

O resultado foi que o número de beneficiários aumentou de forma substancial. Antes das modificações, entre 1999 e 2009, o governo autorizou 564.509 financiamentos. Após as alterações, entre 2010 e 2013, 599.405 contratos foram celebrados. Num intervalo de três anos, mais estudantes foram beneficiados com o programa do que havia ocorrido nos dez anos anteriores.[7] A despesa, claro, acompanhou: se antes a União direcionava cerca de R$ 1 bilhão por ano para o programa, em quatro anos o investimento passou a ser treze vezes maior.[8]

Dois outros dados que fazem do Fies um privilégio são o valor pago e o universo de beneficiários. No primeiro caso, a cada R$ 100 financiados, nós, pagadores de impostos, custeávamos R$ 47 pelos contratos firmados até 2015 e, após as mudanças nas regras, R$ 27 até o final do contrato.[9] No segundo caso, a maioria dos que conseguiram o financiamento já cursava alguma faculdade particular e pagava por conta própria as mensalidades. Porque havia oferta de crédito e incentivo do governo, algumas instituições estimularam os alunos já matriculados a aderirem ao programa. Porque a União repassava os valores diretamente para as instituições de ensino, o risco de inadimplência era reduzido.[10]

Além disso, como os juros do financiamento eram fixados em valor menor que a inflação, quem tinha condições de custear a mensalidade optava pelo Fies. Se quisesse, com o dinheiro economizado, poderia usá-lo em qualquer coisa, inclusive investir em títulos de renda fixa.

A festa chegou ao fim quando ficou evidente a falta de sustentabilidade orçamentária do programa diante do colapso das contas públicas da União. Com a recessão econômica, apesar das regras vantajosas, mais da metade dos beneficiários pelo Fies ficaram inadimplentes. Pelas regras do programa, quem assumia a responsabilidade pelo pagamento era o Tesouro Nacional. Logo, todos nós pagamos pela farra do Fies: a dívida ultrapassou R$ 32,2 bilhões, montante maior que o orçamento de R$ 29,7 bilhões do Bolsa Família em 2017.[11]

Por sua vez, as faculdades privadas, que acharam que estavam fazendo um bom negócio, aprenderam que ter o governo como sócio nunca é uma decisão inteligente. A história brasileira nos ensina isso desde, pelo menos, o Barão de Mauá. Quando a fonte de crédito secou, as instituições de ensino ficaram sem receber pelas mensalidades e não podiam expulsar os alunos.

Por necessidade, o governo de Michel Temer anunciou mudanças para o programa a partir de 2018.[12] As novas regras limitavam a quantidade de contratos e priorizavam estudantes com renda familiar de até três salários mínimos. Uma vez formado e trabalhando no primeiro emprego, o profissional pagaria o empréstimo com desconto na fonte do salário limitado a até 10% da remuneração.

4 Saúde: SUS, judicialização, intervencionismo estatal

Aos 5 anos de idade, qualquer criança gostaria de aproveitar a infância brincando em casa ou na rua. Não era essa, porém, a rotina de Gianlucca Trevellin. Acometido por uma doença rara, o garoto sofria com a degeneração da sua musculatura provocada por uma Atrofia Muscular Espinhal (AME). O resultado era a perda gradual dos movimentos do corpo. Em julho de 2017, ele não conseguia nem mais sorrir, apenas piscar os olhos.[1]

Como último recurso para tratar uma doença sem cura, os pais de Gianlucca entraram na Justiça para que o Ministério da Saúde pagasse pela compra de um medicamento chamado Spinraza, que estava sendo analisado pela Anvisa. Cada ampola custava R$ 398 mil em 2017. A droga vinha sendo testada com bons resultados no tratamento de pessoas com AME e já era comercializada nos Estados Unidos e na Europa.

Gianlucca precisava de quatro ampolas nos primeiros sessenta dias e, em seguida, de uma dose a cada quatro meses. Enquanto aguardava o cumprimento da decisão judicial por parte do Ministério da Saúde, Gianlucca aos poucos deixava de exibir o seu sorriso em razão da perda do movimento da face.

Casos como o dele, mesmo que sejam exceções percentuais nos atendimentos do sistema estatal de saúde, comovem pela gravidade e dramaticidade. É como a história do pai de Gabryel, Isaias Santana, a quem não restou mais nada a não ser reconhecer que o filho de 4 anos estava "morrendo aos poucos". O motivo era a demora da entrega pelo SUS, determinada pela Justiça, de um medicamento que custava R$ 1,18 milhão por paciente. O remédio interrompia o avanço da doença genética do garoto que impedia "o processamento de moléculas do açúcar" e que, se não tratada, poderia ser fatal.[2]

Quando descubro histórias como a de Gianlucca e de Gabryel, penso imediatamente na minha reação ao ler a respeito de alguns dos direitos sociais inscritos no artigo 5º da Constituição Federal. Como um legislador pôde ter o desplante de inserir mentiras em forma de promessas constitucionais e assim iludir famílias como a do menino em busca de tratamento? E como é que nós não somente aceitamos essas inverdades, mas cobramos que elas sejam cumpridas pelo Estado?

O direito universal à saúde é dessas promessas criminosas. Os políticos converteram a saúde numa utopia e fizeram com que o Estado fosse o provedor. Irresponsáveis, os constituintes prometeram uma impossibilidade na Constituição de 1988.

Se você se acostumou com a expressão "direito à saúde" sem jamais tê-la questionado, deve achar que eu exagero ou que esteja delirando. Essa percepção equivocada da saúde como direito foi estabelecida pelo art. 196 da Constituição: "A saúde é direito de todos e dever do Estado, garantido mediante políticas sociais e econômicas que visem à redução do risco de doença e de outros agravos e ao acesso universal e igualitário às ações e serviços para sua promoção, proteção e recuperação."

Teóricos do direito definem a saúde como a concretização de uma qualidade de vida sadia, de uma vida com dignidade.[3] Por isso, o direito à saúde deve ser cumprido adequadamente toda vez que alguém dele necessite, seja lá qual for a sua condição econômica. Isso significa que o poder público deve empreender todos os esforços para que a norma constitucional que o define não seja uma letra morta da lei.[4]

Qual é o busílis, então? Respondo com outra pergunta: como uma instituição política pode garantir a saúde de quem quer que seja? O máximo que o Estado pode oferecer é o privilégio a um sistema estatal de serviços de saúde. Você poderia dizer que o direito constitucional à saúde da Constituição é o direito ao atendimento na rede estatal. Seria uma observação legítima, porém equivocada, porque as palavras e expressões têm significados que devem ser respeitados.

O problema é que o sistema funciona para não funcionar. Em virtude da escassez, "sempre que serviços de saúde passam a ser gratuitos, a quantidade desses serviços que as pessoas passam a querer consumir torna-se praticamente infinita". Tomando o SUS como exemplo, "caso o governo apenas se limitasse a financiar — via impostos extraídos da população — a oferta de serviços de saúde, a demanda por consultas de rotina, testes de diagnósticos, procedimentos, hospitalizações e cirurgias tornar-se-ia explosiva".[5] A demanda cada vez maior teria como resultado inevitável a implosão do orçamento do Governo Federal e do próprio sistema.

Para evitar o colapso do sistema estatal de saúde, o governo aplica soluções engenhosas para postergá-lo, não para resolvê-lo. O controle de custos é a decisão mais recorrente. A partir disso, "os burocratas estabelecem um teto de gastos na saúde que não pode ser superado". E, por causa da "oferta limitada e demanda infinita, ocorre o inevitável: a escassez". Aqui está a origem das "filas de espera para tratamentos, cirurgias, remédios e até mesmo consultas de rotina".[6]

Criado o problema, o governo lida com as consequências negativas com mais intervenção. O equívoco é conduzido com o objetivo de controlar a demanda pelo serviço e assim "limitar — por meio de várias burocracias insidiosas — o número de visitas ao médico, o número de testes de diagnósticos, o número de hospitalizações, cirurgias etc.".[7]

A consequência para a pessoa que precisa do serviço é só ser atendida "quando um determinado conjunto de sintomas é perceptível". E só será hospitalizada ou submetida a cirurgia se "estiver acima de certa idade ou (no caso da mulher) se estiver grávida de um bebê deficiente". Caso contrário, "o paciente simplesmente é rejeitado — popularmente, ficará na fila esperando até desistir".[8]

O cumprimento do direito à saúde é, portanto, uma impossibilidade não só por causa da escassez de recursos, mas por uma "medicina socializada" — baseada na universalização do atendimento pelo Estado —, que "destrói a qualidade dos serviços médicos e, por causa das regulamentações estatais, encarece o acesso à medicina privada".[9]

Temos, então, uma situação cruel que afeta toda a sociedade, mas que irá penalizar, sobretudo, a população mais pobre. Dentro desse universo, os que conseguem prosperar e contratar planos de saúde privados também são prejudicados. Como o mercado é bastante regulado pelo Estado, há pouca concorrência, os planos são caros, a cobertura é cada vez menor e os médicos ganham cada vez menos das empresas.

Sendo assim, uma parte dos médicos prefere atender seus clientes sem intermediários. Na iniciativa privada, o médico bem-sucedido consegue construir clientela e reputação, e por isso atender pelo plano de saúde não compensa financeiramente. Outra parcela, no entanto, prefere trabalhar na rede estatal de saúde, mesmo que não seja tão bem remunerada nem tenha uma estrutura decente de trabalho.

Eis a síntese: o governo não consegue oferecer um sistema de saúde estatal eficiente e, em paralelo, impede que o sistema de saúde privado funcione de maneira adequada. Esses dois fatores, juntos, criam uma armadilha, que também impede que os profissionais abandonem a rede pública. Como resultado, os planos de saúde têm se tornado um SUS que cobra mensalidade.

Apesar de serem obrigados a pagar pelo sistema estatal de saúde por meio de tributos, quando dele precisam, os mais pobres têm o serviço "negado porque os burocratas que controlam o sistema determinaram que outras pessoas estão mais necessitadas do que ele; logo, estas têm mais direito àqueles serviços que ele próprio ajudou a financiar via impostos".[10] O direito à saúde é, portanto, uma impossibilidade econômica sustentada por uma falácia política.

Quando a Constituição promete o direito à saúde, está assumindo a impossibilidade de manter todos os brasileiros livres de quaisquer doenças. Se a nossa Carta Magna faz essa promessa, então aquilo que efetivamente provê no sistema estatal de saúde (atendimento, tratamento, medicamentos etc.) não será suficiente para uma demanda crescente e imprevista por novas especialidades, atendimento, tratamento e medicamentos.

Qualquer pessoa, portanto, terá legitimidade para, em caso ou não de necessidade, acionar a Justiça para ter o seu direito cumprido toda vez que a rede pública de saúde negar algum tipo de tratamento ou de medicamento que não está na lista de procedimentos disponíveis. Dessa forma, o magistrado, com base no fundamento constitucional do direito à saúde *lato sensu*, decidirá favoravelmente a qualquer pedido. O resultado será a crescente e cada vez mais onerosa judicialização da saúde.

É cada dia mais comum as pessoas buscarem no Judiciário o cumprimento do *direito à saúde* quando o Sistema Único de Saúde (SUS) não pode ou não consegue, por inúmeras razões, oferecer tratamentos ou medicamentos para quem deles necessita. Ocorre, então, um embate entre o direito à saúde e a política pública para quem precisa do sistema.

O primeiro resultado econômico do aumento da judicialização da saúde é tirar o dinheiro dos programas que atendem a maioria das pessoas para cumprir decisões que favorecem uma minoria. Mesmo que essa minoria tenha razões concretas e justificativas plausíveis para recorrer ao Judiciário em busca de medicamento ou de tratamento, o fato é que não há dinheiro suficiente para atender todo mundo em todas as suas necessidades.

Num período de sete anos, o Ministério da Saúde viu a sua despesa aumentar 1.300% "para cumprir decisões judiciais de compra de medicamentos e insumos para tratamentos médicos". Se em 2008 os gastos com a judicialização da saúde eram da ordem de R$ 70 milhões, em 2015 já eram de R$ 1 bilhão. A maior parte dessas despesas era destinada à compra de "remédios de alto custo, em alguns casos sem registro na Agência Nacional de Vigilância Sanitária (Anvisa)".[11]

Uma auditoria feita pelo Tribunal de Contas da União (TCU) mostrou "que, de um total de R$ 2,7 bilhões gastos entre 2010 e 2015" pelo Ministério da Saúde para cumprir decisões judiciais, 54% do total foi destinado para a compra de "apenas três medicamentos, demandados para o cuidado de pacientes com doenças raras": Naglazyme, Elaprase e Soliris.[12]

Entre 2005 e 2010, houve um aumento de impressionantes 5.000% das despesas para atender decisões judiciais. Os gastos passaram de R$ 2,24 milhões para R$ 132,6 milhões em seis anos.[13]

Um desses casos aconteceu em março de 2014 na cidade paulista de Votorantim. Os pais de Sofia, de apenas três meses, conseguiram na Justiça obrigar a Mediplan, "operadora de saúde de Sorocaba (cidade vizinha), a providenciar internação em unidade hospitalar próxima da residência da família".[14]

Sofia estava internada desde o nascimento no Hospital da Unicamp, em Campinas, porque portadora da síndrome de Berdon, doença rara que "prejudica o funcionamento do intestino e da bexiga e obriga a que o bebê seja alimentado por via endovenosa, ou seja, a alimentação é injetada na corrente sanguínea".[15]

A Mediplan havia recusado a internação sob a justificativa de que a doença era preexistente à assinatura do contrato e que o prazo de carência ainda não havia terminado. O argumento do advogado da operadora não foi, entretanto, aceito pela juíza da 1ª Vara Cível de Votorantim, Luciane Mahuad, que afirmou em sua decisão que não se aplicava "a carência ou o requisito da preexistência a recém-nascido, ainda mais acometido de doença rara".[16]

A juíza então ordenou que o bebê fosse transferido de Campinas "para o hospital conveniado mais próximo da família e que a internação fosse coberta pelo plano de saúde". O drama dos pais de Sofia, no entanto, não terminou ali. Eles teriam ainda que conseguir que o SUS pagasse por uma cirurgia "de transplantes de órgãos do sistema digestivo (multivisceral)", realizada apenas nos Estados Unidos. O custo estimado do procedimento era de cerca de R$ 2 milhões.[17]

Depois de Sofia ficar internada e passar por três cirurgias no Hospital Samaritano, em Sorocaba, e no Hospital das Clínicas, em São Paulo, seus pais iniciaram uma campanha para arrecadar fundos antes mesmo de conseguirem na justiça obrigar o Governo Federal a pagar as despesas da transferência e do tratamento da filha no Jackson Memorial Hospital, em Miami, "especializado em transplante multivisceral". Além do R$ 1,8 milhão obtido com doações, "o valor total gasto com o tratamento integral e transplante multivisceral da Sofia foi de R$ 4,4 milhões".[18]

Lamentavelmente, todos os esforços foram em vão. No dia 14 de setembro de 2015, Sofia faleceu no hospital americano de parada cardíaca. Ela estava internada "por causa de um vírus contraído após o transplante multivisceral realizado em maio".[19]

Não é, entretanto, o cofre do Governo Federal o mais afetado com a judicialização da saúde. O TCU revelou que os governos estaduais sofrem mais para cumprir as ordens judiciais solicitadas por quem precisa de tratamento não oferecido pelo SUS. As secretarias de Saúde de São Paulo, Minas Gerais e Santa Catarina, por exemplo, gastaram R$ 1,5 bilhão nos anos de 2013 e 2014 para atender decisões da Justiça. Cerca de 80% desse valor foi usado na compra de medicamentos.[20]

A base para a judicialização da saúde é, precisamente, o preceito constitucional segundo o qual todo brasileiro tem esse direito e que cabe ao Estado cumpri-lo. E para fazê-lo, o Estado não pode medir esforços. Porque o Estado é constituído pelos três Poderes, se o Executivo alegar que não tem condições de financiar um tratamento ou medicamento de alto custo, o Judiciário decidirá a favor de quem precisa do tratamento ou do medicamento, e ordenará que o governo cumpra a decisão.

Segundo o TCU, essas ações são "predominantemente individuais" e têm "taxa de sucesso alta". A maioria dos juízes concede antecipação de tutela dos pedidos formulados "sem pedir informações prévias às Secretarias de Saúde" nem observar as "normativas do Conselho Nacional de Justiça (CNJ) ou o sistema criado pelo órgão para orientar magistrados".[21]

Além disso, há magistrado que obriga a União "a fornecer medicamentos de alto custo por meio de liminares" sem fundamentar a sua decisão em laudos médicos ou em receitas que comprovem que o autor do pedido na justiça tem, de fato, determinada doença e que necessita do medicamento específico.

Uma das liminares obrigou o governo a fornecer o remédio Soliris (eculizumab) para 414 pessoas que ajuizaram a ação. O custo anual era de R$ 1,16 milhão por paciente. Ao levantar os dados, funcionários do Ministério da Saúde descobriram "que 13 pacientes já tinham morrido, 33 não foram localizados ou não" moravam no endereço que constava "na ação e seis se recusaram a dar informações".[22]

O Legislativo, ao acompanhar o desenrolar dessa disputa, em vez de fazer a coisa certa, aprofunda o problema ao criar leis que ampliam o atendimento do sistema estatal de saúde. Mas como é impossível para deputados e senadores prever o que ainda está por vir, a realidade acaba por desatualizar as regras. O ciclo é, então, reiniciado quando novas doenças exigem novos tratamentos e medicamentos, ou quando são criados novos tratamentos e medicamentos para doenças já existentes.

Naturalmente, sendo humanas, as famílias que vivem o drama de ter um parente sofrendo por alguma enfermidade fazem de tudo para garantir que ele possa ser tratado. Dessa forma, a judicialização da saúde estatal se torna mais um elemento que amplia a tese de Thomas Sowell: a primeira lei da economia é a escassez; a primeira lei da política é ignorar a primeira lei da economia.

O problema da judicialização da saúde é, fundamentalmente, a soma de incentivos ruins com a ignorância acerca da escassez. Se o Estado tem a obrigação constitucional de prover saúde para os brasileiros, uma parcela da sociedade, quando se vê numa situação de urgência, entra com ações na Justiça para obrigá-lo a atendê-la por meio de tratamentos e medicamentos de alto custo que não são oferecidos pelo SUS.

Essa situação suscita uma interessante discussão: se o Estado, por via do seu sistema de saúde, não oferece determinados tipos de tratamentos nem de medicamentos, é legítimo que o Judiciário, também uma instituição do Estado, obrigue o Poder Executivo a financiá-los? Isso não cria uma desigualdade perante a lei, posto que se trata de um benefício exclusivo porque não disponível para todos? Ou a obrigação constitucional de cumprir o "direito à saúde" é tão ampla que não se restringe aos serviços oferecidos pelo Estado a todos os brasileiros e, portanto, admite exceções, que são definidas e concedidas pelo Judiciário?

A legislação e normas estatais que regem o mercado de saúde seguem o padrão do sistema público porque baseadas na concepção de universalização do atendimento, ampliação sistemática da cobertura e coletivização forçada dos gastos. Impedida pelo artigo 10 da Lei dos Planos de Saúde, que criou o que é chamado de plano--referência, uma empresa privada não pode oferecer um produto que atenda os interesses de perfis específicos de usuários. A lei a obriga a criar um plano que englobe atendimentos de que, por exemplo, um usuário com vida saudável dificilmente necessitará. Mas esse cliente é obrigado a pagar pela cobertura adequada a outro perfil de usuário, que não cuida da própria saúde ou tem predisposição genética a desenvolver certas doenças.

Porque o Estado entende que a saúde é um bem essencial, recusa--se a permitir que um contrato de prestação de serviços nesse segmento possa ser negociado livremente pelos contratantes. Quem está no governo acha que uma pessoa é incapaz de decidir por si própria e, por isso, cabe à instituição política ser a sua consciência ética e tomar a decisão que deveria ser dela. Há uma ideia equivocada de que, ao assim agir, o Estado protege as pessoas de serem ludibriadas pelas empresas, de decidirem de forma equivocada e de assumirem riscos com consequências mais tarde irreversíveis. Em suma: aqui se faz, aqui não se paga.

Ao assumir forçosamente essa responsabilidade em nome de todos, o governo cria incentivos negativos que resultam em três mensagens para a sociedade:

1) todo brasileiro é incapaz de tomar as próprias decisões;

2) todo brasileiro que agir de forma irresponsável não será responsabilizado por seus atos e escolhas, pois o governo concederá direitos e privilégios independentemente da conduta;

3) todo brasileiro que agiu de forma responsável será obrigado a pagar a conta da irresponsabilidade de terceiros.

Quando o Estado mantém um sistema de saúde universal, estabelece um privilégio para as pessoas que não cuidam da própria saúde, como os que fazem uso excessivo de drogas, álcool, tabaco ou fazem sexo sem proteção. Por meio do SUS, as instituições políticas e judiciais obrigam as pessoas que agiram de forma responsável com a própria vida e com a vida de terceiros a pagar os custos da irresponsabilidade daqueles que decidiram voluntariamente colocar em risco a própria vida e a vida de terceiros.

Isso nos leva a outra questão: como um Estado que não consegue nos proteger adequadamente dos criminosos pretende nos proteger de nós mesmos? Essa combinação de paternalismo estatal com autoritarismo democrático tem como corolário políticas cada vez mais intervencionistas que são aceitas ou solicitadas por uma parcela numerosa da sociedade.

Judicialização da saúde privada e o fim da liberdade contratual

Eu mencionei a judicialização da saúde estatal, mas existe também a judicialização do sistema particular de saúde. Os planos privados vêm enfrentando ações ajuizadas por clientes que assinaram contratos com determinadas regras que restringiam a cobertura e que depois, diante de uma eventualidade, buscam na Justiça o direito de reescrever o contrato a seu favor.

Baseando suas decisões no Código de Defesa do Consumidor e na Lei dos Planos de Saúde, magistrados e ministros do STJ e do STF vêm atacando de forma sistemática — e não só na área de saúde — o direito de firmar contratos livremente. A consequência de suas decisões é a relativização do acordo entre agentes privados e a mitigação do "dogma da autonomia da vontade, princípio clássico da teoria contratual", como mostrou Luan Sperandio no artigo acadêmico "Consequências do intervencionismo no mercado de saúde suplementar brasileiro".[23]

No entanto, as decisões judiciais estão respaldadas pelo ordenamento jurídico. O artigo 421 do Código Civil condiciona a liberdade de contratar ao respeito à *função social* dos contratos. *Função social* — expressão-coringa — é justificativa para a legislação estipular limites à autonomia da vontade com a finalidade de "assegurar o equilíbrio contratual entre as partes contratantes". O resultado é o contrário de liberdade contratual e se manifesta naquilo que "se convencionou chamar de *dirigismo contratual*", como explica o professor André Luiz Santa Cruz Ramos em seu livro *Direito empresarial esquematizado*.[24]

O dirigismo contratual, que coloca em causa a autonomia da vontade, nasceu a partir de ideias socialistas, encontrou solo fértil no direito e expandiu-se para "normas de ordem pública destinadas a proteger os elementos economicamente fracos, favorecendo o empregado, pela criação do direito do trabalho, o inquilino, com a legislação de emergência sobre locações, e o consumidor, por uma legislação específica em seu favor". É justificado, portanto, como tentativa de corrigir o desequilíbrio de relações contratuais entre partes economicamente desiguais.

Um dos mais influentes críticos da autonomia da vontade nos contratos é o professor italiano Enzo Roppo. Em seu livro *O contrato*, de 1977, como explicou Santa Cruz Ramos, Roppo "construiu as bases da doutrina do dirigismo contratual, cuja máxima é a estranha afirmação de que 'a lei liberta, e a liberdade escraviza'".[25]

Essa proposta teórica, que se manifesta na desqualificação do princípio da autonomia da vontade, ganhou projeção e influência no Brasil com o trabalho da professora Cláudia Lima Marques. Em seu livro *Contratos no Código de Defesa do Consumidor: o novo regime das relações contratuais*, de 1992, ela defende a tese de que houve uma evolução no contrato, que antes era "a livre e soberana manifestação da vontade das partes" e passou a "ser um instrumento jurídico mais social, controlado e submetido a uma série de imposições cogentes, mas equitativas".[26]

A progressiva relativização da autonomia estabelecida e legitimada por teóricos do Direito criou o dirigismo contratual e o converteu em instrumento de "generalização de regras de direitos especiais" que foram transformadas "em normas gerais do direito contratual". A consequência tem sido, como explica Santa Cruz Ramos, "instaurar a insegurança jurídica, que se manifesta nas atividades econômicas como um obstáculo ao desenvolvimento".[27]

No caso do mercado privado de serviços de saúde, o Judiciário e uma parcela da doutrina jurídica vinham considerando "a existência de cláusulas restritivas de cobertura como abusivas, entendendo que o Judiciário deve obrigar as seguradoras a incluir procedimentos médicos não previstos contratualmente".[28] Como alguém tem sempre que pagar a conta, "o impacto disso na operação dos planos de saúde é que essa despesa não prevista afeta a operação econômica de custeamento de toda a cadeia de contratantes", que são obrigados a pagar mais caro pelo plano escolhido.[29]

Fundamentada nesse tipo de doutrina anticontratual e antimercado que premia a irresponsabilidade e o paternalismo estatal, "sedimentou-se uma jurisprudência tendente a impor serviços médicos além daqueles contratados". Tal incentivo fez com que clientes dos planos passassem "a ingressar com demandas judiciais para pleitear prestações não cobertas contratualmente".[30] Entre 2013 e

2015, os custos com processos judiciais envolvendo planos de saúde privados no Brasil passaram de R$ 558 milhões para R$ 1,2 bilhão.[31]

Só em São Paulo, entre 2011 e 2017, o número de ações para "obrigar os planos de saúde a cobrir tratamentos mais caros" aumentou mais de 630%.[32] Mas não se trata apenas de processos judiciais para fazer com que as empresas cumpram os contratos assinados, o que algumas se recusam a fazer, devendo, portanto, ser obrigadas e penalizadas. O grande problema é quando as demandas judiciais têm como finalidade obrigar os planos de saúde a pagarem por tratamentos e medicamentos que não constavam nos acordos assinados com os seus clientes.

Um levantamento realizado pela Associação Brasileira de Planos de Saúde (Abramge) em 2016 mostrou que "os principais pedidos feitos em ações judiciais" eram "de procedimentos ausentes no rol de cobertura, de medicamentos experimentais ou revisão de reajustes de mensalidade de acordo com as normas da ANS".[33]

A Agência Nacional de Saúde Suplementar (ANS) calculou "que daquele total de R$ 1,2 bilhão, pelo menos R$ 320 milhões — praticamente um quarto — foram gastos pelos planos com procedimentos não cobertos em contrato, ou seja, aqueles a que os clientes não tinham de fato direito". Em São Paulo, "70% das receitas dos medicamentos e tratamentos concedidos" pelo Judiciário em 2016 eram "dadas por médicos da rede privada, ou seja, para pacientes de renda média ou elevada que", em tese, poderiam pagá-los.[34]

Criada em 2000 para controlar a atividade das operadoras privadas dos planos de saúde, a ANS ampliava constantemente a cobertura a ser cumprida pelas empresas. Em 2017, por exemplo, estabeleceu uma lista obrigatória "de 3.216 procedimentos e eventos em saúde para que uma operadora de saúde" pudesse "funcionar".[35] Em janeiro de 2018, o novo Rol de Procedimentos e Eventos em Saúde[36] definido pela Agência incluiu dezoito novos procedimentos em diferentes especialidades na cobertura de planos já existentes.

Duas das tantas consequências negativas do controle exercido pela ANS foram, primeiro, impedir que os planos de saúde tivessem "modelos de negócios especializados em determinadas áreas médicas" e, segundo, que fossem livres para criar planos de acordo com o perfil do cliente. É impossível, porque proibido, escolher um plano de acordo com o seu estilo de vida. A pessoa que cuida da saúde e que escolhe ter hábitos saudáveis paga o custo do outro cliente que não dá a mínima para isso.

E, ao mesmo tempo que obriga os planos a ampliar a cobertura, a ANS impede que as empresas reajustem o preço do serviço por conta própria. É a agência que autoriza ou não se pode haver e de quanto será o reajuste. Por isso, os percentuais de reajuste são, historicamente, abaixo do índice da inflação média.[37] Aquilo que se vê é o governo impedindo o aumento da mensalidade dos planos; o que não se vê é o controle de preços que inviabiliza financeiramente a oferta de planos de saúde na modalidade individual.

Esse tipo de decisão costumava ser visto como benéfico. Mas aquilo que não se vê, nos moldes do ensinamento de F. Bastiat, é obrigar os clientes "a arcar — diretamente ou não — com custos de serviços que não tinham sequer interesse em utilizar".[38] Além disso, quando magistrados legitimam a quebra do contrato, tornam ainda mais precário o baixo grau de confiança e financiam a irresponsabilidade individual.

Os jornalistas são culpados por em geral apresentarem apenas o lado supostamente benéfico e omitirem as consequências negativas. No *Bom Dia Brasil*, o repórter afirmava que não era "justo pagar caro por um plano de saúde e ficar sem esse atendimento essencial na hora que precisa". Sem mostrar se "o atendimento essencial" constava ou não no contrato, ainda celebrou: "A boa notícia é que o segurado sai vitorioso em mais de 90% dos casos que vão parar nos tribunais."[39]

Mas há aqui um problema. Se é verdade que algumas pessoas — com ou sem razão — só tiveram acesso ao medicamento ou ao tratamento de que precisavam por força de decisão judicial, é perigosa a "tendência, entre os magistrados, de deferir pedidos liminares mesmo sem pedido de informações complementares". Quando o Judiciário decide "favoravelmente ao consumidor, mesmo em segunda instância, em 3/4 das ações", desconsiderando "as suas consequências econômicas",[40] legitima a insegurança jurídica e transfere para a sociedade a responsabilidade de pagar a conta.

Ao analisar o problema em 2012, a AGU já apontava uma correlação entre o aumento da judicialização e as chances reais de ser atendido pelo Judiciário: "Não há elementos seguros para aferir a razão do crescimento numérico das ações judiciais em face da União, mas o sucesso quase certo dessas demandas, em que, em regra, a antecipação dos efeitos da tutela é concedida em caráter irreversível, associado à interiorização da Justiça Federal, parece concorrer fortemente para essa evolução."[41]

A predisposição dos magistrados para proferir decisões favoráveis mostra a indiferença em relação à escassez de recursos e o voluntarismo para "proteger o consumidor supostamente desamparado, formando-se assim uma *jurisprudência sentimental*".[42] Para completar, é comum que esses mesmos magistrados, "destoando do entendimento majoritário de que meros descumprimentos contratuais não ensejam danos morais", condenem "as operadoras a pagarem danos morais a seus clientes por terem negado a cobertura de um evento médico não contratado inicialmente, estimulando ainda mais essas judicializações".[43]

Se eu passasse por drama parecido com o vivido por muitos pais e familiares, certamente teria acionado a Justiça para que meu ente querido pudesse receber tratamento ou medicamento não oferecidos pelo SUS ou pelo plano de saúde. Mas essas exceções dramáticas não podem preservar um sistema injusto e ineficiente que converte *direito* em *privilégio*, e que faz do governo um incentivador da irresponsabilidade, e do Judiciário um agente da insegurança jurídica.

5 Aborto: licença privilegiada para matar

A história tinha todos os ingredientes para um drama de novela de Glória Perez: mãe solteira de 30 anos, com dois filhos pequenos, um emprego temporário e fazendo faculdade de Direito à noite, Rebeca Mendes Silva Leite solicitava autorização judicial para interromper a gravidez de seis semanas, um eufemismo para ter o direito de matar o filho que gestava. Quem não sentiria compaixão pela mãe que em forma de videodepoimento suplicava dramaticamente à ministra Rosa Weber do Supremo Tribunal Federal (STF) o direito de fazer um aborto em virtude de sua condição financeira?

Moradora da periferia de São Paulo, Rebeca engravidou ao ter uma recaída com o ex-companheiro, pai de seus dois filhos e de quem estava separada havia três anos. Mesmo separada e vivendo uma vida com dificuldades, Rebeca decidiu ter uma relação sexual com o ex sem que ambos tivessem o devido cuidado para um casal que estava separado.

Para que a história ficasse ainda mais ao estilo Glória Perez, a opinião de Rebeca sobre o antigo parceiro nos faz questionar como é que ela mesmo assim voltou a se relacionar sexualmente com ele. Num depoimento gravado em vídeo, que deveria sensibilizar a ministra do STF e a sociedade, Rebeca acusou o ex-companheiro de ser um irresponsável que não cumpria os deveres de pai e que, quando solicitado a fazê-lo, como levar um dos filhos doente ao médico, reagia como um canalha: "Eu não pago pensão? Chama o Uber e leva você."[1]

Diante de um homem dessa estirpe, como foi possível ela ter se deixado levar novamente pelo desejo? E por qual razão ela teve relações sexuais com ele sem proteção? Será que ambos não pensaram nas consequências do ato? Não consideraram por algum momento que assumiam o risco de uma gravidez?

Um aspecto chama a atenção no depoimento gravado em vídeo: em nenhum momento ela assume a sua parcela de responsabilidade por ter engravidado ou até mesmo a do ex. Fica parecendo que a causa da gravidez não foi o ato sexual consensual entre duas pessoas que já foram companheiras e têm dois filhos. Não. Parece que a culpa pela gravidez foi a mudança de método anticoncepcional e a morosidade do procedimento no Sistema Único de Saúde. Para Rebeca, ao não prover um atendimento de saúde rápido e eficiente, o Estado parece ser o responsável por ela ter engravidado: "Não sou uma mulher irresponsável, estava trocando de uso de um contraceptivo por outro. Como não possuo convênio médico, todo o procedimento é feito pelo SUS, onde todo e qualquer procedimento é moroso."[2]

As justificativas que Rebeca apresentou para que o STF garantisse a ela o direito de fazer um aborto legal, ou seja, sem sofrer as penalidades da lei em vigor, são simbólicas da confusão que ela e muitos fazem no Brasil de hoje entre responsabilidade e irresponsabilidade convertida em *direito*.

O primeiro motivo seria o fim do contrato temporário de trabalho com o IBGE: "Serei então uma mãe de dois filhos desempregada e grávida. Se já é difícil para uma mulher com filhos pequenos trabalhar em nosso país, é impossível uma mulher grávida conseguir um trabalho para qualquer atividade que seja."[3]

A segunda razão era o fato de ser aluna do quinto semestre num curso de Direito para o qual tinha bolsa integral pelo PROUNI, "programa criado pelo Ministério da Educação em 2004 que oferece bolsas de estudo (integral e parcial) em instituições privadas de ensino superior [...] destinadas a estudantes brasileiros de baixa renda e sem diploma de nível superior".[4] A faculdade, segundo Rebeca, era "o passaporte da minha família para uma vida melhor". Manter a gestação, segundo ela, significava "também interromper por prazo indeterminado a conclusão desse sonho".[5] O sonho dela tinha primazia sobre a vida da criança.

Como muitos brasileiros, Rebeca dependia do Estado brasileiro para evitar a gravidez e para estudar. Estão todos eles, inclusive, protegidos em seus anseios pela Constituição de 1988, que em seu art. 6º define a saúde como um direito social, e no art. 196 a estabelece como "direito de todos e dever do Estado". Portanto, se o Estado falhou em lhe garantir o atendimento à saúde e por isso ela engravidou, seria legítimo cobrar de instituições estatais como o STF que interpretem a norma penal de forma a beneficiá-la e assim converter o aborto num direito especial.

O aborto passou a ser considerado crime no Brasil a partir do Código Criminal de 1830. A punição, porém, só recaía sobre quem realizasse o procedimento na mulher. A criminalização da mulher que abortasse por conta própria só passou a existir no Código Penal de 1890. Havia, porém, exceções: se a gravidez fosse resultado de estupro ou se colocasse a gestante em risco de morte.

De acordo com os artigos 124 a 128 do Código Penal em vigor, as hipóteses de aborto punidas por lei são: aborto provocado pela gestante ou com seu consentimento e aborto provocado por terceiro (com ou sem consentimento da gestante). As duas exceções do Código de 1890 foram mantidas na atual legislação punitiva. Ainda hoje, "não se pune o aborto praticado por médico" se não houver "outro meio de salvar a vida da gestante" ou se a gravidez for resultante de estupro, hipótese esta que exige o consentimento prévio da gestante ou de seu representante legal.

Há ainda uma terceira hipótese em que o aborto é permitido, mas essa autorização não advém da lei, mas de uma decisão do STF, que desde a Constituição de 1988 tem assumido a função não originária de legislador. Em abril de 2012, por oito votos a dois,[6] os ministros do STF decidiram conceder a todas as mulheres o direito de abortar bebês anencéfalos sem prévia autorização judicial. Até então, cada mulher que desejasse realizar o aborto para esse tipo de gravidez deveria ingressar com ação judicial para solicitar a permissão. Até a data da decisão do Supremo que mudou as regras, a Justiça havia autorizado 3 mil abortos de bebês anencéfalos.

Muito embora o ministro Marco Aurélio Mello tenha dito no seu voto favorável a esse tipo de aborto que caberia "à mulher, e não ao Estado, sopesar valores e sentimentos de ordem estritamente privada, para deliberar pela interrupção, ou não, da gravidez (de anencéfalos)", o STF impôs ao Estado a responsabilidade de realizar o aborto gratuitamente por meio do Sistema Único de Saúde (SUS).

Mesmo que legalmente chancelados, os tipos de aborto previstos no Brasil representam um privilégio porque concedem a alguns a possibilidade de matar sem sofrer as punições previstas no Código Penal para homicídio. Mesmo que haja justificativas para que essas hipóteses existam na lei, moralmente, nem por isso o ato deixa de ser o que é. O mesmo Estado que por meio da Justiça permite o aborto será ele próprio, por meio do seu sistema de saúde, o carrasco dos fetos indesejados.

As estimativas do aborto no Brasil não são confiáveis assim como inexistem dados confiáveis quanto ao número de mulheres que morrem em consequência de procedimentos realizados de forma inadequada. Há décadas os números apresentados (100 mil, 400 mil, 1 milhão, 4 milhões) carecem de fonte e de confirmação. Praticamente todas as pesquisas divulgadas são cálculos superestimados ou mesmo falsificação de estatística.

Exemplos? O primeiro é a Pesquisa Nacional do Aborto. Elaborado com dados de 2010 por integrantes do Anis — Instituto de

Bioética, Direitos Humanos e Gênero (ONG feminista e abortista sobre a qual falarei mais adiante), o trabalho concluía que o aborto era "tão comum no Brasil que, ao completar 40 anos, mais de uma em cada cinco mulheres" já o tinha feito. As dificuldades metodológicas para pesquisas desse tipo foram confessadas pelas próprias autoras na introdução do relatório.[7]

O segundo exemplo é o levantamento feito em 2016 com números do Ministério da Saúde. As estatísticas mostraram que ocorria no Brasil "uma média de quatro mortes por dia de mulheres" que procuravam atendimento "nos hospitais por complicações do aborto". Mas nem todos os óbitos, de acordo com o próprio órgão, poderiam "ser atribuídos ao procedimento provocado" e "as mortes poderiam ter sido causadas, por exemplo, por outros problemas que não tinham relação com a interrupção da gravidez".[8]

Por que, afinal, usar dados que não existem, falsificar os números ou dar-lhes interpretação outra que não a baseada nos dados empíricos? Por que os jornalistas aceitam números e afirmações sem questioná-los e ainda tratam institutos pró-aborto como se fossem entidades imparciais?

A explicação foi dada pelo médico americano Bernard Nathanson, um dos criadores dessa tática de falsificação. Junto com outro médico e uma feminista, Nathanson ajudou a fundar a Associação Nacional para a Revogação das Leis de Aborto (NARAL), a mais importante entidade abortista dos Estados Unidos. Ele conhecia por dentro como tudo funcionava porque ajudou a criar e a legitimar a máquina da morte.

Numa conferência realizada em fevereiro de 2008 em Madri, o médico revelou que a estratégia dos grupos abortistas no mundo inteiro era inventar números alarmantes de abortos ilegais para, com isso, convencer as pessoas da necessidade da descriminalização. Sob suas ordens como chefe de departamento do Centro de Saúde Sexual em Nova York, foram realizados 60 mil abortos entre 1971 e 1972. Desse total, como médico ginecologista e obstetra, ele fez pessoalmente cerca de 5 mil abortos.[9]

De protagonista da causa abortista nos Estados Unidos, o médico converteu-se num dos mais importantes defensores da vida. Naquela conferência na Espanha, Nathanson revelou que a estratégia para mudar a cabeça dos americanos e fazer com que aceitassem o aborto era baseada em "duas grandes mentiras: a falsificação de estatísticas e pesquisas que dizíamos haver feito e a escolha de uma vítima que afirmasse que o mal do aborto não seria aprovado na América do Norte". Segundo confessou, "essa vítima foi a Igreja Católica, ou, melhor dizendo, sua hierarquia de bispos e cardeais".[10]

Seu alerta é mais atual do que nunca: "Sejam muito cautelosos sobre as pesquisas que se fazem sobre o aborto. Porque apesar de serem inventadas têm a virtude de convencer inclusive os magistrados e legisladores, pois eles, como qualquer outra pessoa, leem jornais, ouvem rádio e sempre fica alguma coisa em sua mente."[11]

Essas declarações permitem-nos entender como é construída, difundida e assimilada a agenda pró-aborto. E de que forma essa tática funciona em várias sociedades para modificar ou suavizar posições sobre o assunto ao longo do tempo.

No Brasil, apesar de todo o trabalho pró-matança de fetos, uma pesquisa divulgada pelo Ibope em dezembro de 2016 mostrou que 78% dos brasileiros eram contrários ao aborto.[12] Em novembro de 2017, um levantamento feito pelo Instituto Locomotiva mostrou que 75% dos brasileiros eram "contrários ao aborto em caso de gravidez não planejada, 67% se a família não [tivesse] condições de criar a criança e 53% no caso de meninas até 14 anos de idade".[13]

No entanto, e aqui se observa a mudança que mencionei, no mesmo grupo de entrevistados, 50% disseram ser favoráveis ao aborto "se o feto for diagnosticado com alguma doença grave e incurável, como no caso de zika, 61% se a mulher correr risco na gestação e/ou no parto e 67% em caso de estupro".[14]

No esforço para tentar controlar ou reduzir a ocorrência de doenças sexualmente transmissíveis e de gravidez não planejada, o Ministério da Saúde fornece preservativos gratuitamente. Em 2017, foram distribuídos nas unidades de saúde quase 500 milhões de camisinhas masculinas e femininas. Justificar a gravidez pela demora de atendimento do SUS é inaceitável para mulheres como Rebeca e homens como o ex-companheiro dela.

Eles poderiam ter usado preservativo até que o tratamento que ela pretendia fazer estivesse em andamento. Mas ambos preferiram assumir o risco de uma terceira gravidez a utilizar os métodos contraceptivos à disposição, como os preservativos, ou até mesmo não fazer sexo naquele momento. Nenhum dos dois parece ter se preocupado com isso.

Além do mais, o casal transferiu para a sociedade a sua responsabilidade. Ele, por não assumir seus deveres como pai; ela, ao acionar o STF com a ajuda do Partido Socialismo e Liberdade (PSOL), este oximoro, e do já citado Instituto Anis, uma ONG feminista que realiza pesquisas para legitimar a sua agenda abortista e que desenvolve um intenso ativismo judicial.

Alguns exemplos da atuação do Anis demonstram a natureza ideológica do trabalho que a entidade realiza. Em 2007, a organização lutou pela liberação da utilização de células-tronco de embriões humanos em pesquisas e terapias. Desde 2009, a entidade está diretamente envolvida na defesa da judicialização da saúde. Em 2012, atuou na estratégia da ação judicial que resultou na decisão do STF que passou a permitir o aborto de fetos sem cérebro (anencéfalos). Em 2016, o instituto foi o idealizador da ação ajuizada no STF pela Associação Nacional de Defensores Públicos para que mulheres grávidas portadoras do vírus da zika tivessem o direito de abortar fetos que pudessem desenvolver microcefalia.

Na época, duas representantes do Anis deixaram bem claro qual era o projeto do instituto. A advogada Sinara Gumieri afirmou que, na ação ajuizada, era impossível tratar do zika sem considerar o aborto como um dos objetivos a ser cumprido. A pesquisadora do Anis e professora da Universidade de Brasília (UnB), Debora Diniz, comparou a autorização do aborto em gestantes com zika à permissão do aborto em casos de estupro, de risco de morte e de fetos com anencefalia.[15]

Anencefalia, microcefalia, problemas econômicos, aos poucos vai sendo ampliada a lista de motivos para que outras possibilidades de aborto sejam aceitas e legalizadas. Trata-se, claramente, de uma estratégia para eliminar os fetos indesejados (anencéfalos e microcéfalos) e fazer com que a concessão para cada tipo de aborto abra a janela para a ampliação das exceções legais. Até chegar o momento em que todo aborto será permitido, e a única proibição será para quem questionar a prática.

Quase, inclusive, que o direito ao aborto foi inserido na Constituição de 1988. Isso só não aconteceu, principalmente, por conta da atuação corajosa das deputadas Maria de Lourdes Abadia e Sandra Cavalcanti. Porque defendiam a vida, feministas as receberam com uma chuva de tomates quando ambas chegaram à sede da Rede Record em São Paulo para participar de um debate no programa Ferreira Netto.[16]

Outra luta que vem sendo travada desde 2015 pelos integrantes do Anis é contra o ensino religioso nas escolas públicas. Compreende-se: a religião é inimiga dos revolucionários desde antes do Iluminismo francês e do Terror Jacobino. Para os defensores do aborto, são questões menores se o feto tem ou não cérebro, se tem cérebro pequeno ou de tamanho normal. O importante é destruir qualquer obstáculo legal e moral que ainda serve de escudo contra a ideologia abortista. O ataque contra o ensino religioso é parte do projeto.

Um ponto há de ser considerado: como é possível que um instituto com esse perfil de atuação e que milita pelo aborto possa ser reconhecido oficialmente desde 2002 como uma instituição de pesquisa em bioética, ciências sociais e ciências humanas ao estar cadastrada no diretório de grupos de pesquisa do Conselho Nacional de Desenvolvimento Científico e Tecnológico (CNPq), órgão do Governo Federal?

Está patente que PSOL e Anis só decidiram ajudar Rebeca porque o caso dela atende ao projeto abortista que ambos tentam implementar por meio do ativismo judicial e da mudança da lei. Ela é então convertida em instrumento de uma causa que serve circunstancialmente ao propósito de entidades feministas que converteram a morte numa missão de vida. Não foi por acaso a sua história ter sido divulgada pelo site do coletivo feminista Think Olga[17] e a sua demanda judicial ter sido patrocinada pelo Anis.

Fazia parte dessa estratégia a ação judicial proposta por ambas organizações em março de 2017 para legalizar o aborto realizado até a 12ª semana de gravidez. O eufemismo usado para a matança autorizada de fetos é "descriminalização da interrupção da gestação".

Anis e PSOL pretendiam revogar parte dos artigos 124 e 126 do Código Penal, apresentados na ação como anticonstitucionais por punirem o aborto provocado pela própria gestante ou por um terceiro com o consentimento dela. O responsável pela Arguição por Descumprimento de Preceito Fundamental (ADPF nº 422) ajuizada no STF foi um grupo de mulheres lideradas por Luciana Genro do PSOL. As demais subscritoras da peça eram Luciana Boiteux, também do PSOL e professora do Departamento de Direito da UFRJ, Gabriela Rondon e Sinara Gumieri, ambas do Anis.[18]

Como o projeto abortista não se restringe a casos específicos, no pedido ao STF feito em nome de Rebeca, PSOL e Anis solicitaram uma liminar que estendesse os efeitos da decisão para todas as brasileiras que quisessem abortar até a 12ª semana de gestação.

Caso o STF decidisse em favor de Rebeca e do conluio PSOL-Anis, abriria um precedente abjeto e criaria um incentivo perverso. Nada impediria que, no futuro, mulheres grávidas com problemas tão ou mais dramáticos conseguissem na Justiça o direito de abortar. E assim a Corte Suprema, se concedesse tal *direito* ao aborto por privação econômica, passaria por cima da lei em vigor, usurparia o poder do Legislativo e extrapolaria a função constitucional que lhe cabe: em vez de apenas decidir quando provocada, passaria a legislar a partir de decisões contrárias à própria legislação existente.

A falta de responsabilidade na condução da vida sexual seria mais uma séria consequência da decisão do STF ou de uma eventual alteração da lei. Isso transmitiria para a sociedade e para todas as instâncias inferiores do Judiciário a ideia de que o aborto é um direito a ser concedido de acordo com o drama de cada mulher e não por uma regra geral válida para todo mundo. Mesmo que fruto de uma conduta irresponsável, o magistrado estaria resguardado pela instância superior a flexibilizar a lei e ampliar as hipóteses de aborto previstas no ordenamento jurídico.

Se o aborto passasse a ser justificado por problemas financeiros da mãe ou dos pais, qualquer tipo de necessidade poderia ser usado para endossar a morte de um ser humano, para conceder uma licença para matar por qualquer motivo. *Direito de matar* pode até ser *cool* em título de filme com Charles Bronson, mas não como princípio ético inscrito na legislação penal.

O direito ao aborto em qualquer situação, se depender exclusivamente da escolha da mulher e desconsiderando, inclusive, o papel e a responsabilidade paterna, seria o único caso em todo o ordenamento jurídico brasileiro em que a pessoa teria o privilégio de matar sem que isso fosse uma exceção, ou seja, uma excludente da ilicitude ou da antijuridicidade.

Nem o Estado brasileiro, como regra geral, tem licença legal para matar. A Constituição Federal, em seu artigo 5º, inciso XLVII, estabelece como cláusula pétrea a proibição da pena de morte no país. A exceção é em caso de guerra e deverá ser declarada pelo presidente com autorização prévia do Congresso, nos termos do art. 84, XIX.

Não há, portanto, qualquer hipótese na legislação penal brasileira em que seja assegurado a alguém o privilégio de tirar a vida de outra pessoa impunemente. O nosso Código Penal, inclusive, não proíbe o homicídio, o ato de matar um ser humano. O que o artigo

121 estabelece é que se você "matar alguém" estará sujeito à punição, uma "pena de reclusão de 6 a 20 anos".

As hipóteses em que não haveria punição legal se, por exemplo, eu matasse outra pessoa seriam, de acordo com o nosso Código Penal, se eu morresse (inciso I do artigo 107); se eu fosse beneficiado com anistia, graça ou indulto (inciso I do artigo 107); se eu recebesse perdão judicial (inciso IX do art. 107); ou se eu agisse por legítima defesa (artigo 25), por estado de necessidade (artigo 24), no estrito cumprimento do dever legal ou no exercício regular de direito (inciso III do artigo 23). Fora isso, nada feito.

Usando um desses exemplos, em casos como o da legítima defesa, a vítima não tem o direito de matar o agressor. Ela tem o direito de não ser condenada pelo crime se restar provado que, de fato, defendeu-se legitimamente segundo a lei. Mas será, contudo, julgada, mesmo que depois seja absolvida. Agora, se por acaso a reação para se defender for considerada desproporcional, há a possibilidade de a vítima que reagiu ao ataque ser condenada por homicídio.

O direito ao aborto seria, nesse sentido, o único caso na lei brasileira em que uma pessoa teria o direito prévio de matar outro ser humano sem responder por seu ato. Abrindo tal precedente, seremos obrigados a aceitar qualquer justificativa ou nenhuma justificativa para o assassinato em massa de fetos. Queremos viver numa sociedade em que o aborto passe ser justificado porque o feto é portador de doenças ou de síndromes como a de Down? Queremos viver numa sociedade em que o aborto passe a ser justificado porque o feto apresenta a alteração cromossômica que fará com que o bebê nasça com intersexualidade, antes chamada de hermafroditismo? Uma vez abertos os portões do inferno, como escapar da armadilha que nos faria admitir o ato de matar como um direito legal sem punição?

Se a liminar tivesse sido concedida pela ministra do STF, a não punição de quem comete o aborto nas hipóteses definidas por lei poderia incentivar mais do que hoje a prática sexual irresponsável e toda e qualquer justificativa seria admissível para matar legalmente uma vida.

Esse é um dos riscos de reduzir o aborto a uma discussão jurídica sobre a escolha da mulher. Aqui reside a importância de conhecer a diferença entre o direito e a moral. O Código Penal, por residir na esfera do direito, define uma punição para o crime porque o legislador sabe que a proibição de matar por meio da lei seria inócua. Com base na ideia moral de que não se deve matar outra pessoa (e as exceções que mudam a regra são exceções), cria-se por meio da punição um incentivo para que as pessoas não queiram fazê-lo. Mas, se o fizerem, sofrerão as consequências legais.

As penalidades previstas em lei, embora sediadas na esfera do Direito, não prescindem da moral, pelo contrário. São orientadas pelo preceito bíblico "não matarás", que é instrumento pedagógico, enquanto a lei penal é instrumento de punição. A moral deve guiar o Direito para que à discussão sobre o aborto não escape a responsabilidade de quem decide fazer ou de quem já fez. Caso contrário, o *privilégio* de fazer aborto poderá ser justificado por razões tão distintas quanto segurança pública, como na provocação feita pelos autores do livro *Freakonomics*.

Ao compilarem dados estatísticos de diferentes estados americanos, Steven Levitt e Stephen J. Dubner encontraram um vínculo entre o aumento do número de abortos num determinado período e a queda na criminalidade no período posterior. A hipótese levantada era a de que haveria uma maior propensão a entrar no mundo do crime entre os filhos indesejados de famílias pobres, residentes em regiões violentas e constituídas por apenas um dos genitores (pai ou mãe) com baixo grau de instrução.

Vivendo nessas condições precárias, segundo Levitt e Dubner, a mulher decidia abortar porque se considerava "incapaz de oferecer um lar apropriado à criação de uma criança saudável e produtiva".[19] Foi uma justificativa similar a apresentada por Rebeca para justificar o seu pedido no STF.

Imaginemos, então, que os autores estejam corretos e que exista, de fato, um vínculo entre aborto e redução da criminalidade. A pergunta que fica é: até onde nos levaria a aplicação dessa correlação para a resolução de outros problemas graves relacionados à criminalidade? E mais: que tipo de sociedade criaremos ao legitimar a ideia de que o aborto é um instrumento para resolver determinadas questões sem a responsabilização dos envolvidos?

Mas não foi dessa vez que PSOL e Anis conseguiram avançar com o projeto abortista no STF. A ministra Rosa Weber negou os dois pedidos feitos na liminar, tanto a autorização do aborto para Rebeca como a extensão desse direito para todas as mulheres em situação parecida.

Como ela reagiu diante da decisão negativa? Afirmou que pretendia "continuar tentando judicialmente interromper a gravidez". E assim o fez, por meio de um pedido de "habeas corpus preventivo na 1ª Vara Criminal de São Miguel Paulista, na Zona Leste de São Paulo, para evitar punições caso tentasse interromper a gestação".[20]

Os obstáculos legais no Brasil não a impediram de realizar o intento. Rebeca cruzou a fronteira para eliminar o seu "incômodo". Depois de um providencial convite da entidade abortista Consórcio Latino-americano contra o Aborto Inseguro (Clacai) para participar de eventos na Colômbia, a brasileira fez um aborto com base na lei do país que o permite em casos em que a gravidez "afeta a saúde física e mental da mulher". "Eles entenderam que meu sofrimento se enquadrava como perigo para a minha saúde."[21] Seu sofrimento foi resolvido com um aborto feito por aspiração, método pelo qual o feto é morto e extraído do útero por sucção (manual ou elétrica).

Claramente orientada pelo conluio PSOL-Anis, depois de ter feito o aborto, Rebeca destilou um discurso militante abortista e manifestava uma posição ideológica indisfarçável. Ela parecia ter deixado de ser mero instrumento, para se tornar agente da causa abortista:

> A legislação brasileira está parada no tempo desde os anos 1940, já que o Código Penal que trata disso é dessa época. O país não evolui, enquanto nossos países vizinhos, como o Uruguai e a Colômbia,

estão à frente. Não faz sentido. Espero que, mesmo que a resposta da Justiça seja negativa em relação ao meu caso, ele sirva para que outras mulheres também sigam o mesmo caminho e não tenham medo de recorrer ao STF, se preciso, para isso.[22]

A exemplo de Rebeca, muitas mulheres decidem fazer aborto em países onde o assassinato no ventre é permitido. É um dos trabalhos realizados pela ONG Women on Waves (Mulheres nas Ondas), que leva mulheres para fazer abortos em barcos sobre águas de países onde a prática é legalizada. Outra organização que atende no Brasil é a "Women on Web (Mulheres na Rede), que fornece informações e medicamentos para mulheres que querem abortar".[23]

A advogada brasileira Letícia Zenevich trabalha para as duas ONGs e acusou a retenção feita pela Anvisa dos remédios para aborto enviados pela Women on Web como uma violação ao direito das mulheres de recebê-los, como se não fosse crime praticar o autoaborto no Brasil. É assustadora a forma como ela exime de responsabilidade a entidade para a qual trabalha e também a mulher que toma o medicamento abortista: "A mulher recebe o remédio, com uma prescrição, para uso individual. É completamente legal. Depois, se ela colocar na boca e se estiver grávida, ela pode ou não estar cometendo um crime. Mas isso já não é com a ONG."[24]

A mulher grávida tem responsabilidade e obrigação com o embrião em seu ventre, ao contrário do que faz parecer a advogada e os militantes do aborto. Como observa o professor Francisco Razzo em seu livro *Contra o aborto*, ao contrário do que "os defensores do aborto alegam, ser obrigada a não matar o filho é reconhecer que o exercício da liberdade, mesmo sobre o próprio corpo, deve ser limitado pela presença concreta de outro ser humano".[25]

Se o Estado for permissivo com aqueles que veem o aborto como a solução conveniente para sua irresponsabilidade, descuido ou situação econômica, criará incentivos para que mais pessoas o façam. A diluição da responsabilidade é um dos muitos reflexos decorrentes da ausência de restrições legais, que são o mecanismo para frear ou desestimular certas condutas individuais.

Porque "o direito ao aborto significa", pontua Razzo, "ser contrário à constituição de uma comunidade moral" fundada na família, a agenda abortista é dos mais infames projetos de destruição da responsabilidade e do dever necessários a uma sociedade que faz escolhas responsáveis antes de conceber uma vida. Justamente para depois não ter que tratá-la como um incômodo a ser eliminado por curetagem ou sucção.

6 LGBTTI: privilégio em razão do gênero

A busca de grupos identitários por privilégios nem sempre mira a igualdade perante a lei, mas uma igualdade de resultados. O reflexo desse ativismo, quando bem-sucedido, é a institucionalização de benefícios exclusivos travestidos de direitos que geram uma desigualdade formal e concreta, além de aprofundarem o desequilíbrio que supostamente se queria superar.

Geralmente isso acontece porque as reivindicações de grupos identitários — das feministas radicais aos coletivos extremistas — são fundamentadas em desejos abstratos que não se coadunam com a realidade concreta. Desejo é algo legítimo. Obrigar um terceiro a realizá-lo é ilegítimo.

Uma lei que se propõe a acabar com o preconceito contra qualquer coisa está fadada a fracassar. Essa norma conseguirá, no máximo, punir quem agir de forma preconceituosa de acordo com as definições e sanções estabelecidas e, talvez no futuro, desincentivar a conduta que pretende coibir. Mas eliminar o preconceito é *wishful thinking*, por mais que se consiga criar um ambiente de maior tolerância.

No âmbito do privilégio, uma norma do tipo o estabelece, mesmo que não tenha sido essa a intenção dos seus proponentes. Porque se se protegem legalmente os indivíduos de um determinado grupo de sofrer preconceito, todos os demais indivíduos que vivem numa sociedade estarão desprotegidos. Sendo assim, aqueles que estão escudados pela lei são privilegiados em relação aos demais.

As políticas públicas adotadas por sucessivos presidentes, deputados, senadores, governadores, deputados, prefeitos, vereadores são fundamentalmente baseadas na criação de privilégios para lésbicas, gays, bissexuais, travestis, transexuais e intersexuais que se identificam pela sigla LGBTTI (e já existe um movimento para abranger mais gêneros com a designação LGBTQQICAPF2K+).[1] As secretarias federais, estaduais e municipais que existem para cuidar exclusivamente dos interesses do grupo já são uma mostra do prestígio político que conquistaram.

Em 2006, houve a primeira tentativa de criminalizar a homofobia. A deputada Iara Bernardi, do PT, apresentou o Projeto de Lei da Câmara nº 122 para incluir na lei de combate ao racismo de raça ou de cor (Lei nº 7.716 de 1989) a tipificação e punição para "crimes resultantes de discriminação ou preconceito de gênero, sexo, orientação sexual e identidade de gênero".[2]

O projeto trazia em seu texto riscos enormes ao conceder perigosos privilégios aos LGBTTIs. Um deles era a punição de três a cinco anos de prisão para quem se recusasse, negasse, impedisse, preterisse, prejudicasse, retardasse ou excluísse um LGBTTI de qualquer sistema de seleção educacional, recrutamento ou promoção funcional ou profissional.

Como a decisão de contratar ou não leva em consideração vários aspectos objetivos e subjetivos, se um LGBTTI fosse preterido por qualquer motivo que não a sua orientação sexual, poderia alegar ter sido vítima de preconceito. Como provar que não foi?

Imaginemos que os currículos fossem similares e o elemento decisivo para a escolha do outro candidato tenha sido a entrevista. O LGBTTI poderia então dizer que o responsável pela seleção só o preteriu porque descobriu nesse encontro a sua disforia de gênero.

O acusado de LGBTTIfobia, posto numa posição delicada, teria um enorme problema para se defender da acusação.

Mas o projeto de lei, que estava no Senado, foi automaticamente arquivado porque tramitou sem ser aprovado durante duas legislaturas seguidas (oito anos). O projeto morreu, mas não a agenda ideológica que o inspirou nem os grupos que o defendem. Tanto que em 2008 o Governo Federal impôs mais uma conta a ser paga para estabelecer outro privilégio: a cirurgia de mudança de sexo realizada gratuitamente pelo Sistema Único de Saúde (SUS).[3]

Em 2013, o Governo Federal lançou o Sistema Nacional de Promoção de Direitos e Enfrentamento à Violência contra Lésbicas, Gays, Bissexuais, Travestis e Transexuais (Sistema Nacional LGBT). Duas portarias foram assinadas naquele 27 de junho: uma que criava oficialmente o Sistema e outra que estabelecia comitê gestor para combater a LGBTTIfobia, que seria "o preconceito e a violência contra a diversidade de orientação sexual e de identidade de gênero".[4]

No ano seguinte, 2014, a deputada Maria do Rosário, também do PT, protocolou o Projeto de Lei nº 7.582, que definia e estabelecia punições para os crimes de ódio contra, principalmente, os LGBTTIs. Os crimes de ódio, segundo o projeto, seriam "a ofensa à vida, à integridade corporal, ou à saúde de outrem motivada por preconceito ou discriminação em razão de classe e origem social, condição de migrante, refugiado ou deslocado interno, orientação sexual, identidade e expressão de gênero, idade, religião, situação de rua e deficiência".[5]

Uma vez em vigor, a lei puniria com pena de prisão de um a seis anos e multa quem impedisse membros dos grupos descritos na lei a ter acesso "a cargo ou emprego público, ou sua promoção funcional sem justificativa nos parâmetros legalmente estabelecidos, constituindo discriminação".[6] Era uma carta-coringa que poderia ser usada por qualquer um que se sentisse ou não discriminado. Uma das consequências possíveis era os responsáveis pela seleção e promoção darem preferência aos LGBTTIs em detrimento de funcionários heterossexuais mais qualificados para não serem acusados de homofóbicos *et caterva*.

O projeto de lei foi encaminhado para apreciação da Comissão de Direitos Humanos e Minorias em 10 de julho de 2017 e não tem data marcada para ser votado na Câmara dos Deputados.

Transexuais homens na cota para mulheres

Outro privilégio estabelecido, desta feita pelo TSE, foi a inclusão de transexuais na cota de 30% para mulheres que os partidos deveriam respeitar. Atendendo a um pedido da senadora Fátima Bezerra, também do PT, os ministros decidiram em 1º de março de 2018 que transgêneros, transexuais e travestis podem integrar a parte destinada às candidaturas femininas e utilizar o nome social na urna eletrônica,[7] o que antes era vedado.

Como os partidos políticos tinham dificuldades a cada pleito de conseguir candidatas para cumprir a Lei das Eleições, a liberação pelo TSE viria a calhar para certas legendas. Mas criaria uma situação curiosa: a cota de 30% para mulheres seria em parte ocupada por candidatas que nasceram com o sexo masculino. No futuro próximo, será bem possível que um partido seja todo constituído por homens de nascimento, héteros e transgêneros.

Outra norma que pretendia estabelecer privilégios para os LGBTTIs foi proposta em março de 2018 pela Comissão Especial de Diversidade de Gênero e Sexual da Ordem dos Advogados do Brasil (OAB). O Projeto de Lei nº 134, que instituía o Estatuto da Diversidade Sexual e de Gênero, foi aprovado pela Comissão de Direitos Humanos e Legislação Participativa do Senado e cumpriria alguns trâmites antes de ser colocado em votação.

O projeto tinha 123 artigos. Vários deles estabeleciam privilégios e criavam incentivos ruins que poderiam resultar em mais conflitos sociais assegurados pela lei. No geral, aquilo que estabelecia contradizia parte do artigo 1º, cujo objetivo era promover a inclusão de todos. "Todos" eram, na verdade, somente aqueles a quem a norma pretendia beneficiar. O princípio do projeto era autoritário por natureza quando ambicionava proibir qualquer um de "tratar de forma diferenciada pessoas em razão de sua orientação sexual ou de identidade gênero". O verbo "tratar" é amplo o bastante para servir à causa e não distinguir entre quem se nega a dar um bom-dia a um transexual e quem o agride verbalmente; entre quem prefere não contratá-lo e alguém que o agride fisicamente.

Privilégios no vôlei e no MMA

A inserção de pessoas que nasceram homens em espaços femininos não estava restrita à política, claro. No esporte, aconteceu no final de 2017 e estabeleceu um debate quando a jogadora Tiffany Abreu, que até 2015 era o jogador Rodrigo Pereira de Abreu, foi autorizada a jogar na Superliga de vôlei feminino. Antes de ser liberada para atuar no Brasil, Tiffany havia sido autorizada a jogar na liga feminina italiana pela Federação Internacional de Vôlei (FIVB).

Tiffany é transgênero porque, embora tenha nascido com o sexo masculino, identifica-se e vive como alguém do sexo feminino. Ela também é transexual porque fez cirurgia de redesignação de sexo e procedimentos para se parecer fisicamente com uma mulher. As mudanças físicas, junto com a mudança legal do nome e do gênero no documento, porém, não mudavam o fato de que ela nasceu com o sexo masculino.

Não se trata de preconceito ou de qualquer estupidez do tipo. Tiffany é qualificada como transgênero/transexual não por um mero capricho de linguagem, mas por descrever precisamente a oposição entre o sexo de seu nascimento e o gênero com o qual se identifica.

Mas vivemos numa época tão estranha em tantos aspectos que a mera descrição de uma realidade é acusada de ser uma posição preconceituosa. Descrever a realidade e, portanto, o inquestionável é hoje algo ainda mais transgressor do que quando Nelson Rodrigues chamava certas coisas de *o óbvio ululante* para realçar algum ponto que parecia escapar de muitos de seus contemporâneos.

Pois o *óbvio ululante* aqui é que Tiffany jamais poderia jogar numa liga de vôlei feminina porque ela não é do sexo feminino. Aceitá-la num campeonato em que existe a obrigatoriedade de que as jogadoras sejam do sexo feminino — e o nome da liga deixa isso muito claro — é instituir um privilégio que a beneficia em detrimento das demais jogadoras.

Quando falo de benefício não estou sequer considerando a discussão em torno das vantagens físicas de Tiffany por ter nascido homem e por ter atuado durante anos em competições masculinas. Mesmo que o tratamento a que ela se submete iguale os seus índices de testosterona ao das outras jogadoras, não perderia o desenvolvimento do corpo que ela já havia tido como homem, mesmo que não conseguisse mais manter o desempenho físico do passado.

Como a ciência ainda não conseguiu provar que um transgênero/transexual como Tiffany é ou não beneficiado por ter nascido homem e ter desenvolvido o corpo como jogador, autorizar que ela jogue na modalidade feminina é, no mínimo, uma irresponsabilidade, uma imprudência e um ataque ao direito que as jogadoras têm de competir com outras jogadoras do mesmo sexo. A FIVB deveria ter sido mais prudente e só autorizar jogadoras transgêneros/transexuais depois que tivesse uma resposta técnica para o problema.

Se há vários questionamentos sem respostas suficientes porque faltam estudos sobre o desempenho de atletas transgêneros/transexuais, a decisão que permitiu que Tiffany jogasse numa modalidade feminina foi uma irresponsabilidade autoritária que estabeleceu um privilégio para alguém que nasceu com o sexo masculino e compete contra mulheres.

Mas o meu ponto é outro e não está relacionado a vantagens físicas, que podem existir. Acontece que, por não ter nascido mulher, nenhum transgênero/transexual poderia ser autorizado a competir numa modalidade esportiva feminina. A modalidade é feminina justamente porque exclusiva para esportistas que nasceram mulheres. Esse critério deveria excluir, portanto, qualquer indivíduo que tenha nascido com o sexo masculino.

É um tanto curioso que haja quem considere que obter na Justiça o *direito* de alterar o nome e o gênero no documento pessoal seja o mesmo que ter "o direito de ser considerada mulher", como afirmou em editorial a *Folha de S.Paulo*. A conclusão do editorialista foi lapidar: "Seria necessária uma razão muito forte para que a decisão judicial, abarcando em tese toda a vida civil, não valesse nas quadras."[8] Parafraseando H.L. Mencken, para toda correlação absurda existe sempre uma conclusão rasa, obtusa e completamente equivocada.[9]

Ao permitirem que Tiffany jogasse, a FIVB e a Confederação Brasileira de Voleibol (CBV) concederam-lhe um privilégio: autorizar que uma pessoa de um sexo diferente daquele específico da modalidade pudesse competir contra jogadoras do sexo oposto. Tiffany passou a ter uma prerrogativa válida apenas para ela — ou para o grupo ao qual pertence —, em detrimento das jogadoras do sexo feminino, que, pelas pesquisas que fiz, não foram consultadas antes da decisão das entidades.

Poucas jogadoras tiveram a coragem de se manifestar sobre o assunto. Raras foram as que criticaram a presença de Tiffany na Superliga. Jaqueline Endres, jogadora do Barueri, disse em entrevista que Tiffany era muito mais forte do que as demais jogadoras. Tandara Caixeta, jogadora do Vôlei Nestlé, foi mais incisiva ao afirmar que, embora solidária, o "desenvolvimento (de Tiffany) foi como sexo masculino, tem mais massa muscular, quadril mais fino, o que favorece a impulsão, tem pulmão maior, e leva vantagem. É um assunto delicado e merece mais estudos. Mas quero deixar claro que não é homofobia, é fisiologia".[10]

A ex-jogadora Ana Paula Henkel, talvez a primeira a se manifestar, foi enfática ao escrever que a discussão não era "sobre preconceito ou tolerância", mas "sobre a volta do bom senso". Ana Paula insurgiu-se não contra Tiffany, que apenas usou "uma regra criada pelas entidades responsáveis pelo esporte", mas "contra politizar a ciência, o esporte profissional e a biologia em nome de uma agenda ideológica que humilha e inferioriza as mulheres".[11]

Uma outra visão foi apresentada na época pelo comentarista esportivo Marco Freitas. No *Redação SporTV*, ele disse que o aproveitamento de ataque da jogadora era inferior ao das principais opostas brasileiras e a comparou a uma jogadora do próprio time que, quando era titular da posição, duas temporadas antes, teve média de pontos parecida. O alto desempenho inicial de Tiffany na Superliga teria como origem, segundo Freitas, seu time ter enfrentado quatro equipes inferiores e o fato de ela receber durante as partidas "um número de bolas muito superior a todas essas jogadoras que entram na comparação com ela". Comparativamente, "o nível de aproveitamento percentual dela é inferior ao das principais opostas do Brasil".[12]

Mesmo que o nível de hormônios de uma mulher transgênero possa alcançar a determinação do Comitê Olímpico Internacional, mesmo que o nível de hormônios de um homem fosse igual ao das mulheres (não é), mesmo que a força física de um homem fosse igual à das mulheres (não é mesmo, embora eu jamais me atrevesse a desafiar Chris Cyborg no MMA), mesmo assim a presença da Tiffany ou de qualquer outro transgênero/transexual na liga feminina tinha que ser proibida. Uma vez que não foi, deve ser questionada.

E se fosse o contrário? E se uma mulher que fez tratamentos e cirurgias para se parecer fisicamente com um homem decidisse competir numa modalidade esportiva masculina? Mesmo que ela levasse desvantagem em relação aos homens, não deveria ser autorizada a competir por não ter nascido com o sexo masculino.

Tiffany foi, sim, privilegiada ao ser aceita na Superliga, um privilégio que se estabelece perante todas as jogadoras mulheres e perante todos os homens que não são transgêneros e que são proibidos de jogar na liga feminina. A própria Tiffany reconheceu que não era uma mulher, mas uma *trans*, como quando numa entrevista à imprensa disse que "se no vôlei existem mulheres boas e homens bons, vai existir transexual boa".[13] De acordo.

O que fazer, nesse caso, para que Tiffany e outros transgêneros/transexuais possam realizar a sua vocação no esporte? Em competições esportivas dedicadas exclusivamente a eles. Dessa forma, poderão competir num novo segmento esportivo sem provocar discussões e reações desnecessárias.

Um aspecto quase nunca debatido em temas como esse é o de assumir a responsabilidade pela consequência de uma decisão individual. Se o transgênero/transexual faz uma escolha — muitas vezes dramática e dolorosa — para modificar o corpo com o qual nasceu, e assim adequar o físico à identidade de gênero, deve estar pronto para enfrentar os resultados positivos e negativos dessa decisão. É o momento em que devemos pensar naquilo que é mais importante. Para um atleta que se descobre transgênero, o mais importante é adequar o corpo à sua identidade psicológica ou continuar jogando?

Porque, se a prioridade for mudar a aparência física e o documento, uma das consequências é não poder participar de competições dedicadas exclusivamente a pessoas de sexo diferente daquele com o qual os transgêneros nasceram. E, se eles forem autorizados, como no caso de Tiffany, devem estar preparados caso a permissão seja revogada. Tiffany parecia ter plena consciência disso ao dizer em entrevista que, se fosse proibida de jogar, não iria reclamar e seguiria a sua "vida normalmente fazendo outra coisa".[14]

Foi o que aconteceu em abril de 2018, quando a seleção brasileira de vôlei foi impedida de convocá-la para disputar a Liga das Nações e o Mundial. A determinação partiu da FIVB, que decidiu criar um grupo de trabalho para "criar diretrizes claras e objetivas" a fim de definir os critérios para "a elegibilidade de atletas",[15] como os transgêneros/transexuais.

O debate em torno da liberação de transgênero no esporte não estava restrito ao Brasil. Em fevereiro de 2018, a transgênero/transexual Hannah Mouncey foi autorizada pela Federação Australiana de Futebol (FAF) a competir no campeonato nacional feminino da segunda divisão. Mouncey nasceu homem, tinha 28 anos, pesava mais de 100 quilos e media 1,90 metro de altura.

A mudança de gênero foi iniciada em 2015, ano em que teve negada a sua inscrição na liga feminina de futebol semiprofissional em razão do seu porte físico. Fisicamente, Mouncey parecia um homem vestido de mulher, mesmo depois de transcorridos três anos da cirurgia. A liberação provocou debates no país, que no entanto não reverteram a decisão da FAF.

Nos Estados Unidos, a transgênero/transexual Fallon Fox foi autorizada a competir no MMA feminino em 2012. Só depois de duas vitórias consecutivas o mundo do esporte soube que Fox nascera homem e que havia feito a cirurgia seis anos antes. Antes disso, fora casado, tivera uma filha, servira na Marinha americana e depois trabalhara como motorista de caminhão. Mesmo depois de o segredo ser revelado, Fox continuou a lutar.

Em 2014, grandes nomes do MMA feminino como Ronda Rousey e a brasileira Bethe Correia manifestaram-se contra a participação de Fox na modalidade feminina. Numa luta realizada naquele ano, Fox venceu por nocaute técnico a lutadora Tamikka Brents, que teve o osso orbital quebrado e sofreu um corte profundo no rosto e uma concussão.

Mais digna e respeitável foi a postura da transgênero/transexual Anne Veriato, lutadora amazonense de MMA que nasceu homem. Muito antes do que Fallon Fox e Tiffany, Anne começou a fazer o tratamento hormonal para ter características femininas aos 14 anos de idade. Aos 18 anos, fez a cirurgia.

Ciente da vantagem física, mesmo tendo iniciado a transição desde muito jovem, ela não titubeou ao afirmar que "seria covardia lutar contra mulheres". Indagada se alguma vez pensara em disputar na modalidade feminina, respondeu enfaticamente que isso nunca passou pela sua cabeça. "Me sinto mais forte que as mulheres. Sempre competi com homens desde a infância — e sempre fui ganhando, tanto no jiu-jítsu como no *submission*. Se fosse para lutar com uma mulher, seria mais fácil ainda. O treino que faço é pesado, é treino de homem."[16]

Dito e feito. No dia 10 de março de 2018, em sua luta de estreia no MMA, Anne venceu por pontos o lutador Raílson Paixão na 34ª edição do evento Mr. Cage.

Identidade de gênero não se prova?

Uma decisão muito comemorada pelos LGBTTs foi a dos ministros do STF, que, em março de 2018, autorizaram os transgêneros a alterar nome e sexo no registro civil sem a exigência da cirurgia e sem a necessidade de decisão judicial. Para fazê-lo, a pessoa interessada deveria ir a um cartório de registro civil e autodeclarar a sua "identidade psicossocial".[17]

Durante o julgamento, o ministro Marco Aurélio Mello disse que era "inaceitável no Estado democrático de direito inviabilizar a alguém a escolha do caminho a ser percorrido, obstando-lhe o protagonismo pleno e feliz da própria jornada". O ministro Luís Roberto Barroso afirmou que "a identidade de gênero não se prova". A ministra Cármen Lúcia declarou que "somos iguais, sim, na nossa dignidade, mas temos o direito de ser diferentes em nossa pluralidade e nossa forma de ser"[18] — frase que até a conclusão deste livro eu tentei, em vão, compreender.

Um aspecto positivo da decisão foi criar alguma estabilidade e segurança jurídica, porque, nos documentos oficiais, "a mudança (de gênero) pode afetar terceiros, como credores, e ter impacto no que diz respeito à Justiça Penal, como antecedentes criminais". Foi essa a tese defendida pelo ministro Ricardo Lewandowski, para quem o resultado do julgamento "reduziria a possibilidade de eventuais fraudes e evitaria uma série de mandados de segurança, caso cartórios se neguem a aceitar mudanças por conta própria".[19]

Há, contudo, consequências imprevistas geradas pela decisão. Uma delas foi criar a possibilidade para transgêneros de afirmar-se como mulheres a fim de desfrutar os *direitos* concedidos somente às pessoas do sexo feminino em razão de sua singularidade. Dois exemplos são a aposentadoria, pois as mulheres podem se aposentar mais cedo, e os concursos públicos com critérios mais flexíveis para elas, tal como o grau de exigência menor em testes de esforço físico.

Parece bizarro que um homem se autodeclare mulher para competir em modalidades femininas em busca, exclusivamente, de alguma vantagem. Mas em um país onde há quadrilhas de estelionatários que convencem pessoas a cortarem membros do próprio corpo em busca de aposentadoria, quem vai duvidar que, futuramente, isso venha a ocorrer?

Outra possibilidade é o transgênero que nasceu homem e alterou documento requerer a aposentadoria por idade ou por tempo de contribuição específica para mulher e assim ser privilegiado. Em vez de ter que trabalhar até os 65 anos de idade ou completar 35 anos de contribuição, se aposentaria com 60 anos de idade ou com trinta anos de contribuição. Exagero? Aconteceu aqui ao lado, na Argentina: um funcionário público de nome Sergio, de 59 anos de idade, teria modificado "seu gênero de masculino para feminino nos documentos com o objetivo de se aposentar cinco anos antes".[20] A lei do país exige que homens se aposentem aos 65 anos de idade, e mulheres aos 60.

Desde 2012 vigora na Argentina a Lei de Identidade de Gênero, que permite, assim como passou a ser no Brasil em 2018, que qualquer pessoa que não se identifique com o sexo de nascimento possa alterá-lo nos documentos por via administrativa — sem ter que ingressar na Justiça.

Aqui, o resultado dessa discussão certamente terá repercussões sociais e culturais muito mais amplas do que simplesmente permitir ou não que um transgênero participe de um campeonato exclusivo para um sexo distinto daquele de seu nascimento. Terá, provavelmente, implicações no debate sobre direitos e no aprofundamento da confusão relacionada à concessão de privilégios.

7 Empresários: opção preferencial pela servidão

No plano dos incentivos políticos e jurídicos, parte importante da explicação acerca da associação entre empresários e o Estado pode ser encontrada muito antes da independência do Brasil em 1822. Sua origem está no vínculo histórico entre o Estado português e os comerciantes burgueses.

O "motor e alma" do Estado português no século XIV era o "envolvimento ideológico do comércio".[1] A grande oportunidade perdida de mudar o estado de coisas surgiu depois da revolução ocorrida entre 1383 e 1385, quando os grandes burgueses de Lisboa e do Porto, que lhe deram causa e tiveram papel importante no governo da época, falharam em manter a expansão autônoma do comércio e permitiram que, novamente, a Coroa os subjugasse.

Conta Raymundo Faoro no livro *Os donos do poder* que "o comerciante, principal colaborador da magna revolução da história portuguesa, recolheu-se aos seus bairros sem prestígio, insultado pelos brios fidalgos da nova dinastia". A explicação para o "retraimento da arrancada do comerciante rumo à honra social" foi ele próprio ter renunciado ao negócio para se radicar no solo e se afidalgar.[2]

A burguesia portuguesa teria assim agido não pela vontade consciente de trair sua vocação após ter "enriquecido com os transportes, as exportações, os empréstimos" com o propósito de reviver o "velho estilo aristocrático", mas por se acomodar covardemente "ao estado-maior dirigente que a cerca, tritura e lhe cunha interiormente o estilo de vida". Dependente do rei, a burguesia comercial "continuou presa aos vínculos tradicionais, subjugada ao papel de órgão delegado do supremo mercador, o rei em pessoa".[3]

Aquilo que herdamos de Portugal, conseguimos aprimorar negativamente: um mercantilismo empírico que se realizava por meio do Estado diretor e interventor das atividades econômicas, que "organiza o comércio, incrementa a indústria, assegura a apropriação da terra, estabiliza preços, determina salários, tudo para o enriquecimento da nação e o proveito do grupo que a dirige".[4]

No passado e no presente, a consequência da posição prevalente do Estado é, ao fim e ao cabo, a expansão do aparelhamento estatal, o aumento do seu poder interno "contra as instituições e classes particularistas"[5] e os privilégios desfrutados pelas elites que o comandam e os funcionários que o servem.

Passados sete séculos, a mudança de estilo de vida provocada pela ação do Estado da época deixou um legado duradouro em Portugal e no Brasil. Isso ajuda a compreender a relação de uma parcela dos empresários com políticos e com o governo. Além dos incentivos institucionais, existe uma dimensão psicológica advinda do intervencionismo que não pode ser desconsiderada porque é parte da causa e muito da consequência. Por essa razão, presenciamos a elite empresarial brasileira no século XXI abrir mão de sua independência e de sua liberdade para não ser prejudicada ou para obter privilégios que compensem os obstáculos institucionais.

O Estado, por sua vez, independentemente do governo de turno, está sempre utilizando instrumentos de compensação para liberar a pressão, evitar conflitos, conseguir aliados e financiadores, e assim preservar o sistema — e sua própria existência. A partir disso é possível entender por que políticos privilegiam certos empresários e por qual razão certos empresários financiam certos políticos. A armadilha é montada a partir dos incentivos criados e do seu corolário, que é a servidão voluntária, manifestada em vários aspectos da atividade econômica e da conduta do empresário em face das ações estatais.

Os impostos são parte importante desse processo. Segundo levantamento feito pelo Instituto Mercado Popular, baseado em dados compilados pela Heritage Foundation, quando a carga tributária brasileira é comparada com a de países do BRICS, latino-americanos e outros emergentes ou exportadores de commodities, o percentual do PIB em relação a impostos perde apenas para Cuba, Argentina e Rússia.[6] Diante de tamanho peso dos impostos, a tributação passa a ser um exemplo claro desse mecanismo que combina agressão, privilégio e paternalismo.

Os impostos funcionam como um perverso gatilho da servidão voluntária que é acionado toda vez que se fala em direitos que não são cumpridos pelo Estado. "Pago impostos, logo tenho direito" é a corruptela do mote cartesiano que serve para justificar — e aqui reside a perversidade sobre a qual ninguém se dá conta — a farsa da concessão indiscriminada de direitos e privilégios, mas também a existência do perverso sistema tributário. Como uma coisa legitima e preserva a outra, uma reforma tributária torna-se tão difícil quanto superar esse tipo de mentalidade.

A lógica é: se eu já pago muitos impostos, o Estado deve cumprir o que prometeu. Sendo assim, e aqui é o drama que não se vê, não importa o quanto eu pago, não importa como eu pago, não importa as consequências do sistema que me obriga a pagar o percentual em vigor em tributos. Se o governo retribuísse o que eu pago em serviços, não importaria o quão perversos pudessem ser para a vida em sociedade os reflexos psicológicos e culturais que estão por trás de um sistema tributário.

No caso do Brasil, o drama é mais complexo e profundo e isso se reflete na própria complexidade, confusão, contradição e perversidade do sistema tributário, que é, no fundo, a representação de um país que pede que o Estado seja um grande provedor e conceda uma série de privilégios, mas que depois se recusa a pagar a conta.

Para minimizar os danos da violência sistemática que é a carga tributária num país onde os impostos são mais um dos graves problemas estruturais, o governo opta por aliviar as tensões (e prevenir reações) com reduções eventuais, anistias e programas de refinanciamento de dívidas tributárias. Isso acontece porque, como bem observou o economista Thomas Sowell, "o propósito da política não é solucionar problemas, mas encontrá-los para justificar a expansão do poder do governo e o aumento dos impostos".[7]

Como sói acontecer, três programas do tipo foram reeditados pelo governo de Michel Temer em 2017: o Programa de Regularização de Débitos Não Tributários (PRD), o Programa de Regularização Tributária Rural (PRR) e o Programa Especial de Regularização Tributária (Pert).

Instituído pela Lei nº 13.494 de 2017, o PRD tinha como objetivo "parcelar dívidas de pessoas físicas e empresas com autarquias, fundações públicas federais e a Procuradoria-Geral da Fazenda Nacional". Uma das vantagens oferecidas era realizar o "pagamento da primeira prestação de, no mínimo, 40% (quarenta por cento) do valor da dívida consolidada, sem reduções, e pagamento do restante em uma segunda prestação, com redução de 90% (noventa por cento) dos juros, da multa de mora e das multas aplicadas pela ausência de recolhimento de receitas públicas".[8]

Para aderir ao PRD, porém, havia duas condições: o devedor assumiria em caráter irrevogável e irretratável os débitos em seu nome que ele mesmo indicasse e não poderia recorrer a outra forma vindoura de parcelamento.[9]

Já o PRR, criado pela Lei nº 13.606 de 2018, tinha por finalidade incentivar o pagamento de tributos "vencidos após 30 de agosto de 2017, inscritos ou não em dívida ativa da União", por parte dos produtores rurais pessoas jurídicas e pessoas físicas, e dos adquirentes de produção rural.[10] Ao oferecer vantagens para o pagamento dos débitos tributários, incluindo a possibilidade de migração de programas anteriores para o novo, o governo também pretendia evitar litígios judiciais e receber logo o crédito.

O mais badalado dos programas, entretanto, era o de Recuperação Fiscal das empresas privadas. O Refis, aliás, parecia seguir a mesma lógica torta do indulto de Natal para criminosos. Da mesma maneira que os apenados nutrem uma expectativa de serem beneficiados com o privilégio penal, uma parcela dos empresários usa esse incentivo negativo para não pagar os impostos no prazo.

É claro que há nesse exemplo uma diferença marcante entre ambos: os criminosos não cometem crimes esperando tal benefício, enquanto os empresários acham mais vantajoso correr o risco de violar a norma na expectativa de serem privilegiados no futuro. Dado que o privilégio sempre é concedido, pode-se trocar *expectativa* por *certeza*.

Refis é a sigla do Programa de Recuperação Fiscal criado em 2000 pelo governo de Fernando Henrique Cardoso (Lei nº 9.964). Destinava-se "a promover a regularização de créditos da União, decorrentes de débitos de pessoas jurídicas, relativos a tributos e contribuições, administrados pela Secretaria da Receita Federal e pelo Instituto Nacional do Seguro Social (INSS), com vencimento até 29 de fevereiro de 2000, constituídos ou não, inscritos ou não em dívida ativa, ajuizados ou a ajuizar, com exigibilidade suspensa ou não, inclusive os decorrentes de falta de recolhimento de valores retidos".[11]

A medida tinha, portanto, a finalidade de receber recursos de débitos vencidos até o dia 29 de fevereiro de 2000, o que de outra forma não seria possível fazê-lo. O que aconteceu depois, se não era o esperado, era previsível. Um incentivo perverso dificilmente gera um bom resultado.

O ponto ótimo para uma parcela dos empresários passou a ser, então, não pagar imposto e depois entrar no Refis. Criou-se, dessa maneira, o seguinte ciclo: 1) o empresário sonega; 2) espera o Refis; 3) paga o que deve; 4) volta a dever; 5) sonega; 6) espera o Refis. Como o governo sabe que o sistema que ele próprio mantém faz com que o não pagamento de dívidas tributárias seja uma constante, o Refis tornou-se um programa permanente — independentemente de quem esteja no comando do Poder Executivo.

O Refis criado pelo governo de Michel Temer com o nome de Programa Especial de Regularização Tributária (Lei nº 13.496) era o 31º programa do tipo num intervalo de dezessete anos. Seu objetivo era privilegiar todas as pessoas físicas e jurídicas, de direito público ou privado, que tivessem "débitos de natureza tributária e não tributária, vencidos até 30 de abril de 2017".[12] Por causa da demora da votação e das alterações feitas pelos parlamentares, muitas empresas esperaram até o último momento para aderir ao programa. Com receio de perdê-las, o governo ampliou o prazo de adesão de outubro para novembro de 2017.

Foram beneficiados com o novo Refis 73 senadores e deputados, que em alguns casos tiveram o débito reduzido para 5% do valor total, além de várias empresas, de empreiteiras a agências de publicidade, investigadas pela Polícia Federal no âmbito da Lava Jato. A dívida total oriunda de fraudes e corrupção somava cerca de R$ 4 bilhões.

Toda vez que o Refis é pauta de discussão, muito se fala sobre a perda de arrecadação do governo, como se vivêssemos numa situação de normalidade, como se essa espoliação legal de riquezas mediante um sistema tributário insano não fosse ela mesma um problema.

Da parte do Executivo, na ânsia de ter esse dinheiro o mais rápido possível em caixa, são criados incentivos ruins a partir de incentivos perversos, um puxadinho que leva a outro. Na negociação entre governo, Congresso, Receita Federal e Procuradoria-Geral da Fazenda Nacional, o Refis concedeu mais vantagens aos devedores do que previa a proposta original.[13]

Como as condições do novo Refis eram mais vantajosas, aqueles que tinham débitos parcelados em outros programas renegociaram seus acordos de pagamento. Para o governo, essa migração representaria um decréscimo de R$ 9,6 bilhões na arrecadação pelo Refis em 2018, de R$ 6,3 bilhões em 2019 e de cerca de 4 bilhões em 2020.[14] Mas era preferível abrir mão de uma parte do que não receber nada.

Alguns fatores tornam essa história mais complicada do que parece e ajudam a entender por que o Refis é parte de um problema maior constituído por a) uma legislação tributária confusa e complexa que faz com que parte da sonegação não seja proposital, mas um erro provocado pelo nosso manicômio tributário; b) pela morosidade do Judiciário em tomar decisões; c) pela irresponsabilidade fiscal do governo, que gasta demais e, na ânsia de arrecadar o máximo num prazo curto, usa os instrumentos disponíveis — como o Refis — para gerar receita o mais rápido possível.

Para existir essa configuração de ciclo de incentivos perversos e de diminuição da responsabilidade dos empresários é preciso que haja a percepção de que é vantajoso não pagar tributos no prazo por meio da sonegação ou lançar mão de algum planejamento tributário que permita à empresa continuar funcionando legalmente até a criação de um novo Refis.

Num trabalho acadêmico sobre o tema, Alexandre José Negrini de Mattos analisou a relação de custo-benefício do planejamento tributário durante um "período de 13 anos de discussão administrativa e judicial do débito tributário, correção do débito tributário, custo de capital de terceiros e encargos de 100% do valor do tributo (multa, juros e honorários advocatícios)".[15]

Planejamento tributário é o nome que se dá aos "arranjos (feitos) com o intuito de reduzir a carga tributária, podendo ser considerados abusivos, uma vez que, apesar de formalmente de acordo com a previsão legal, estariam em contradição com a real intenção da norma". Há duas maneiras de realizá-lo: menos agressivo (quando se pagam mais impostos) e mais agressivo (quando se pagam menos impostos, mas com um risco maior de ser autuado pela Receita Federal). As consequências podem ser a "não autuação e benefício econômico decorrente da economia tributária" ou "autuação e gastos com multas, juros e outros gastos".[16]

O estudo mostrou que, apesar de todos os riscos, vale a pena para a empresa optar por um planejamento tributário agressivo mesmo que ela seja autuada e tenha que responder a litígios administrativos e judiciais. Se for processada e a depender da análise das chances de êxito, a morosidade do Judiciário concede que a empresa possa aderir ao Refis durante o andamento do processo.

A decisão pelo planejamento tributário agressivo é favorecida pela "forma da correção monetária do crédito tributário, demora dos julgamentos de processos administrativos e judiciais, limitação das penalidades e os constantes programas de anistia e parcelamentos tributários especiais". Segundo o autor do estudo, "mesmo nos casos de autuações pelo poder público, a prática de planejamento tributário pode ser economicamente viável para as empresas".[17]

Em linhas gerais, esse é o quadro que se apresenta. O que me interessa especialmente para este livro é como essa dinâmica entre conceder privilégios para cumprimento de obrigações e esperar pela sua concessão para cumpri-las cria uma irresponsabilidade compartilhada entre quem concede e quem aguarda.

Se o Poder Executivo cria programas como o Refis para ter acesso rápido a um débito tributário que não recebeu antes por sua própria culpa ao preservar um sistema que desincentiva o cumprimento das regras, nada mais compreensível que o empresário preferir esperar para ser beneficiado ou menos prejudicado.

São os privilégios fiscais criados pelo Estado que incentivam um comportamento oportunista dos empresários quando utilizam o planejamento tributário.[18] Faz sentido. O mesmo se pode dizer do governante de turno que opta por conceder benefícios em troca de aumento de arrecadação.

Há nesse jogo não apenas privilégios específicos e pontuais, mas a percepção — elemento duradouro — de que decisões de políticas públicas funcionam como uma espécie de reparação por parte do governo pelo ambiente ruim que ele mesmo preserva. Aguardar pelo benefício é, portanto, também uma maneira de ser recompensado por tudo aquilo que atrapalha a atividade empresarial e que não será modificado para melhor.

Pelo contrário: quanto mais programas como o Refis, que não resolvem a origem do problema tributário, mais forte é o sentimento de que os três poderes não pretendem alterar as regras do jogo, o que reforça a decisão de aguardar por benefícios vindouros. Toda vez que um político afirma que o novo Refis será o último, o empresário parece ouvir a voz de Mateus (20:16) a sussurrar: "Os últimos serão os primeiros e os primeiros serão os últimos."

Não são somente as médias e grandes empresas as contempladas com o privilégio. As micro e pequenas também seriam. E digo seriam porque aconteceu um episódio curioso enquanto eu pesquisava para este livro.

Aprovado no Congresso, o Refis para micro e pequenas empresas foi vetado pelo presidente Michel Temer em janeiro de 2018. O mesmo presidente que avalizou o refinanciamento de dívidas para empresas de médio e grande porte vetou privilégio para os pequenos negócios. O motivo? Temer não poderia aprovar o programa antes de o Executivo apresentar uma compensação para a renúncia de receita. Se o fizesse, violaria a Lei de Responsabilidade Fiscal. A seguir ao veto, o governo trabalharia para que o Congresso derrubasse o próprio veto já com a questão técnica resolvida.[19]

Pela proposta aprovada no Congresso, as empresas que quisessem aderir ao Refis teriam que pagar 5% da dívida como entrada, valor que poderia, inclusive, ser parcelado em cinco vezes. Os demais 95% poderiam ser pagos "à vista, com desconto de 90% em juros e 70% em multa; parcelado em 145 meses, com abatimentos de 80% e 50%, respectivamente; e em 175 meses, de 50% e 25%".[20]

Campeãs nacionais

Em 2008, o governo Lula adotou uma estratégia destinada a beneficiar um seleto grupo de empresas naquilo que ficou conhecido como a política de criação das campeãs nacionais. A intenção era fazer com que determinados grupos empresariais selecionados pelo governo se tornassem referências nacionais em seus segmentos e tivessem condições estruturais e financeiras para competir em outros países. A justificativa na época era a restrição ao crédito privado provocada pela crise daquele ano.

E foi assim que, por meio de empréstimos bilionários em condições generosas e compras de participação acionária, o BNDES, sob a presidência de Luciano Coutinho, privilegiou empresas como Oi, Fibria, JBS, Marfrig e Lácteos Brasil (LBR). Junto com seu parceiro ideológico e colega de banco João Carlos Ferraz, que era diretor, Coutinho fez com que o BNDESPar, braço de participações do BNDES, encerrasse o ano de 2012 como dono de 30% da Fibria, de 20% da JBS, de 12% da ALL, de 12% da Marfrig, de 10% da Petrobras e de 10% da MP. Em 2013, os empréstimos do BNDES representavam 10,8% do PIB.[21]

Quem financiou a farra de crédito subsidiado fomos eu, você e todos os brasileiros que pagamos impostos. Entre 2008 e 2013, o Tesouro teve que drenar R$ 280 bilhões para cobrir os gastos do banco. Em 2012, o BNDES registrou redução de 9,6% no lucro anual. Durante os nove anos em que esteve na presidência do BNDES (maio de 2007 a maio de 2016), Coutinho liberou R$ 1,2 trilhão em operações financeiras. Em junho de 2016, o banco devia R$ 518 bilhões ao Tesouro.[22] A criatividade contábil utilizada pelos governos do PT fez com que o crédito subsidiado por nós e dado a quem dele não precisava nos custasse cerca de R$ 300 bilhões.[23]

Numa entrevista à revista *Exame* em 2013, Ferraz afirmou que "a política de consolidar grandes grupos privados, que chamaram inadequadamente de 'campeões nacionais', não naufragou".[24] Naquele mesmo ano, a Lácteos Brasil entrou com pedido de recuperação judicial, o Grupo X acumulava débitos bilionários e a Oi enfrentava uma dívida de R$ 29 bilhões, equivalente a três vezes o seu lucro operacional, o que a obrigou a se fundir à Portugal Telecom. Em 2016, a empresa de telefonia enfrentava uma dívida de R$ 65 bilhões e o maior processo de recuperação judicial já visto no país até então.

Em maio desse mesmo ano, em depoimento dado a procuradores da Operação Lava Jato, o empresário Marcelo Odebrecht acusou Luciano Coutinho e o ex-ministro da Fazenda Guido Mantega de serem "os responsáveis por cobrar doações para a campanha de Dilma Rousseff em 2014". Os dois, segundo Odebrecht, dividiam "a tarefa de obter o compromisso de doações entre empresários que tinham financiamento do BNDES para projetos no exterior".[25] Coutinho deixou o banco em maio e Ferraz foi demitido em agosto de 2016.

Com crédito subsidiado do BNDES, o grupo JBS tornou-se um empreendimento internacional com 270 mil funcionários. Alçada à categoria de campeã nacional durante o governo Lula, a empresa conquistou o posto de maior processadora de carne do mundo e controlava empresas de derivados de leite, vestuário, celulose, calçados, produtos de higiene e limpeza, banco e companhia de energia.

Em 2006, o faturamento da JBS era de R$ 4,3 bilhões. Entre 2005 e 2014, a empresa obteve R$ 2,5 bilhões de empréstimos junto ao BNDES para financiar exportações e comprar equipamentos. Em 2011, o banco estatal tornou-se grande acionista da empresa em troca de pagamento de dívidas que, provavelmente, não seriam quitadas. Em 2016, o faturamento do grupo JBS saltou para R$ 170 bilhões.

Como a JBS conseguiu os privilégios no BNDES? Comprando políticos.

Na eleição de 2014, o grupo JBS foi o que mais investiu: mais de R$ 100 milhões em campanhas de diversos candidatos. Na Câmara dos Deputados, ajudou a eleger a maior bancada: 178 políticos, com o impressionante investimento de R$ 53.962.807,92 para atender 21 dos 28 partidos representados na casa. Maior financiador da campanha para o Senado, o grupo empresarial destinou R$ 9,3 milhões a certos candidatos.

Na campanha presidencial, a JBS também superou os demais apoiadores. No primeiro turno, investiu R$ 10 milhões, metade para a campanha de Dilma Rousseff e metade para a de Aécio Neves.

A compra de políticos começou em 2002 de forma um tanto modesta para os padrões posteriores da JBS. Meros R$ 200 mil foram destinados às eleições. Quatro anos depois, a aplicação de recursos começou a ganhar escala. Somando o que foi investido nas eleições de 2006, 2008, 2010 e 2014, o grupo empresarial destinou R$ 463,4 milhões para eleger políticos e beneficiar seus respectivos partidos.

Joesley dizia manter, inclusive, uma conta secreta na Suíça com US$ 150 milhões para atender Lula e a ex-presidente Dilma Rousseff. Parafraseando o satirista político P. J. O'Rourke, "quando comprar e vender são atos controlados pela legislação, a primeira coisa a ser comprada e vendida são os legisladores".[26]

Para a JBS, comprar políticos foi um excelente negócio durante alguns anos. A contabilidade da empresa no período de pujança não deixa dúvida de que o investimento valeu a pena. Pelo menos até a vaca ir para o brejo a partir das investigações da Lava Jato.

Por que, afinal, dois empresários do setor de carnes decidiram investir na política? As duas razões principais para um homem de negócios dar dinheiro a um político são obter privilégios ou não ser prejudicado. Em ambos os casos, o objetivo é ter vantagens frente aos demais empresários.

Como os incentivos importam, após receber bilhões de reais em crédito subsidiado pelo governo brasileiro, em junho de 2017 a JBS anunciou a criação da JBS Foods International. O país escolhido para ser a sede da empresa não foi o Brasil, mas a Irlanda do Norte. A escolha foi feita com base nas vantagens tributárias. Até então, 100% dos negócios do grupo estavam confinados no manicômio tributário brasileiro. A estimativa era economizar R$ 1 bilhão por ano com impostos a partir da decisão. Para termos uma ideia do que isso significa basta saber que, em 2015, o grupo teve lucro de R$ 4,6 bilhões.[27]

Algo similar aconteceu com Eike Batista. Enquanto os irmãos Batista entraram no jogo da corrupção política para obter crédito barato do governo e ter sempre à disposição políticos em várias esferas do poder, Eike começou a comprar políticos para facilitar seus negócios na mineração e no petróleo, segmento altamente regulado pelo Estado.

Diante da infame onipresença do governo na economia brasileira, Eike "não alimentava qualquer ilusão de que seus projetos — tão dependentes de concessões, licenças ambientais e autorizações de todo tipo — pudessem deslanchar sem a boa vontade dos governantes". O que ele fez? Arregaçou as mangas para responder à pergunta fatal: "Como faço para virar um empresário do PT?"

No livro *Tudo ou nada: Eike Batista e a verdadeira história do Grupo X*, a jornalista Malu Gaspar expôs um retrato minucioso e assustador não apenas do modo de gestão irresponsável de Eike e da cumplicidade de seus executivos. Malu mostrou também como e por que o *Eike pré-PT*, que quando Lula foi eleito em 2002 "criticava os colegas que viviam pendurados em governos",[28] se converteu no *Eike do PT* ao descobrir que "contar com a ajuda do Estado poderia ser muito útil".[29] Para entrar nesse clube exclusivo formado por empresários do partido, ele abriu os cofres de suas empresas para financiá-los.

Eike descobriu rapidamente a "importância de ter bons amigos no governo na hora do aperto"[30] — assim como muitos outros Brasil afora. Por isso, despejou milhões de reais para financiar o PT e políticos que poderiam ajudá-lo, como Sérgio Cabral Filho e Aécio Neves. Tanto Lula quanto Dilma Rousseff serviram a Eike — e se serviram de Eike.

É curioso que um dos motes repetidos por Eike, "o mercado pune", tenha se voltado contra ele, muito embora não tão rápido quanto deveria. Em condições normais, sua queda teria acontecido muito antes, mas ele foi beneficiado pela ilusão dos investidores estrangeiros em relação ao Brasil, o que incluía o encantamento internacional com o governo Lula e a quimera de ver o país como o novo eldorado econômico.

Mesmo que a política de campeãs nacionais tivesse dado certo, não deixaria de ser um privilégio destinado a beneficiar um grupo reduzido de empresas em detrimento da maioria. Segundo James Robinson, autor do livro *Por que as nações fracassam*, "políticas industriais que beneficiam pequenos grupos de empresas tendem a criar castas de privilegiados".[31] O resultado desse tipo de ação estatal é o enriquecimento dos privilegiados e o empobrecimento da sociedade. Estímulos artificiais criados pelo governo preservam — em vez de eliminar — todo o ambiente econômico hostil à iniciativa privada e à prosperidade.

Mesmo os empréstimos concedidos pelo BNDES sem os benefícios das campeãs nacionais são um privilégio porque oferecem mais vantagens do que aquelas oferecidas pelas instituições de crédito privadas. Como nem todos os brasileiros terão acesso ao banco estatal e precisarão contrair empréstimos em bancos privados, o custo maior do dinheiro é o resultado direto do ambiente institucional do país, das decisões políticas e do grau de confiança do governo. Eis o curioso paradoxo: o mesmo Estado que torna mais difícil e caro o acesso ao crédito oferece condições mais favoráveis para alguns privilegiados por meio de seu próprio banco.

Um exemplo de que os privilégios concedidos pelo BNDES a título de crédito subsidiado não estavam restritos às campeãs nacionais aconteceu em 2013. O apresentador de TV Luciano Huck conseguiu financiar pelo banco a compra de um Jato Embraer Phenom. O valor da operação, que teve o banco Itaú como instituição financeira intermediária, foi de R$ 17,7 milhões com juros subsidiados de 3% ao ano e 114 meses de amortização para o pagamento. Como parte do empréstimo foi coberta pelo Tesouro, que também bancava a diferença entre a Selic e a Taxa de Juros de Longo Prazo (TJLP),[32] nós pagamos uma parte do avião do apresentador. É o que se pode chamar de sociedade compulsória.

Huck não foi o primeiro, não foi o único nem será o último a usar crédito subsidiado por nós, pagadores de impostos. Basta que o dinheiro esteja disponível para que apareça alguém disposto a pegá-lo. Mas isso não muda o fato de que o apresentador, e qualquer outro que o tenha feito, foi privilegiado pelas regras do BNDES.

Embora tenha reduzido significativamente a concessão de créditos em 2017, ano em que registrou o menor valor desembolsado desde 1999,[33] o banco continuava a ser uma peça importante de estímulo à economia nacional. Se é verdade que o projeto das campeãs nacionais foi oficialmente abandonado pelo BNDES em 2013, o espírito que o orientava, baseado na concessão de privilégios, continua em vigor.

Tanto que, em janeiro de 2018, a diretoria do banco tornou pública a sua intenção de "acelerar investimentos em companhias em estágio inicial" e assim "dar mais espaço em sua carteira às 'campeãs invisíveis'". Com rara criatividade, era assim que o BNDES chamava "o grupo de pequenas empresas e de projetos de inovação financiados pela instituição".[34]

Se comparado ao programa das campeãs nacionais, que emprestava dinheiro barato a empresas que não precisavam, até que parecia um projeto adequado. Mas mesmo que o capital atendesse a um número maior de empresários que realmente precisasse do incentivo, mantinham-se o privilégio e a ótica do intervencionismo. Assim se garantia todo o sistema de incentivos negativos que preservava o crédito privado caro e a existência do banco.

O uso de mecanismos como concessão de crédito subsidiado pelo governo tem algumas implicações: privilegia um grupo de atividades econômicas em detrimento das outras, que já são prejudicadas pelos programas econômicos estatais; ao privilegiar algumas empresas, o governante de turno pode cobrar apoio futuro dos empresários privilegiados; o Estado transmite a todos os empresários não beneficiados a informação de que é o governo que manda na economia e que tem o poder para ajudar ou atrapalhar; os empréstimos subsidiados são pagos por nós.[35]

Zona Privilegiada de Manaus

Um dos grandes símbolos do protecionismo estatal e do *rent-seeking* nacional é a Zona Franca de Manaus (ZFM). Criada em 1976 durante a presidência do general Castello Branco, a ZFM é exemplo ainda vivo da perversa combinação entre política doméstica intervencionista e fechamento do país à concorrência externa levada a cabo pelo regime militar.

O propósito dos militares com a ZFM era promover o desenvolvimento econômico da Amazônia por meio de isenções fiscais para atrair grandes empresas e indústrias. Até o início de 2018 havia cerca de seiscentas empresas dos setores de tecnologia, química, agropecuária instaladas no local, que geravam mais de 500 mil empregos diretos e indiretos.

As empresas foram atraídas por uma série de privilégios, dentre os quais alíquotas menores de Imposto de Importação, Imposto de Renda de Pessoa Jurídica, Programa de Integração Social (PIS) e Financiamento da Seguridade Social (Cofins), isenção do Imposto sobre Produtos Industrializados, além de crédito entre 55% e 100% do Imposto sobre Circulação de Mercadorias e Serviços (ICMS) e incentivos para locação de lotes funcionários por meros US$ 0,30 por metro quadrado.[36] Previstos inicialmente para serem eliminados em 1997, em 2014 os benefícios foram prorrogados até 2073 pelo Congresso por meio da Emenda Constitucional nº 83.

O relatório "Emprego e Crescimento: A Agenda da Produtividade", elaborado pelo Banco Mundial, mostra que a Zona Franca custa caro ao país e não traz o retorno esperado para a economia local. Em 2015, as receitas fiscais perdidas somaram R$ 16,8 bilhões, 0,34% do PIB. Embora não existam estudos que meçam seu impacto, as evidências "sugerem que se trata de um sistema altamente ineficiente e que Manaus se beneficiaria mais se recebesse o mesmo montante na forma de transferências de renda".[37]

Além disso, segundo o estudo de Marcos Lisboa e Zeina Latif, as empresas da Zona Franca não geram valor agregado porque são basicamente montadoras de produtos com peças importadas, exportam pouco e não têm incentivos para investir em razão da proteção do governo federal. A despeito de seu custo e ineficiência, o projeto é mantido às custas da sociedade.[38]

Os benefícios dos PJs

Não somente as grandes empresas com recursos para se envolver a Batalha dos Rentistas conseguem privilégios. É correta, portanto, a afirmação segundo a qual determinadas categorias do setor privado também são privilegiadas. Alguns de seus benefícios são concecidos pela legislação tributária a profissionais mais qualificados que constituem Pessoa Jurídica (PJ) pela natureza do seu trabalho ou por pressão do empregador.

Pelas regras diferenciadas a que têm acesso, alguns grupos são beneficiados com o Simples, lucro presumido, isenção de Imposto de Renda na distribuição de lucros e dividendos.[39] Na comparação com os trabalhadores contratados sob as regras da CLT, os PJs pagam menos impostos e têm outras vantagens, muito embora não tenham os privilégios e garantias dos empregados formais, como mostrarei no capítulo seguinte (CLT e Justiça do Trabalho).

Uma simulação feita por Bernard Appy, economista e ex-secretário de Política Econômica no governo Lula, mostrou que profissionais da mesma área são mais ou menos afetados de acordo com as regras que são obrigados a seguir. Um advogado, por exemplo, que ganha R$ 30 mil por mês receberá R$ 15.109 líquidos se for celetista. Se for pessoa jurídica, receberá "R$ 24.508 se for de empresa de lucro presumido (tributação simplificada sobre uma projeção fiscal) e R$ 26.563 se for de empresa do Simples (que tem cobrança simplificada de uma ampla gama de tributos)".[40]

Esses cálculos mostram o óbvio: todo profissional que está submetido às regras da CLT é prejudicado. Esse é o ponto: a CLT atrapalha, as regras para PJ atrapalham menos. Qual a solução dos sábios? Igualar as condições atrapalhando o PJ em vez de deixar de atrapalhar o celetista.

É típico, aliás, das soluções propostas pelos economistas do *mainstream*: em vez de propugnarem pela redução dos obstáculos e dos tributos que incidem sobre aqueles que pagam mais, defendem ardorosamente o aumento da tributação sobre os que pagam menos. Em vez de defender a eliminação dos obstáculos tributários e burocráticos para extinguir os privilégios de PJs e celetistas, clamam pela extinção de benefícios corporativos para nivelar a todos pelo pior sistema.

Dados todos os incentivos negativos que existem, a começar pelo manicômio tributário passando pelas regras da CLT até chegar à incompetência dos agentes do Estado para administrar os recursos espoliados da sociedade, tal sandice gera novos incentivos negativos e agrava a insanidade institucional.

Privilégios criaram uma indústria mimada

No início da década de 2010, o mercado automobilístico brasileiro apresentava uma novidade: os consumidores podiam cada vez mais optar pelas marcas chinesas, atraídos pelos preços competitivos, pelo design e pela qualidade dos carros. A liberdade de escolha dos brasileiros foi golpeada com uma canetada do então ministro da Fazenda, Guido Mantega, que aumentou o imposto sobre produtos industrializados (IPI) e provocou uma subida de cerca de 30% dos preços.[41]

A decisão de Mantega nada teve a ver com decisão estratégica, inflação ou qualquer uma das desculpas esfarrapadas de praxe. O ministro atendia ao poderoso lobby da Associação Nacional dos Fabricantes de Veículos Automotores (Anfavea). A entidade representava

32 empresas estabelecidas no Brasil, mas o movimento interessava, sobretudo, às quatro grandes do setor: Fiat, Volkswagen, General Motors e Ford, que controlavam 70% da fatia do mercado nacional.

A atuação organizada das montadoras é um exemplo clássico de *rent-seeking* mostrado no estudo de Lisboa e Latif. Em vez de aumentar a produtividade, reduzir os custos, procurar diferenciais competitivos e disputar a preferência dos consumidores no mercado contra as marcas estrangeiras, ou até mesmo fazer o movimento inverso e pressionar o governo para que deixasse de atrapalhar o setor, as montadoras recorreram ao lobby para atrapalhar os concorrentes a partir do aumento de barreiras alfandegárias. Os prejudicados foram, como sempre, nós, consumidores.

Essa postura anticapitalista não é exclusividade das montadoras brasileiras. Em geral, a indústria brasileira é extremamente mimada, porque protegida e privilegiada. Não foi por acaso que a revista inglesa *The Economist* batizou a produtividade no Brasil de "Soneca dos 50 anos".[42] Ao ser protegido pelo governo, o empresariado brasileiro não tem incentivos para buscar inovações e competitividade. A produtividade global fica inerte e o consumidor é mantido refém de produtos mais caros e de menor qualidade.

No cerne da produtividade baixa e estagnada do Brasil existe um sistema econômico que desincentiva a concorrência, estimula a ineficiência e incentiva a alocação inadequada de recursos. Para que o país se desenvolva de forma sustentável, duradoura e consiga criar um ambiente mais dinâmico e próspero é necessário aumentar significativamente o desempenho na produtividade.[43] Uma das condições para que isso aconteça é abrir mão do protecionismo como instrumento padrão de política econômica como vem sendo feito desde a primeira metade do século XX com o objetivo de criar "estímulos ao investimento privado, coordenar decisões econômicas, intervir em mercados específicos e estabelecer proteções contra a concorrência externa".[44]

O protecionismo produz outra sequela, que é manter o Brasil como um país de renda média. Como explicou o economista Marcos Lisboa, essas controversas escolhas econômicas para proteger o empresariado da concorrência externa nos condenaram à pobreza. Preservar artificialmente "empresas ineficientes são um obstáculo ao desenvolvimento do país porque nos tornam mais pobres". O uso de instrumentos como barreiras alfandegárias e crédito subsidiado pode, eventualmente, ser positivo para o setor beneficiário, mas é péssimo para o país.[45]

Há uma correlação empírica entre abertura comercial e produtividade. Quando o governo revoga uma proteção que privilegia determinado setor, a produtividade sobe; quando o protecionismo aumenta, a produtividade cai. A razão é relativamente simples: diminuir barreiras alfandegárias facilita o acesso a insumos e bens de capital mais eficientes.[46]

Na comparação com outros países, a abertura comercial do Brasil é limitada e reflete uma posição política altamente intervencionista e protecionista. Nossas exportações e importações representaram somente 24,6% do PIB em 2016 ante uma média global de 51,3% no mesmo período. Uma das razões era a nossa alíquota tarifária, uma das mais altas entre as economias emergentes e que colaborava para a nossa limitada inserção no mercado global.[47] O isolamento comercial do país reduz o grau de eficiência da economia e os níveis de bem-estar.[48]

Em relação aos países que integram o G20, o Brasil ocupava o último lugar em importações, o penúltimo em exportações e o último lugar geral.[49] Nosso país é tão fechado ao comércio internacional que, em relação ao PIB, importa e exporta menos do que Cuba, país comunista cujo governo ditatorial reclama há décadas do bloqueio comercial exercido pelos Estados Unidos.[50]

Estudo da Secretaria Especial de Assuntos Estratégicos da Presidência da República concluiu que uma redução nas tarifas médias brasileiras e uma maior abertura ao comércio internacional tenderiam a aumentar não só as importações, mas também as exportações e o grau de eficiência de nossa economia.[51]

Estima-se que uma abertura ao comércio exterior provocaria uma redução no nível geral de preços de cerca de 5% em relação ao cenário sem liberalização. Setores que hoje são muito protegidos — como automóveis, maquinários, couro, têxteis, vestuário — poderiam reduzir os preços de seus produtos entre 6% e 16%. Considerando ainda o impacto que a abertura teria sobre 57 diferentes setores, apenas três deles teriam uma redução no emprego setorial maior que 0,5%, ao passo que 75% desses setores contratariam mais trabalhadores.[52]

Entretanto, em vez de aderir ao livre mercado no comércio internacional para beneficiar o país com um salto no ritmo de crescimento econômico, de produtividade e diminuição da pobreza, sucessivos governos brasileiros têm seguido a receita da distribuição de privilégios a setores industriais que, atrapalhados pelo Estado, preferem criar obstáculos para seus concorrentes a pressionar políticos para reduzir as intervenções estatais.

Os privilégios nos custam caro. O governo brasileiro possui uma enorme gama de programas de política industrial que vão muito além do BNDES. A despeito dos bilhões de reais alocados em algumas empresas de grande porte sob o pretexto da geração de empregos e aumento de produtividade, um estudo do Banco Interamericano de Desenvolvimento mostrou que, em geral, não houve nenhum impacto positivo nas empresas privilegiadas na comparação com empresas similares que não receberam nenhum tipo de benesse.[53]

Numa palestra em março de 2018 no Insper, o economista Gustavo Franco foi preciso ao definir o relacionamento entre o governo federal e as grandes empresas. Segundo ele, "o modo como se lida com o insucesso empresarial no Brasil criou uma indústria do fracasso em que o resgate permanente de indústrias ineficientes pelo Estado gera o incentivo para que elas sejam permanentemente ineficientes".[54]

Ao criar privilégios em forma de incentivos econômicos para grandes empresários, o que o Estado brasileiro faz é tirar dos pobres para dar aos ricos fingindo que tira dos ricos para dar aos pobres.[55]

8 Ordem dos Advogados do Brasil (OAB): monopólio, reserva de mercado, benesses constitucionais

No Brasil do século XIX não havia qualquer barreira de entrada ao exercício da advocacia após a formatura na faculdade de Direito. Isso possibilitou histórias como a do baiano Luiz Gama, que é considerado um dos mais importantes abolicionistas brasileiros.

Embora tenha nascido liberto em 1830, filho de mãe africana livre e pai branco oriundo de família influente na Bahia, Gama foi vendido como escravo pelo próprio genitor quando contava apenas 10 anos de idade.[1] Somente aos 18 anos, ele aprendeu a ler, a escrever e conseguiu provar na justiça que nasceu livre. Depois de servir na Marinha de Guerra e trabalhar como amanuense na Secretaria de Polícia da Província de São Paulo, chegou a frequentar como ouvinte a Faculdade de Direito no Largo de São Francisco da capital paulistana.

Vítima de preconceito por parte de alunos e professores, estudou por conta própria e começou a exercer a profissão mesmo sem ter se formado.[2] Trabalhando como rábula, conseguiu o feito extraordinário de libertar do cativeiro mais de quinhentos escravos.[3] Leitor voraz, tornou-se jornalista e intelectual respeitado e admirado.

Em 2015, Gama foi homenageado pela Ordem dos Advogados do Brasil (OAB) ao ser reconhecido como advogado.[4] Por uma dessas ambivalências extraordinárias, o homenageado seria hoje obrigado pela própria OAB a mudar de profissão por jamais ter se formado e, pecado capital, não ter passado no Exame da Ordem.

Por meio da Lei nº 8.906, desde 1994 a entidade tem o poder de autorizar quem pode e quem não pode ser advogado. Até então, de acordo com a Lei nº 4.215, de 1963, a prova era facultativa. Para trabalhar como advogado exigia-se a graduação em Direito mais "certificado de comprovação do exercício e resultado do estágio, ou de habilitação no Exame de Ordem" (art. 47, III).

De 1994 para cá, no entanto, o bacharel em Direito tem que ser aprovado no Exame da Ordem para poder atuar na advocacia. O privilégio legal desfrutado pela OAB não é uma exclusividade brasileira. Os Estados Unidos e a maioria dos países europeus exigem algum tipo de teste ou programa de treinamento.

A justificativa utilizada pela OAB e pelos defensores do Exame é a necessidade de selecionar os novos profissionais que entram no mercado em razão do grande número e da baixa qualidade dos cursos de Direito no país — duas verdades incontestáveis. Acompanhei esse fenômeno de perto. Quando ingressei na Faculdade de Direito de Cachoeiro de Itapemirim em 1997 havia apenas quatro cursos jurídicos no Espírito Santo.[5] Desde que me formei em 2001 até hoje o número subiu para 33.

Levantamento divulgado pelo CNJ em 2017 dava conta de que no Brasil havia 1.240 faculdades de Direito em funcionamento contra um total de 1.100 em toda a Europa, Estados Unidos e China. Em 2016, Direito era o primeiro da lista dos 10 maiores cursos de graduação em relação ao número de matrículas, de ingressantes e de concluintes, de acordo com o Censo da Educação Superior 2016.[6] Em 2015, havia mais de 100 mil bacharéis no país. No final de 2016, segundo o Conselho Federal da OAB, existiam 1 milhão de advogados.[7]

Passar na prova da OAB seria, portanto, uma maneira de proteger a sociedade dos milhares de profissionais sem qualificação que se formam todos os anos nas faculdades brasileiras. A exigência do exame é, portanto, o atestado público de que os cursos de Direito — ou pelo menos a maioria — vêm fracassando na formação dos futuros advogados.

Nem entrarei no mérito sobre se esse objetivo está sendo ou não cumprido a contento, mas se o que se pretende é cuidar da qualidade dos advogados e permitir que os melhores tenham o privilégio de exercer o ofício, o mais adequado seria 1) que as seccionais da OAB colaborassem com as faculdades de Direito locais para ajudar a melhorar o nível do ensino jurídico; e 2) que houvesse entidades de classe concorrentes da Ordem, cada qual realizando exames próprios com distintos graus de dificuldade para que a aprovação e vinculação dos novos advogados às entidades funcionassem como selos de qualidade, como símbolos de distinção.

Desde que se tornou obrigatório, o Exame da Ordem parece significar tão somente duas coisas: monopólio e reserva de mercado. E se nenhuma outra entidade representativa dos advogados tem semelhante poder, mesmo que você considere o Exame da Ordem necessário, não poderá negar que estamos diante de um grave e flagrante privilégio.

Grave e flagrante privilégio que foi legitimado por decisão unânime tomada pelos ministros do STF em outubro de 2011. Ao julgar um recurso do bacharel João Antonio Volante, os ministros decidiram que o Exame de Ordem era constitucional porque não violava o direito ao livre exercício do trabalho previsto na Constituição.[8]

A Constituição está, porém, do lado da OAB. Essa aliança está expressa nas oito concessões à Ordem no texto constitucional: no inciso I do artigo 93, no inciso VII do artigo 103, no § 3º do artigo 109, no inciso XII e § 6º do artigo 103-B, no inciso V e § 4º do artigo 130-A e no artigo 132. A OAB "é talvez o único caso no mundo", escreveu o economista Roberto Campos em 1996, "em que um clube de profissionais conseguiu sacralização no texto constitucional".[9]

Segundo seu próprio estatuto, a OAB é uma entidade de "serviço público, dotada de personalidade jurídica e forma federativa". Seus objetivos são "defender a Constituição, a ordem jurídica do Estado democrático de direito, os direitos humanos, a justiça social, e pugnar pela boa aplicação das leis, pela rápida administração da justiça e pelo aperfeiçoamento da cultura e das instituições jurídicas", além de "promover, com exclusividade, a representação, a defesa, a seleção e a disciplina dos advogados em toda a República Federativa do Brasil".[10]

A exclusividade da OAB como representante, defensora, selecionadora e disciplinadora da advocacia é um óbvio privilégio legal. Trata-se, sem dúvida, de monopólio privado concedido pelo Estado tal como, *exempli gratia*, as empresas privadas de ônibus que atuam no transporte de passageiros.

Talvez seja uma surpresa para muitos, inclusive para os advogados, que o propósito da OAB de defender os *direitos humanos* e a *justiça social* expresse claramente as influências revolucionárias que descrevi no primeiro capítulo. Por ser indireta, por meio de documentos como a Declaração da ONU, a natureza revolucionária do estatuto da OAB é difícil de ser identificada porque está oculta, assim como a agenda ideológica que a originou.

Combinados, as finalidades da OAB, a dimensão ideológica do ensino jurídico, parte da legislação brasileira e certos posicionamentos dos magistrados ajudam a iluminar o *statu quo* mental que alicerça a posição média pró-direitos e pró-privilégios dos profissionais do Direito.

O atual regime jurídico da OAB tentou corrigir uma controvérsia que havia quando do estatuto anterior, que vigorou de 1963 a 1994. Porque era órgão indeterminado de serviço público, parte majoritária da doutrina considerava a Ordem uma autarquia especial independente do Estado, mas havia quem a considerasse vinculada à Administração Pública.

O movimento dos advogados para estabelecer legalmente a independência da OAB frente ao Estado começou na década de 1970 após a tentativa do Poder Executivo federal de vinculá-la ao Ministério do Trabalho e submetê-la à fiscalização e ao controle dos recursos financeiros por parte do Tribunal de Contas da União (TCU).

Mas somente em novembro de 2003 a OAB obteve decisão favorável do TCU no sentido de não a submeter "ao regime das autarquias públicas, mantendo, assim, sua imunidade à fiscalização do tribunal, uma vez que desde 1952 o Tribunal Regional Federal (TRF) decidiu que a entidade não precisava prestar contas ao TCU".[11]

Um privilégio decorrente da natureza jurídica mista da OAB (direito público e direito privado), que é considerada uma entidade de serviço público independente,[12] é gozar de "imunidade tributária total em relação a seus bens, rendas e serviços", segundo o § 5º do artigo 45 da Lei nº 8.906, de 4 de julho de 1994, que dispõe sobre o Estatuto da Advocacia e a OAB.

Outro privilégio que a OAB luta para preservar é o vínculo entre cliente e advogado fora do alcance do Código de Defesa do Consumidor (CDC). Por meio da Súmula nº 02/2011, o Conselho Pleno da Ordem assumiu a função de Poder Legislativo e determinou que "a Lei da advocacia é especial e exauriente, afastando a aplicação, às relações entre clientes e advogados, do sistema normativo da defesa da concorrência" e que "o cliente de serviços de advocacia não se identifica com o consumidor do CDC".

Foi essa sua súmula que a OAB invocou ao ser notificada em 2010 pelo Conselho Administrativo de Defesa Econômica (Cade). A pedido da Secretaria de Direito Econômico do Ministério da Justiça, naquele ano o Cade abriu um processo administrativo contra a Ordem em razão da tabela que fixa os preços mínimos para a cobrança de honorários pelos advogados. Em 2017, a entidade questionou judicialmente a notificação.[13]

O tabelamento, segundo a Secretaria, representaria cartelização e violação da livre concorrência, posto que os advogados que cobram valores menores do que os definidos pela OAB estão sujeitos a punição.[14]

A resposta oficial da OAB levantou dois pontos. O primeiro foi apontado pelo presidente da entidade na época, Claudio Lamachia, para quem a tabela era uma maneira de valorizar o trabalho do advogado. O segundo ponto foi trazido pelo então conselheiro Tullo Cavallazzi Filho, que afirmou que "a Lei n° 12.529 de 2011, que estrutura o Sistema Brasileiro de Defesa da Concorrência", não se aplicava à Ordem "nem à atividade de advocacia", pois o cliente de serviços de advocacia não se identifica com o consumidor.[15]

Apesar de não estar submetida politica e juridicamente ao Estado, a OAB conquistou e preservou seus privilégios como entidade de serviço público protegida e beneficiada pela Constituição. Como nenhuma outra corporação privada brasileira, a Ordem é triplamente privilegiada: goza de benefícios constitucionais, está protegida da fiscalização estatal e tem o controle total da advocacia.

9 CLT e Justiça do Trabalho: privilégios trabalhistas e como fui obrigado pela empresa onde eu trabalhava a processá-la

No dia 14 de dezembro de 2016, os desembargadores do Tribunal Regional do Trabalho da 17ª Região, localizado em Vitória, capital do Espírito Santo, tomaram uma decisão inédita no país. Por meio da Súmula nº 42, determinaram que nenhuma empresa localizada no território capixaba teria o direito de dispensar um funcionário sem justa causa. Isso mesmo: o TRT-ES proibiu a dispensa se não houvesse uma comprovação documentada que demonstrasse as razões da decisão da empresa. Durante quase dois meses, os empresários capixabas estavam praticamente impedidos de dispensar um funcionário.

O que aconteceu até a edição da Súmula nº 42 mostra como funciona a cabeça de quem decide supostamente em nome do "trabalhador". Mas tudo começa bem antes, no dia 2 de junho de 1982. Naquele dia foi elaborada em Genebra, na Suíça, a Convenção nº 158 da Organização Internacional do Trabalho, que regula o término da relação de trabalho por iniciativa do empregador.

No artigo 4º da convenção, ficou estabelecido que o contratante só poderia dispensar o empregado se existisse "uma causa justificada relacionada com sua capacidade ou seu comportamento ou baseada nas necessidades de funcionamento da empresa, estabelecimento ou serviço". Isso significava que a justificativa da dispensa teria que atender uma das três condições. Caso não fossem cumpridas, não seria possível dispensar um funcionário.

A convenção também especificava tudo aquilo que o empresário não poderia usar como desculpa para a dispensa do trabalhador, desde "ser candidato a representante dos trabalhadores ou atuar ou ter atuado nessa qualidade" (artigo 5º, a) a "motivos relacionados com seu comportamento ou seu desempenho antes de se dar ao mesmo a possibilidade de se defender das acusações feitas contra ele, a menos que não seja possível pedir ao empregador, razoavelmente, que lhe conceda essa possibilidade" (artigo 7º).

Na hipótese de o empregador não cumprir as determinações da convenção, o trabalhador que considerasse injustificada a sua dispensa teria "o direito de recorrer contra o mesmo perante um organismo neutro, como, por exemplo, um tribunal, um tribunal do trabalho, uma junta de arbitragem ou um árbitro" (artigo 8º).

Em 1992, o Congresso Nacional aprovou o texto da convenção, que fora ratificada por 36 países. Mas em 1996, o presidente Fernando Henrique Cardoso assinou um decreto a partir do qual o acordo deixava de vigorar no Brasil. Sendo assim, os empresários voltaram a ter a liberdade de dispensar sem a justificativa prévia e formal.

Aqui entra a súmula nº 42 do TRT-ES, que foi criada para extinguir os efeitos do Decreto Presidencial 2.100/1996 sob a justificativa de que era formalmente inconstitucional. Segundo o relator da súmula, o então desembargador Carlos Henrique Bezerra Leite, o decreto violava o inciso I do artigo 49 da Constituição, que definia como sendo "da competência exclusiva do Congresso Nacional resolver definitivamente sobre tratados, acordos ou atos internacionais que acarretem encargos ou compromissos gravosos ao patrimônio nacional".[1]

Desde 1997 a matéria estava para ser analisada pelo STF por conta de uma Ação Direta de Inconstitucionalidade (nº 1.625), que questionava a constitucionalidade do decreto. Em 2016, quase dez anos depois, o ministro Dias Toffoli pediu vista e a decisão não havia sido tomada até a conclusão deste livro. A pergunta que me fiz quando lia sobre esse caso era se uma súmula do TRT poderia se sobrepor a um decreto presidencial ou se não estaria cometendo ilegalidade similar à que denunciava.

Ao defender a Súmula nº 42, o que Bezerra Leite parecia querer era ampliar para todos os trabalhadores da iniciativa privada do Espírito Santo o mesmo privilégio que ele tinha como servidor do Estado: estabilidade no emprego. Na prática, o que fizeram Bezerra Leite e seus colegas desembargadores que votaram a favor da súmula foi intervir diretamente na decisão de empresas que não lhes pertencem. É isso que certos magistrados entendem por função social da propriedade.

Numa entrevista ao jornal capixaba *A Gazeta* em dezembro de 2016, o desembargador justificou a súmula do TRT-ES dizendo que a convenção protegia "o trabalhador de dispensas arbitrárias" e exigia que fosse "tratado com dignidade", além de obrigar "a empresa a ter responsabilidade social".[2]

Bezerra Leite acreditava que obrigar as empresas a apresentarem provas documentais evitaria demissões injustificadas. "Neste período de crise, por exemplo, há empresas que demitem alegando problemas financeiros, mas que apresentam lucros em seus balanços." O desembargador foi além: "O empregado não pode ser apenas o bagaço de uma laranja chupada."[3]

Se o empregado não pode ser o bagaço da laranja chupada, no que concordo, um magistrado não pode ser um justiceiro social. Ou o magistrado promove a justiça ou faz *justiçamento*. Parece ser esse o caso de Bezerra Leite, que não era um qualquer, mas um desembargador do TRT-ES e autor influente no âmbito do Direito do Trabalho. Sua atividade profissional e acadêmica influencia como pensam e agem muitos de seus colegas magistrados, promotores, advogados, professores e alunos das faculdades de Direito que passam a compartilhar a sua visão ideológica do "trabalho como direito humano e fundamental" e "os direitos sociais dos trabalhadores como direitos humanos fundamentais", para citar dois capítulos da edição mais recente de seu livro *Curso de Direito do Trabalho*.[4]

O *Curso de Direito do Trabalho* fundamenta-se na visão marxista do conflito de classes, na contraposição entre opressor e oprimido. Autor de outros livros na área do Direito, um dos quais *A greve como direito fundamental*,[5] Bezerra Leite aposentou-se no dia 25 de janeiro de 2018. Numa sessão solene realizada no TRT-ES, ao se despedir, nem disfarçou: "a Justiça do Trabalho é a última trincheira, a última esperança dos trabalhadores".[6] Ao final, servidores cantaram em sua homenagem a música "Como uma onda", de Lulu Santos e Nelson Motta. O magistrado uniu-se ao coro.

Por sete votos a dois, a súmula do TRT-ES só foi suspensa no dia 1º de fevereiro de 2017. Por considerar que a norma gerava dúvidas e provocava insegurança jurídica, a maioria dos desembargadores votou pela sua suspensão.[7] Um dos dois votos contrários foi, claro, do desembargador Bezerra Leite, conhecido militante da causa operária no Tribunal que, ao final de palestras, costumava cantar músicas como "Ideologia", de Cazuza e Roberto Frejat. O refrão, porém, não fazia justiça ao magistrado, que já tinha uma ideologia "para viver".

A súmula do TRT-ES é um dos inúmeros exemplos de como a Justiça do Trabalho passou a legislar sem ter competência para tal. E o fez quase que invariavelmente para ratificar ou estabelecer privilégios para os trabalhadores. Num artigo corajoso e preciso publicado na *Revista de Direito do Trabalho*, Ives Gandra Martins Filho, que era o ministro presidente do Tribunal Superior do Trabalho (TST) e filho do renomado jurista Ives Gandra Martins, afirmou que a reforma trabalhista aprovada em 2017 por meio da Lei nº 13.467 "só se tornou necessária" e estava sendo "levada a cabo em face dos *excessos de protecionismo* cometidos pela Justiça do Trabalho ao buscar compor os conflitos laborais, fazendo pesar demais a mão sobre um dos lados da balança".[8]

No texto, o ministro chamou a atenção para um problema grave que a reforma atacaria ao tornar mais rigoroso o procedimento de criação de súmulas pelos tribunais trabalhistas para evitar "excessos jurisprudenciais". Por meio desses instrumentos, os magistrados faziam as vezes de Poder Legislativo.

Martins Filho citou como exemplos dos "excessos jurisprudenciais" a grande quantidade de "condenações ao pagamento de vantagens salariais ou indenizatórias baseadas na *aplicação de princípios* como o da dignidade da pessoa humana, quando *inexistentes normas* legais impondo tais obrigações aos empregadores".[9]

Outra conduta recorrente era "a anulação sistemática de cláusulas de acordos coletivos pela Justiça do Trabalho, com base num conceito muito amplo da indisponibilidade de direitos". Esse tipo de intervenção da Justiça do Trabalho era tão exagerado que o STF foi obrigado a "reformar tais decisões, prestigiando a autonomia negocial coletiva".[10]

Para modificar esse *modus operandi* dos magistrados da Justiça do Trabalho, a reforma incluiu no artigo 8º da CLT "duas *orientações exegéticas* básicas para a magistratura trabalhista: *vedação de súmulas instituidoras de direitos* (§ 2º) e *interpretação de cláusulas de acordos coletivos levando em conta a vontade dos contratantes* (§ 3º)".[11]

As súmulas do Judiciário trabalhista eram uma forma de ativismo judiciário a partir das quais os magistrados deixavam a justiça de lado para privilegiar os empregados, tivessem eles razão ou não. O empresário era o inimigo a ser combatido com "unilateralidade e excesso"[12] e as súmulas eram o substituto da lei para favorecer o trabalhador. O lema é *in dubio pro reo desde que o réu seja o trabalhador*. Dessa forma, a atuação da Justiça do Trabalho estava alinhada com os sindicatos, que continuaram a ser instrumentos do Estado desde a ditadura de Getúlio Vargas.

Não se trata de achismo ou de mera opinião de advogados das empresas. No estudo "As decisões da Justiça Trabalhista são imprevisíveis?", os professores Bruno Salama, Danilo Carlotti e Luciana

Yeung confirmaram com dados que era correta a percepção de que a Justiça do Trabalho não é imparcial. Ao analisarem cerca de 130 mil julgados entre 2006 e 2016 nos quais o trabalhador era o autor da ação no Tribunal Regional do Trabalho da 2ª Região (Grande São Paulo e capital), eles verificaram que em 88,5% dos casos os empregados tiveram "seus pedidos contemplados, parcial ou totalmente". Por outro lado, só em 11,45% dos casos os empregadores saíram vitoriosos.[13] Havia, portanto, um alto grau de previsibilidade das decisões a favor dos empregados. "Nos casos analisados parece claro que o reclamante sempre terá pedidos acolhidos pelo Judiciário. Ou seja, é previsível que o Judiciário dê provimento, pelo menos parcial, aos reclamantes."[14]

A reforma também atacou um privilégio esdrúxulo que era a contribuição sindical compulsória. Ao incorporar ao seu texto o providencial projeto de lei do então deputado federal Paulo Eduardo Martins (PSDB), a contribuição que garantia a existência dos sindicatos deixou de ser obrigatória para ser voluntária. A mudança promoveu em 2017 dois eventos até então impensáveis: a Central Única dos Trabalhadores (CUT) demitiu funcionários, avançou com um plano de demissão voluntária e teve como resposta uma ameaça de greve.

Os sindicalistas porém, não se deram por vencidos. Com a anuência de alguns juízes país afora, conseguiram liminares para manter o pagamento obrigatório que lhes garantia a existência. As decisões judiciais favoráveis obrigaram as empresas a recorrerem na Justiça para não terem problemas futuros. Nas instâncias superiores, entretanto, magistrados derrubaram algumas liminares.[15]

Uma nota técnica da Secretaria de Relações do Trabalho, órgão do Ministério do Trabalho, aumentou a incerteza jurídica ao defender a tese de que a aprovação da cobrança em assembleia sindical se sobrepunha à decisão individual do trabalhador que não quisesse pagar ao sindicato.[16]

Ao impor mais rigor na criação de súmulas e tornar voluntária a contribuição sindical, a Justiça do Trabalho e os sindicatos dos trabalhadores sofreram duros golpes com a reforma. Assim que os incentivos foram alterados por lei, algumas mudanças começaram a se realizar rapidamente. Magistrados anteciparam as suas aposentadorias, advogados trabalhistas foram obrigados a ajustar o valor das ações à realidade. Porém, pelo pouco tempo desde a alteração da CLT, não era possível afirmar se se tratava de um movimento positivo irreversível ou de uma fugaz acomodação diante do novo cenário.

Apesar de alguns efeitos positivos, a reforma estava longe de ser a ideal e alguns sérios obstáculos poderiam colocá-la em causa. O primeiro era a Constituição Federal, que amparava a antiga CLT. O segundo, e talvez o maior entrave, era a mentalidade ideológica de muitos servidores da Justiça do Trabalho. Algumas entidades da categoria reagiram imediatamente e prometeram descumprir o que havia sido alterado.

Parte importante desse esforço foram os 125 enunciados aprovados durante a 2ª Jornada de Direito Material e Processual do Trabalho realizada pela Associação Nacional dos Magistrados da Justiça do Trabalho (Anamatra) em outubro de 2017, mês anterior à entrada em vigor da reforma. O objetivo era prover magistrados, auditores fiscais e procuradores do Ministério Público do Trabalho de informações técnicas com o fito de violar a nova lei e impedir os efeitos indesejados.

Apesar de o então presidente do TST, Ives Gandra Martins Filho, ter tentado minimizar a influência da Anamatra em razão do número de votantes no evento (duzentos) na comparação com a quantidade de juízes no país (mais de 4 mil), até os marcianos sabiam da atuação ideológica da Justiça do Trabalho.[17]

Exemplo disso foi a reação de seus pares contra a posição de Martins Filho favorável à reforma. No XIX Congresso Nacional dos Magistrados da Justiça do Trabalho realizado em maio de 2018 em Belo Horizonte, os magistrados presentes aprovaram uma nota de repúdio contra o ministro também em razão de uma declaração na qual ele dizia temer pela existência do judiciário trabalhista caso os seus representantes continuassem a fazer oposição à modernização das leis específicas.[18]

Muito embora a mudança de incentivos tenha provocado algumas alterações imediatas, ainda era muito cedo para avaliar quais eram efetivamente as consequências positivas da reforma e se a lei seria realmente respeitada pelos magistrados.

Direito social ao trabalho?

O trabalho é um dos direitos sociais elencados no artigo 6º da Constituição Federal de 1988, junto com ensino, saúde, alimentação, moradia, transporte, lazer, segurança, previdência social, proteção à maternidade e à infância e assistência aos desemparados. As normas constitucionais concernentes ao tema reconhecem o direito social ao trabalho como condição da efetividade da existência digna no âmbito econômico e da dignidade da pessoa humana.

É o artigo 7º da Constituição que define os direitos dos trabalhadores e que abrange desde a melhoria das condições de trabalho, passando pelos valores dos salários e a proibição de diferenças salariais por motivos de sexo, idade, cor ou estado civil, a duração da jornada de trabalho e férias. São normas programáticas que definem princípios a serem cumpridos pelos três poderes para cumprir a finalidade social do Estado.[19]

A primeira inserção dos direitos trabalhistas na Carta Magna foi na Constituição de 1934, elaborada e promulgada durante o governo revolucionário de Getúlio Vargas que foi iniciado com o golpe de 1930. O texto constitucional estabeleceu o salário mínimo e a organização sindical. Em 1939, foi enviado ao Congresso o Decreto nº 1.237, que instituía e organizava a Justiça do Trabalho, que nasceu dois anos depois, em 1941. No dia 1º de maio de 1943, o ditador Getúlio Vargas assinou o Decreto-Lei nº 5.452, que aprovou a Consolidação das Leis do Trabalho, vulgo CLT.

A criação da legislação trabalhista parece ter sido fundamentada na ideia equivocada de que o trabalho é um direito. Não é nem pode sê-lo. O trabalho é — e deve ser — uma conquista. Quando deixa de ser o resultado de um esforço pessoal para ser transformado numa garantia legal, deixa inclusive de ser direito para ser convertido num privilégio.

Talvez por isso a CLT seja um dos exemplos mais emblemáticos do festival de privilégios que assola o Brasil. É um dos grandes exemplos legais dos direitos máximos para deveres mínimos. A CLT foi criada para criar privilégios e garantias para o trabalhador. Foi instituída para manter o emprego de quem já tem, por isso tantas regras que dificultam a dispensa. E, porque foi criada com esse espírito, o seu oposto é verdadeiro: dificulta contratar quem está desempregado.

A CLT cria, portanto, uma aparência de que defende o direito do trabalhador que está formalmente empregado, mas, na verdade, o prejudica de várias maneiras, além de criar obstáculos para que ele, uma vez dispensado ou que tenha pedido demissão, consiga se recolocar no mercado de trabalho.

Basta haver uma crise econômica, ou qualquer problema com a empresa, para que ele não só deixe de ser escudado pela lei, mas também passe a ser uma de suas vítimas. Ele provavelmente terá dificuldade de conseguir emprego, porque — perdoe-me Augusto do Anjos — a CLT que afaga é a mesma que apedreja.

A situação é tão problemática que, além da legislação e dos sindicatos, também a Justiça do Trabalho legitima e reforça o paternalismo e funciona como coprotagonista na atribuição dos direitos máximos e na usurpação da responsabilidade dos trabalhadores. Mas uma coisa deve ficar clara: o empresário que não cumprir a sua obrigação com o empregado deve ser punido exemplarmente.

Além de empresários, há funcionários que usam e abusam do tratamento privilegiado que recebem da lei e dos magistrados da Justiça do Trabalho. Um caso exemplar aconteceu na Bahia. Um sujeito estava indo para o trabalho e foi assaltado, coisa comum no Brasil. O que ele fez? Ingressou na Justiça para pedir indenização de R$ 50 mil ao patrão. Por alguma razão, o funcionário entendeu que a firma onde ele trabalhava era responsável por ele ter sido assaltado. A sentença saiu no primeiro dia de vigência da nova lei trabalhista: o juiz não apenas negou o pedido como, com base na nova lei, condenou o sujeito a pagar R$ 8,5 mil por litigância de má-fé e pelas custas da ação.[20]

Até a reforma da legislação, havia toda sorte de incentivos para que trabalhadores e advogados ajuizassem ações com base em qualquer coisa. E até mesmo em coisa alguma. Em Goiânia, um caso exemplar ocorreu em 2008. Um funcionário processou a empresa onde trabalhava porque teria desenvolvido uma doença ocupacional. Diagnóstico: fimose. Sim, fimose. Segundo G. B. S., a condição ainda "se agravou pelo peso que carregava diariamente no trabalho".[21] No Brasil, até fimose é provocada pela atividade laboral.

O juiz Platon Teixeira de Azevedo Neto foi sensato ao indeferir os "pedidos de diferenças salariais, multa do artigo 477 da CLT e de indenização" e ainda encontrou uma forma bem-humorada de lidar com a queixa. Primeiro, o juiz escreveu que "o problema funcional alegado não" possuía "qualquer relação com o labor desenvolvido pelo demandante". Em seguida, afirmou que era "impossível alegar que o problema no membro atingido pudesse provocar perda ou redução da capacidade para o trabalho, já que o 'dito cujo' não deve ser usado no ambiente de trabalho".[22] Pelo menos quando se trabalha numa empresa de transporte e logística. Compadecido, entretanto, da situação do trabalhador, o juiz não o condenou por litigância de má-fé, o que, certamente, agravaria a sua fimose.

Se as chances de vitória eram altas e não havia ônus em caso de perda da reclamação trabalhista, por que ser modesto nos pedidos e nos valores das reclamações? A mudança na lei, porém, começou a gerar desincentivos para pedidos financeiramente estratosféricos por parte de advogados trabalhistas, que estavam acostumados a uma realidade paralela legitimada pela lei. Os profissionais foram obrigados a se adaptar.

Em entrevista para este livro, um advogado que presta serviços para empresas na área trabalhista me disse que advogados de trabalhadores que antes enviavam propostas de acordo com várias páginas e pedidos estratosféricos para forçar a negociação reduziram-nas para uma página e pedidos condizentes com o caso, e ainda abrindo espaço para negociação.

Outra mudança de postura se deu no ajuizamento de reclamações trabalhistas por parte de advogados de empregados e de sindicatos de trabalhadores, que ficaram mais cautelosos e seletivos para acionar a Justiça.

Pelo menos no momento posterior à reforma, foi reduzido o incentivo para a litigância de má-fé, baseada na velha estratégia do "se colar, colou". Até então, não era comum essa conduta ser desencorajada por determinados magistrados, embora acontecesse.[23] Mas desde a sua entrada em vigor, em 2017, se o pedido "não colasse", advogado e trabalhador corriam um risco maior de serem condenados.

O dia em que fui obrigado pela empresa onde eu trabalhava a processá-la

Em 2001, eu trabalhava como repórter da *Gazeta Mercantil*, que na época era o principal, o mais influente e o melhor jornal de economia do país. No ano anterior, a publicação completara 80 anos. No ano seguinte, a hecatombe. O jornal foi à bancarrota e eu fui dispensado junto com centenas de colegas que trabalhavam na sede em São Paulo e nas redações regionais em outras capitais brasileiras.

Quando fui comunicado pelo diretor sobre a hecatombe financeira e o que seria feito a partir dali, sofri o luto imediato. Luto que logo cedeu lugar à estupefação. O jornal, em vez de negociar a rescisão diretamente comigo, orientou todos os funcionários a procurarem um advogado a fim de fazer a rescisão na Justiça. Eu insisti para que me pagassem apenas o saldo do mês, de modo a resolver tudo rapidamente. O diretor disse que nada poderia fazer, que seguia a determinação da diretoria em São Paulo. Fui então obrigado pela empresa onde eu trabalhava a processá-la na Justiça do Trabalho.

Naquele momento, o primeiro choque: uma empresa privada que se negava a resolver privadamente os seus problemas. O segundo choque veio quase dois meses depois, quando a advogada que contratamos para cuidar do caso me informou quanto eu teria *direito* a receber. Era um valor escandaloso. Pelos meus cálculos, eu teria que receber, no máximo, o valor correspondente ao salário do mês mais os injustificáveis 40% da dispensa sem justa causa. Era o que a lei dizia, mas eu nem o considerava justo.

Ocorre que o jornal havia me tratado com tanto respeito durante os anos em que lá trabalhei que a mim me bastava receber tão somente o salário do mês que havia trabalhado. A despeito disso, fui obrigado pela própria empresa a ingressar na Justiça contra ela e obrigá-la a pagar quase vinte vezes o valor do meu salário. A diretoria do jornal preferiu ser obrigada pela Justiça do Trabalho a me pagar o equivalente a quase dois anos de trabalho.

Você já deve ter vivido ou escutado histórias semelhantes como resultado da legislação trabalhista, que está repleta dessa confusão entre o que é e o que não é *direito*. A propósito das discussões sobre a reforma trabalhista, que de forma surpreendente acabou sendo aprovada no Congresso, os defensores da CLT acusavam o absurdo que era permitir que os trabalhadores pudessem negociar livremente com os empresários os direitos que a legislação estabelecia. Na época, um amigo meu, o advogado trabalhista Gustavo Tavares, disse numa entrevista à rádio uma frase lapidar: "Se um trabalhador não pode negociar o próprio *direito*, então o *direito* não é dele."

Ao dar autonomia para o trabalhador, os sindicatos perderiam força e, por que não, boa parte de sua razão de existir. Esses mesmos sindicatos que conseguiram por lei esse privilégio extraordinário que era a contribuição sindical compulsória, este oximoro, obrigavam os trabalhadores a financiá-los ao mesmo tempo que apoiavam uma legislação que os impedia de exercerem os seus direitos.

Durante décadas, os sindicalistas usurparam por lei esse direito que era dos trabalhadores com a desculpa de que iriam bem representá-los. O que efetivamente conseguiram foi exercer essa função de forma paternalista e com isso infantilizar os trabalhadores — sindicalizados ou não.

Ao atribuírem a si mesmos uma responsabilidade que era dos trabalhadores, os sindicalistas corroeram o sentido de dever e incentivaram a conduta irresponsável de uma parcela dos trabalhadores que passou a usar os mecanismos legais para vencer ações judiciais mesmo quando não tinha razão.

Privilégios que se passam por direitos do trabalhador

Salário mínimo, 13º salário, multa de 40% na dispensa sem justa causa, tudo isso é privilégio.

A afirmação pode assustar por ser contraintuitiva, por desafiar tudo o que estamos acostumados a ler e a ouvir a respeito do assunto. Porque damos por garantido que tudo isso é direito e não privilégio, não fazemos uma pergunta básica: de onde vêm os salários e empregos?

Partindo dessa indagação, em seu livro *A riqueza da nação no século XXI*, o doutor em economia pela Universidade de Yale Bernardo Guimarães explica que a opinião das pessoas sobre salário e emprego parece ser orientada por uma teoria bastante simples, plausível e equivocada.[24] Elas costumam achar que "os salários dependem da luta dos trabalhadores por melhores condições, das negociações de seus sindicatos, das leis que lhes garantem direitos, do poder de barganha das empresas e de quanto valor elas dão ao bem-estar de seus empregados".[25]

Em diferentes países, segundo Guimarães, há tantas variações nas legislações trabalhistas, nas remunerações e no poder de negociação dos sindicatos que essa tese só consegue justificar uma parte muito pequena do que realmente acontece. Se fosse verdade que o maior valor dos salários depende da luta dos sindicalistas e de mais leis trabalhistas, os trabalhadores receberiam salários maiores onde tivessem mais direitos e os sindicatos tivessem mais força, mas não é isso o que acontece no mundo.[26]

A evidência empírica de que aquela teoria está errada é o fato de brasileiros se arriscarem todo ano a entrar e a viver ilegalmente nos Estados Unidos, onde são poucos os direitos trabalhistas, em vez de continuarem aqui, onde o que não faltam são direitos e privilégios.

No caso do salário mínimo, há uma lei federal americana que estipula um valor mínimo por hora de trabalho (US$ 7,25), mas os governos estaduais, em função de sua autonomia e realidades distintas, podem aumentá-lo ou até mesmo reduzi-lo. No Brasil, o salário mínimo é definido pelo Poder Executivo federal de forma centralizada e tem que ser cumprido em todo o país, independentemente dos contextos sociais e econômicos locais. Apresentado e defendido como se fosse um direito, o trabalhador — seu suposto detentor e beneficiário — está proibido de negociá-lo.

Por essa razão, aqui o salário mínimo acaba sendo privilégio de quem vive em cidades onde o valor determinado pelo governo central não inviabiliza a contratação pelo empregador e não impede o trabalhador de ser contratado. Como essa não é a realidade da maior parte do país, são desprivilegiados, portanto prejudicados, todos aqueles que não podem contratar e não podem receber menos do que o valor estabelecido pelo Poder Executivo.

Quem mora numa capital ou numa cidade média ou grande do interior pode até achar absurdo que alguém ganhe menos do que um salário mínimo por mês para trabalhar. Eu também acho, tanto quanto considero absurdo que o salário mínimo seja um padrão de remuneração nacional.

Mas coloque-se no lugar de alguém desempregado que vive na periferia de uma cidade grande ou de uma pequena cidade do interior. Qualquer valor que essa pessoa receba por um trabalho, mesmo que seja menos do que um salário mínimo, poderá ser a diferença entre passar fome ou não, entre ter o que levar para o filho ou chegar em casa de mãos vazias. Se, num lugar como esse, dada a sua realidade econômica, o dono do carrinho de pipoca que precisa contratar alguém para trabalhar, estará impedido de fazê-lo legalmente.

Muitos sempre têm em mente um ambiente econômico mais próspero ao se recusarem a discutir o problema criado por um salário mínimo nacional, que é definido por políticos e funcionários públicos e desconsidera as realidades econômicas locais em todos os cantos do país. E seria mesmo impossível reunir todas essas informações e processá-las para só depois tomar a decisão mais adequada.

O problema é que mesmo diante de informações básicas que demonstram as diferentes realidades socioeconômicas do país, políticos e burocratas tentam enquadrar a realidade numa utopia. O salário mínimo pode ser adequado para algumas cidades brasileiras, mas em cidades mais ricas, como São Paulo, é um valor ridículo, inadequado diante da prosperidade e do custo de vida local.

Em outros lugares, porém, como Novo Triunfo, no nordeste da Bahia, o município mais pobre do Brasil segundo o IBGE, um salário mínimo representaria uma pequena fortuna que nem todos os empreendedores teriam condições de pagar. Por outro lado, para o novo-triunfense, receber menos do que o salário mínimo faria muita diferença. Além disso, o poder de compra da moeda no Brasil difere entre os estados de acordo com o custo de vida local. Quanto mais alto, menos produtos e serviços é possível consumir e contratar. No Distrito Federal, por exemplo, R$ 100 reais equivalem a R$ 81; no Rio de Janeiro, a R$ 83; no Espírito Santo, a R$ 112, no Piauí, a R$ 150.[27]

Outro privilégio incompreensível é o 13º salário. Como pode haver treze salários se o ano só tem doze meses? A explicação está na história de sua criação. Antes de ter o nome atual, o 13º era uma gratificação natalina dada voluntariamente pelo empregador a seu funcionário todo final de ano. Nem todos pagavam em espécie. Muitas empresas davam alimentos para a ceia de Natal. Era, portanto, um presente do empregador para o empregado. O problema é que no Brasil até ato voluntário corre o risco de ser convertido em lei e tornado obrigatório. A gratificação virou obrigação.

O 13º salário passou a existir legalmente no dia 13 de julho de 1962 com a assinatura da Lei nº 4.090 pelo então presidente João Goulart. Houve grande pressão dos empresários para que a lei não fosse aprovada, e dos sindicatos para que fosse.

A lei assinada por Goulart tinha origem no Projeto de Lei nº 440 de 1959, de autoria do deputado federal Aarão Steinbruch (PTB-RJ). Cassado em 1968 pelo regime militar, Steinbruch voltou à cena em 1985, ajudou a fundar o Partido Agrário Socialista Renovador Trabalhista (Pasart) e, em 1992, migrou para o Partido Trabalhista do Brasil (PTdoB).[28] Do ponto de vista ideológico, as mudanças de partido fazem todo sentido.

Criado como um privilégio, ao longo do tempo as empresas acomodaram esse custo e, hoje, ao contrário do que parece, o 13º salário não representa um aumento da renda de quem está empregado e não altera a remuneração total anual do trabalhador. O professor Bernardo Guimarães observa que, para o empresário, "dá no mesmo pagar 13 salários de R$ 12 mil ou 12 salários de R$ 13 mil pelo trabalho de um profissional a cada ano".[29]

O grande problema é que, como os empresários baseiam as suas decisões em expectivas futuras, isso afeta as contratações e dispensas. Além do mais, aumentos de salários estabelecidos por lei ou mediante negociações sem a correspondente melhora da economia ou dos negócios da empresa resultarão em menos contratações e maior possibilidade de dispensas.

O 13º é, portanto, parte de um conjunto de incentivos que afeta empresas e trabalhadores. Uma delas é um paradoxo legal: os direitos trabalhistas impedem que empresários e empregados tenham "o direito de escolher um contrato de trabalho diferente especificando outras regras para o pagamento do salário anual, como uma remuneração estável pelos 12 meses no ano".[30]

Quem trabalha para o Estado também é beneficiado com muito mais do que o 13º. É comum Tribunais de Justiça concederem privilégios monetários que representam o 14º salário. A justificativa para a concessão dos benefícios são gratificações por atividade judiciária e por produtividade, que seriam duas ações já esperadas de qualquer servidor que já recebe ótimos salários e regalias.

No Congresso, até 2013, deputados e senadores recebiam não só o 13º, mas também 14º e 15º salários. Os benefícios foram criados em 1938. Durante 75 anos os parlamentares desfrutaram tais privilégios. Quando havia convocações extraordinárias em janeiro e em julho, chegavam a receber dezenove salários num único ano. Com o fim da regalia, Senado e Câmara deixaram de gastar R$ 31,73 milhões anualmente.[31]

"Me manda embora, chefe?"

Pela CLT, há pelos menos seis formas de rescisão do contrato de trabalho: 1) dispensa por justa causa; 2) dispensa sem justa causa; 3) rescisão indireta; 4) pedido de demissão pelo profissional; 5) plano de demissão voluntária ou incentivada; e a mais recente, introduzida pela reforma de 2017, 6) por acordo entre empregado e empregador.

A rescisão do contrato que mais privilegia o profissional é a dispensa sem justa causa. Por essa modalidade, o ex-funcionário tem direito ao saldo do salário até o dia da dispensa, 40% de multa, 13º, férias, aviso prévio, saque do valor integral do Fundo de Garantia do Tempo de Serviço (FGTS) e seguro-desemprego.

Porque o custo de dispensar o profissional dessa forma é alto, mas, para o trabalhador é mais vantajoso, ou o empregador preferia mantê-lo até onde fosse possível ou o funcionário fazia de tudo para ser mandado embora. O incentivo era o pior possível para os dois lados. No caso do trabalhador, o que mais interessava era a possibilidade de pedir o seguro-desemprego e sacar o FGTS, dois privilégios que não podem ser requeridos se ele pedir demissão.

Na prática, o que vinha ocorrendo há muito tempo era uma negociação não prevista na CLT entre a empresa e o profissional para que ele fosse dispensado com justa causa e assim preservasse os seus direitos e privilégios. A contrapartida era o ex-funcionário devolver o valor da multa de 40%. Trata-se, porém, de uma conduta ilícita, uma fraude contra o INSS.

A introdução da nova modalidade de rescisão do contrato por acordo entre empregado e empregador pode criar incentivos positivos para a dispensa quando ambos estão de boa-fé, mas a possibilidade de sacar o FGTS e pedir o seguro-desemprego, que é vedada pelo § 2º do artigo 484-A, é ainda um forte estímulo para que continuem a existir negociações à margem da lei.

Foi uma dispensa sem justa causa que motivou uma ação trabalhista que reúne alguns dos principais ingredientes da confusão entre direito e privilégio.

No dia 23 de março de 1987, Manuel Conde de Oliveira foi contratado pela empresa PMSPV Empreendimentos e Participações, com sede em São Paulo, para ser atendente de jogos e mercadorias. Em 1992, porém, Manuel recebeu o diagnóstico: sofria da Síndrome da Imunodeficiência Adquirida (aids). A partir daquele ano, ele não só continuou a trabalhar, como teve todo o apoio da empresa, que pagou o tratamento antirretroviral ao longo de onze anos e o manteve como funcionário mesmo com os afastamentos eventuais por orientação médica.

Em 3 de novembro de 2003, a PMSPV foi obrigada a dispensar sem justa causa vários funcionários, e Manuel foi um deles. O que ele fez? Ajuizou uma reclamação trabalhista na qual alegava dispensa discriminatória, pedia a reintegração no emprego e indenização por danos morais. Depois de mais de 10 anos sendo mantido na função e ajudado pela empresa mesmo estando doente, Manuel decidiu processá-la para ter o emprego de volta e receber indenização.

Na primeira tentativa, Manuel teve seus pedidos de reintegração e de indenização negados pela 37ª Vara do Trabalho de São Paulo. Só conseguiu da Justiça o reembolso pela compra de medicamentos em outubro de 2003, mês anterior à data de dispensa.

Na segunda tentativa, o Tribunal Regional do Trabalho de São Paulo (TRT-SP) confirmou que não houve discriminação porque a própria testemunha do ex-funcionário confirmou que a dispensa de Manuel não fora a única dentro de um processo de reestruturação da empresa realizado em 2002.

Na decisão, o TRT-SP ainda afirmou que a postura da empresa fora irretocável quando ele estava afastado ao reembolsar valores gastos com medicamentos, complementar o pagamento das despesas médicas na parte que o convênio não cobria e fornecer auxílio financeiro complementar para pagamento de aluguel, condomínio, alimentação e seguro do carro.[32]

Na terceira investida judicial, Manuel foi bem-sucedido. A Primeira Turma do Tribunal Superior do Trabalho (TST), mesmo diante das mesmas provas nos autos e de duas decisões contrárias ao ex-funcionário, determinou que ele fosse reintegrado e recebesse os salários vencidos e vincendos. Por qual razão? De acordo com a relatora do processo, a ministra Dora Maria da Costa, os ministros seguiram as decisões precedentes do TST: existe presunção de discriminação em casos de dispensa em que o funcionário sofre de alguma doença grave e a empresa tem conhecimento prévio.[33]

Em 2012, as decisões em reclamações trabalhistas similares motivaram a criação da Súmula nº 443 pelo TST, que diz o seguinte: "Presume-se discriminatória a despedida de empregado portador do vírus HIV ou de outra doença grave que suscite estigma ou preconceito. Inválido o ato, o empregado tem direito à reintegração no emprego."[34]

Mesmo que todas as provas documentais e testemunhais demonstrem o contrário, mesmo que a empresa não tenha conhecimento da doença e precise demiti-lo, para o TST o funcionário acometido por doença grave sempre será tratado de forma discriminatória se for dispensado. Na prática, os ministros do TST estabeleceram para os doentes graves o mesmo privilégio de que desfrutam os saudáveis: estabilidade no emprego.

Outra fonte de privilégios é a convenção coletiva de trabalho. Trata-se de um instrumento de negociação entre sindicatos de trabalhadores e entidades patronais para estabelecer as relações entre contratantes e contratados. Mas como para conseguir algo ambos os lados têm que ceder, e não existem inocentes na negociação, o resultado é, dentre outros, *direito* a plano de saúde, a seguro de vida, a auxílio-alimentação, tudo pago no todo ou em parte pela empresa, além de abono de faltas no serviço se o funcionário tiver faltado para fazer prova escolar ou Enem.

Os exemplos que aqui apresentei são simbólicos dos direitos máximos inscritos na CLT. Se eu pretendesse fazer uma análise de todos os privilégios contidos na legislação trabalhista, certamente produziria mais volumes do que as cerca de 40 mil páginas dos sessenta tomos do *Tratado de Direito Privado* do jurista Pontes de Miranda.

A CLT tem um vício de origem que ajuda a explicar por que gera tantos incentivos perversos, um dos quais a criação de *privilégios* disfarçados de *direitos*. A reforma corrigiu algumas distorções, e a parcela dos magistrados que contra ela se posicionou iniciou movimento para descumpri-la. Mesmo assim, várias benesses continuam a existir assim como a mentalidade intervencionista de servidores que têm poder para neutralizar as modificações realizadas na legislação trabalhista.

10 Criminosos: do estuprador no Enem à impunidade como privilégio

A violência no Brasil é capaz de provocar medo até em quem vive em zona de conflito. Um sírio não se sentiria seguro se viesse para cá. Os 61,1 mil homicídios registrados no país em 2016 pelo Anuário Brasileiro de Segurança Pública superavam os mais de 57 mil mortos por ano da guerra civil na Síria, segundo o Observatório Sírio para os Direitos Humanos.

Nem era preciso citar um estrangeiro de um país em guerra civil. Policiais militares do Rio de Janeiro temem diariamente por suas vidas. Mal pagos e sem estrutura para trabalhar, eles enfrentam uma violência brutal, e alguns, por razões distintas, são alvos fáceis da corrupção.

Os PMs que não se deixam corromper têm de encarar diariamente um cenário desolador no Rio: 419 pessoas assassinadas em média por mês, catorze pessoas mortas por dia. Ao longo do ano de 2016 foram registrados 5.033 homicídios dolosos. Nessa conta, entram os policiais militares assassinados.[1]

Nesse mesmo ano, em todo o país, 542 policiais militares, federais, civis e guardas municipais foram mortos por criminosos, segundo a Ordem dos Policiais do Brasil (OPB). A entidade criou, inclusive, um medidor adequadamente batizado de Mortômetro.[2]

As estatísticas, porém, não dão conta de expressar a insegurança vivida por aqueles que trabalham para garantir a nossa segurança. As histórias de dois policiais militares do Rio de Janeiro podem ilustrar melhor o meu ponto. Casado, pai de um filho que mal completara um mês de vida, o soldado Thiago Marzula, de 30 anos, foi assassinado com um tiro na cabeça quando realizava patrulhamento numa favela em São Gonçalo.

Outra vítima de farda foi o cabo Bruno dos Santos Leonardo, de 29 anos, casado e pai de uma menina. Meu xará morreu com um tiro na cabeça dentro do veículo onde estava com outros colegas. Era o seu primeiro dia de trabalho na UPP do Morro da Mangueira, para onde fora transferido, a seu pedido, por temer a violência no Complexo do Alemão, onde trabalhava. O Rio de Janeiro é a cidade onde um PM que pede transferência por medo da violência é morto no novo local onde esperava estar seguro.

Como viver numa cidade como essa? Como levantar todos os dias sabendo que é grande a possibilidade de ser assaltado ou assassinado, principalmente se você for policial? Citei o Rio, mas poderia mencionar várias outras capitais que enfrentam terror similar. As três cidades mais violentas do Brasil segundo o Atlas da Violência 2017,[3] que analisou dados coletados entre 2005 e 2015, eram Altamira (PA), Lauro de Freitas (BA) e Nossa Senhora do Socorro (SE). Em graus distintos, todos os demais municípios brasileiros sofrem em maior ou menor intensidade as consequências cruéis da violência.

A criminalidade no Brasil não se restringe à violência contra as pessoas e contra o patrimônio. Os casos de corrupção e de outros crimes de colarinho-branco estão cada vez mais sob os holofotes — como os que vêm sendo revelados pela Operação Lava Jato.

Mesmo com esse quadro grave de violência, que expõe, sobretudo, uma doença moral e espiritual, a nossa legislação penal é leniente com os criminosos — e não só com os que têm dinheiro. Certos direitos concedidos a determinados bandidos podem funcionar, na prática, como privilégios inaceitáveis. A depender do criminoso beneficiado, vemos que alguns privilégios são ainda mais inaceitáveis do que outros.

Um caso que provocou reação intensa nas redes sociais teve como personagem Suzane von Richthofen. Como explicar a ironia macabra de uma condenada que ajudou a matar selvagemente os pais e que foi beneficiada por uma saída temporária da prisão justamente no Dia das Mães? A primeira foi em maio de 2016.

Junto com o namorado Daniel Cravinhos, de 21 anos, aos 19 anos Suzane ajudou a arquitetar o duplo homicídio que foi executado no dia 31 de outubro de 2002 por Daniel junto com seu irmão Cristian Cravinhos. Os pais dela, Manfred e Marísia von Richthofen, foram atacados de madrugada pelos dois com golpes de barras de ferro enquanto dormiam. Manfred morreu na hora, mas Marísia, que sobreviveu à brutalidade, foi sufocada com uma toalha.

Condenada a 39 anos de prisão, Suzane conseguiu o privilégio da saída temporária no Dia das Mães pela terceira vez em 2018 porque atendia os requisitos definidos pelos artigos 122 e 123 da Lei de Execução Penal (LEP): cumprir pena no regime semiaberto, ter cumprido um sexto da pena e ter comportamento adequado dentro da penitenciária. Cabe ao juiz da execução autorizar a saída temporária e definir o período, que não pode ser superior a sete dias. O privilégio pode ser concedido cinco vezes por ano e tradicionalmente ocorre na Páscoa, Dia das Mães, Dia dos Pais, Dia das Crianças, Finados e entre Natal e Ano Novo. Foi na Páscoa de 2016 que ela conseguiu o benefício pela primeira vez.

Quando beneficiada pela primeira vez no Dia das Mães de 2016, Suzane foi obrigada a voltar para a cadeia dois dias antes do prazo de sete dias por ter fornecido o endereço errado do lugar onde ficaria hospedada. Essa é uma das condições estabelecidas pelo art. 124 da LEP que, se não for atendida, provoca a revogação imediata do privilégio.

Como a mentora e cúmplice do assassinato bárbaro dos pais conseguiu a progressão do regime fechado para o semiaberto? Atendendo a um pedido da defesa de Suzane, em agosto de 2014 a juíza Sueli de Oliveira Armani concedeu o benefício e o justificou pelo bom comportamento da condenada durante os quase doze anos encarcerada. A decisão contrariava a posição do promotor Luiz Marcelo Negrini de Oliveira Mattos, que defendia a manutenção do regime fechado porque "os exames criminológicos apontaram que Suzane não reunia condições subjetivas para cumprir o restante da pena em regime semiaberto".[4]

Apesar de autorizada, na época Suzane pediu de próprio punho que a progressão fosse adiada porque temia por sua segurança caso tivesse que ir para a penitenciária em outra cidade. Como a mudança de regime foi revogada, ela teve que fazer um novo pedido. Em 2015, foi novamente beneficiada e começou a cumprir a pena em regime semiaberto numa ala nova na mesma penitenciária de Tremembé, onde já estava presa.

Seus cúmplices, os irmãos Cristian e Daniel, conseguiram na Justiça em 2013 a mudança para o regime semiaberto. A partir daí, ambos poderiam conseguir autorização judicial para sair temporariamente e trabalhar fora da prisão. Eles, de fato, saíram, mas preferiram laborar dentro da cadeia.

Em agosto de 2017, Cristian conseguiu na Justiça a progressão da pena para o regime aberto. Em sua decisão, a juíza Wania Regina Gonçalves da Cunha, da 2ª Vara de Execuções Criminais de Taubaté, afirmou que o condenado "não cometeu falta disciplinar recentemente e vem demonstrando bom comportamento carcerário no regime semiaberto, apresentando atualmente situação processual definida, além de contar com bom desempenho nas atividades laborterápicas".[5]

Seu irmão Daniel foi beneficiado no ano seguinte, em janeiro de 2018. Depois de quinze anos e três meses cumprindo a pena nos regimes fechado e semiaberto, conseguiu a progressão para o regime aberto em função do seu comportamento adequado e por ter trabalhado na prisão. Mesmo tendo sido coautor de um crime bárbaro, foi privilegiado pela lei e saiu pela porta da frente do presídio de Tremembé para cumprir o restante da pena fora da cadeia.[6]

Suzane poderia igualmente ser beneficiada com o regime aberto, pedido que foi ajuizado pela sua defesa em junho de 2017. Em janeiro de 2018, um laudo médico feito a pedido do Ministério Público mostrou que ela tinha condições psicológicas de cumprir o restante da pena em liberdade. Quando eu terminei de escrever este capítulo, nem o promotor nem a Justiça haviam dado as respectivas respostas.[7]

Beneficiados pela legislação penal, os dois executores do assassinato do casal já estavam fora da prisão, e a filha das vítimas, que ainda estava presa, poderia ser libertada a qualquer momento.

Os privilégios foram concedidos a Suzane, Daniel e Cristian porque a lei não faz distinção entre quem cometeu crimes mais ou menos graves. A norma penal exige tão somente o cumprimento de parte da pena e bom comportamento como condições para a progressão do regime e para benefícios como a saída temporária.

Saída temporária como regalia

Para perceber que havia algo de errado bastava considerar, pelo menos, duas dimensões do privilégio concedido a criminosos condenados: 1) a sensação de medo e de impotência provocada na população a cada vez que os criminosos são liberados e 2) o índice de reincidência de presos que cometem novos crimes quando estão soltos em razão da saída temporária.

Sobre o primeiro aspecto, na véspera do Natal de 2017, vi nas redes sociais e recebi vários vídeos pelo WhatsApp de presos deixando as penitenciárias para a saída temporária de fim de ano. As pessoas que gravaram as imagens em diferentes pontos do país — e quem assistia a elas no Twitter e Facebook — reagiram com indignação. Denunciaram o absurdo que era liberar ladrão, estuprador, homicida. Alguns moradores reclamaram da insegurança no entorno das prisões durante esse período e relatavam casos de crimes ou violência de que eles (ou conhecidos) haviam sido vítimas.

Os crimes praticados pelos condenados durante a saída temporária são o segundo aspecto do problema. O índice de reincidência varia de 24,4%[8] a 70%,[9] a depender da metodologia utilizada. Mesmo que o percentual fosse menor, os critérios em vigor para a concessão do benefício deveriam ser reavaliados. Todas as vítimas deveriam ser razão suficiente para fazê-lo.

O Projeto de Lei nº 3.468/2012, aprovado em novembro de 2017 na Câmara dos Deputados e, depois, na Comissão de Constituição, Justiça e Cidadania (CCJ) do Senado, pretendia corrigir uma parte do problema. Se aprovado pelo Senado, tornaria mais rígidas as regras de concessão da saída temporária para condenados que cumpriam penas em regime semiaberto.

A justificativa do autor do projeto, o deputado Claudio Cajado, tocava em parte do problema quando questionava o direito de "um traficante, estuprador ou homicida" de "gozar de tal benefício com tamanha rapidez e facilidade". O deputado afirmou corretamente que o privilégio trazia "consequências gravíssimas à sociedade, pois a liberdade prematura de apenados gera uma sensação de impunidade e fomenta a prática de crimes". O texto ia além ao dizer que "a saída temporária da forma" como estava "atualmente inserida em nossa legislação" contribuía "para o aumento da violência e da intranquilidade social".[10] O índice de reincidência corroborava tal afirmação.

Se o Projeto de Lei nº 3.468/2012 aprovado pelos deputados fosse ratificado pelo Senado sem modificações, para ser beneficiado com a saída temporária, o condenado que fosse primário continuaria a ter que cumprir um sexto da pena, mas o reincidente passaria a ter que cumprir metade da pena em vez de um quarto.

O projeto de lei adicionou ainda um novo inciso ao art. 123 da LEP. Nesse caso, o condenado "por crime hediondo, prática de tortura, tráfico ilícito de entorpecentes e drogas afins e terrorismo" só teria direito à saída temporária se fosse primário e cumprisse o mínimo de dois quintos da pena; se reincidente específico, teria que cumprir três quintos.

O projeto de lei também modificou o art. 124 da LEP. Em vez de permitir que o apenado ficasse fora da cadeia por até sete dias e tivesse direito a até cinco saídas por ano, a nova regra reduziria o prazo para até quatro dias e duas saídas por ano. Houve também o acréscimo de um inciso IV que passaria a exigir de cada preso beneficiado a "utilização de equipamento de monitoração eletrônica, quando houver disponíveis equipamentos para tanto, e a comunicação aos órgãos de segurança pública".[11]

Apesar de o projeto de lei ter inserido novas exigências na regra de concessão do benefício, não tocou no ponto nevrálgico e continuou a permitir que criminosos perigosos continuassem a ter direito ao privilégio.

Dentro do esperado, quem reclamou da mudança da regra foi o deputado Chico Alencar, do PSOL. Alencar afirmou que o projeto de lei era uma medida atroz e equivocada porque, se somente 5% dos detentos liberados não retornavam para a prisão, a maioria dos presos seria prejudicada.[12]

Estrategicamente, o deputado socialista omitia o ponto mais importante da discussão, que era o índice de reincidência, para reduzir o debate ao número de presos que fugiam durante a saída temporária. Logo, Alencar assumia que os crimes cometidos pelos 5% que não voltavam para a cadeia eram um problema menor de segurança pública e que o direito da maioria dos presos deve prevalecer.

O que o deputado socialista diria para tantas famílias como a da jovem Kelly Cristina Cadamuro, de 22 anos? Kelly foi assassinada em novembro de 2017 por Jonathan Pereira do Prado, de 33 anos, que aproveitou uma saída temporária em março de 2017 para fugir do Centro de Progressão Penitenciária de São José do Rio Preto, cidade do interior de São Paulo.[13]

Jonathan estava preso pelos crimes de furto, roubo, estelionato, extorsão, ameaça, lesão corporal, apropriação e uso de moeda falsa. Num grupo de WhatsApp do qual Kelly fazia parte, ele fingiu ser alguém que, junto com a esposa, estava interessado numa carona de São José do Rio Preto até Itapagipe. No dia combinado, porém, ele embarcou sozinho no carro dela. Antes de chegar ao destino final, Jonathan, segundo denúncia da promotoria, tentou estuprá-la e depois enforcou a jovem com uma corda. Em seguida, jogou o corpo dela num ribeirão na cidade mineira de Frutal e fugiu levando a bolsa da vítima, o aparelho de CD, as quatro rodas e o estepe do veículo, logo depois abandonado.[14]

O que Chico Alencar diria para a família da médica Rita de Cássia Martinez, de 39 anos? Ela foi assassinada no dia 6 agosto de 2009 depois de ter sido sequestrada no estacionamento de um shopping em Salvador junto com a filha de um ano e oito meses. O autor da barbárie foi o presidiário Gilvan Cléucio de Assis, de 34 anos, que cometeu os crimes durante a saída temporária do Dia dos Pais. Ele havia sido beneficiado pelo privilégio legal mesmo cumprindo pena na Colônia Penal Lafayete Coutinho por estupro, atentado violento ao pudor e assalto.

Segundo a delegada Andréa Ribeiro, depois de tentar estuprar a médica, que reagiu, o bandido entrou no veículo para fugir. Para impedir que ele também levasse o bebê, Rita parou em frente ao carro. O criminoso acelerou, atropelou e esmagou a mulher. Em seguida, abandonou o automóvel com a criança no acostamento da BR-324, perto de São Sebastião do Passé, onde foi encontrada por policiais rodoviários. Gilvan foi preso cinco dias depois, quando retornava para a penitenciária um dia antes do fim do prazo da saída temporária.

Só esse exemplo implode a tese de Chico Alencar segundo a qual a maioria dos criminosos que volta para a cadeia não deve ser prejudicada pelo endurecimento das regras. Gilvan assassinou Rita de Cássia no período legal da saída temporária e retornou voluntariamente para a Colônia Penal onde estava preso. Como ele não pretendia fugir, era parte daquela maioria que o deputado pretende beneficiar.

Mesmo Jonathan, o assassino de Kelly que estava foragido quando da execução do crime, fazia parte daquela minoria que não seria prejudicada se fosse vitoriosa a posição de Alencar para manter as regras atuais por causa do baixo índice de fuga. Como se vê, nem sempre a estatística é boa conselheira.

Está longe de ser positiva a mensagem que a legislação e o Judiciário transmitem para a sociedade quando criminosos condenados têm o direito de sair temporariamente, ou até mesmo de cumprir a pena fora da cadeia depois de terem feito o que fizeram. Quanto mais grave o crime, maior a indignação, a sensação de impunidade e a descrença nas leis e nas instituições.

Audiência de custódia

Esses sentimentos ficam mais aflorados quando a polícia prende em flagrante e a Justiça solta um criminoso. Em novembro de 2016, policiais militares da Unidade de Polícia Pacificadora prenderam no Morro da Coroa, na cidade do Rio de Janeiro, dois homens com fuzil, pistola, munição, carregadores, radiotransmissor e 4 quilos de maconha. Para não serem presos, Julio Cesar Magalhães Bastos e Cristiano da Conceição Pedro ainda atiraram contra os policiais.[15]

No dia seguinte à prisão, Julio e Cristiano foram soltos para responder ao processo em liberdade por porte ilegal de arma e tráfico de drogas após uma audiência de custódia conduzida pela juíza Marcela Tavares. Na decisão, a magistrada justificou a soltura dos dois por suposta irregularidade do flagrante e ausência de descrição adequada da conduta de cada um. A juíza também determinou que a Corregedoria da PM fosse comunicada para apurar a denúncia de agressão por parte dos militares feita por Julio, um dos detidos.

A audiência de custódia foi criada em fevereiro de 2015 numa parceria entre o Conselho Nacional de Justiça, o Ministério da Justiça e o Tribunal de Justiça de São Paulo. Na teoria, pretendia fazer com que o preso em flagrante fosse conduzido rapidamente até o juiz, que poderia analisar a legalidade e a necessidade da prisão, e verificar eventuais irregularidades e violência policial. Na prática, tem se revelado mais um instrumento de inibição do trabalho dos policiais e um privilégio para bandidos.

Se a violência cometida por policiais é uma realidade que deve ser combatida com rigor, não se pode incorrer no erro de acreditar que todos eles agem dessa forma. Isso seria elevar a versão do criminoso a um princípio jurídico. Quando uma juíza manda soltar dois homens presos com armas e drogas num local onde facções rivais brigavam pelo controle do tráfico de drogas e cobra da Polícia Militar investigação sobre possível agressão contra os traficantes, cria um incentivo negativo para o policial, que pensará se vale a pena ou não arriscar a vida para prender um criminoso que será solto no dia seguinte.

O pedófilo sorridente que passou no Enem

Como não celebrar a história de um preso que conquistou vaga numa universidade federal por ter conseguido uma boa nota no Exame Nacional do Ensino Médio (Enem)? Seria uma bela história de superação a ser contada por todos aqueles que acreditam, como Rousseau, que o homem é bom, mas a sociedade o corrompe. A verdade era outra, porém — e nada agradável.

O detento Pedro Henrique Monteiro Araújo, de 34 anos, prestou o Enem em 2017 e foi aprovado pelo Sistema de Seleção Unificada (SISU) para cursar Cinema e Audiovisual na Universidade Federal do Pará (UFPA). Provavelmente orgulhosa do feito, a Superintendência do Sistema Penitenciário do Pará (Susipe) divulgou uma foto do detento a sorrir com o dedo indicador para cima.

Com a divulgação do nome e da foto pela imprensa, começou na internet a busca para saber por qual crime Pedro estava preso. Um usuário do site Reddit[16] consultou o portal do Tribunal de Justiça do Pará e descobriu que ele fora condenado em 2013 a uma pena de mais de 54 anos de prisão por ter estuprado, filmado e tirado fotos de três meninos de 8, 9 e 10 anos de idade. Por meio de um recurso, conseguiu reduzir a pena para pouco mais de trinta anos de prisão.

A infâmia foi cometida em 2009. O pedófilo estuprador se valia da sua posição de chefe de um grupo de escoteiros em Belém para atrair "os menores com passeios e presentes, a fim de com estes realizar práticas sexuais diversas". Ele "aliciava as crianças para com estas praticar atos sexuais, além de produzir vídeos e fotografias e divulgar na internet o material ilícito que realizava com os infantes".[17]

Depois que a história viralizou nas redes sociais, o processo do criminoso (nº 0003083-57.2010.8.14.0401) foi colocado sob segredo de Justiça e não pode mais ser consultado no site do Tribunal de Justiça do Pará, como eu havia feito para checar a história.

Para tornar o caso ainda mais escabroso, o detento, que tem a cor da pele branca e cabelos lisos, passou no vestibular como cotista na categoria de "candidatos autodeclarados pretos, pardos ou indígenas".[18] Embora tenha sido aprovado, caberia aos desembargadores do TJP autorizarem ou não que ele frequentasse as aulas — o que não havia acontecido até a conclusão deste livro.

Era a quarta vez que Pedro passava no vestibular, segundo a sua advogada Luana Leal, mas nas três vezes anteriores a Justiça não o havia autorizado a frequentar as aulas. Para que ele pudesse fazer o curso no futuro, a advogada disse que entraria com um pedido de progressão do regime, de fechado para semiaberto.[19]

Foi a foto de um condenado por pedofilia e estupro celebrando a sua aprovação que a Susipe divulgou e que foi reproduzida por sites como o portal G1 e do projeto esquerdista Quebrando o Tabu com textos que celebravam a conquista e a possibilidade de recuperação de criminosos dentro dos presídios.

Paraíso da bandidagem

Criminoso no Brasil é um privilegiado. A afirmação pode soar radical, mas não se pode negá-la se considerarmos a legislação e a incompetência das autoridades de *insegurança pública*, que permitem que o país seja o paraíso da bandidagem. É pequena a possibilidade de um crime ser solucionado e o seu autor ser identificado, julgado, condenado e preso. A legislação e as normas privilegiam cada vez mais o bandido e restringem o trabalho da polícia, que também paga pelo comportamento criminoso de uma parcela de bandidos fardados.

O promotor de Justiça Diego Pessi levantou alguns dados que revelam um quadro alarmante:

— Entre o ano 2000 e janeiro de 2018, mais de 800 mil brasileiros foram mortos, com um percentual de elucidação que gira entre constrangedores 5 e 8%, segundo o Diagnóstico da Investigação de Homicídios da ENASP.

— No brevíssimo período de pouco mais de 15 anos, já deduzido o recorde de 19% de elucidação obtido nos 43.123 inquéritos finalizados pelo programa Meta 2, é possível estimar que mais de 700 mil homicídios cometidos no Brasil sequer tiveram a autoria apurada.

— De acordo com o Foro de Segurança Pública, apenas no ano de 2016 foram praticados mais de 3 assaltos por minuto no Brasil, totalizando 1.726.757 roubos registrados (contra 985.983 registros no ano de 2011).

— Estima-se que apenas um em cada 53 roubos registrados tem a autoria esclarecida no Estado do Rio de Janeiro.

— Temos mais de 130 estupros registrados por dia no País, o que totaliza cerca de 50 mil por ano.

— Em junho de 2017 o Banco Nacional de Mandados de Prisão registrava um total de 703.550 mandados pendentes de cumprimento.[20]

As distorções da legislação brasileira são, além disso, algo tão bizarro que, se uma pessoa atropelar outra e fugir, pode até ser presa em flagrante, mas basta pagar fiança para responder ao processo em liberdade. Foi o que aconteceu na cidade mineira de São João del-Rei em setembro de 2010. Um homem alcoolizado atropelou três policiais militares e fugiu correndo. Preso em flagrante logo depois num posto de gasolina próximo ao local do atropelamento, o homem só teve que pagar fiança de R$ 1.000 para voltar para casa.[21]

Se o atropelador for filho de magistrado, nem sempre é necessário pagar fiança. No dia 31 de janeiro de 2015, o estudante Denys Martins Cavalcante, filho do juiz Adinaldo Ataides Cavalcante, atropelou e matou um homem em São Luís do Maranhão. Preso em flagrante alcoolizado, resistiu à prisão e desacatou os policiais militares. Doze horas depois da prisão, porém, Denys foi liberado por decisão da juíza Patrícia Marques Barbosa, que não exigiu fiança nem consultou o Ministério Público.[22]

O que dizer, então, de alguém que é preso com arma, munição e 130 quilos de maconha e é enviado para uma clínica em vez de ir para a cadeia? Se você for filho de presidente de Tribunal suas chances são grandes. Preso e acusado pela Polícia Federal de integrar uma organização criminosa especializada no contrabando de armas que planejava resgatar um detento da Penitenciária de Segurança Máxima de Campo Grande, Breno Fernando Solon Borges, de 37 anos, alegou ser portador da Síndrome de Borderline para que fosse internado para tratamento.

Filho da presidente do Tribunal Regional Eleitoral de Mato Grosso do Sul (TRE-MS), Tânia Garcia Borges, Breno foi preso no dia 8 de abril de 2017 e conseguiu ser transferido para uma unidade de tratamento no dia 21 de julho graças a uma liminar concedida pelo desembargador José Ale Ahmad Netto.[23]

Indenização para bandido

Em fevereiro de 2017, o estado do Espírito Santo, onde resido, viveu uma semana de caos e de insegurança pública. Com a paralisação da Polícia Militar, liderada pelos familiares dos policiais, os bandidos fizeram a festa. Em muitas cidades capixabas houve toque de recolher, as pessoas se esconderam dentro de casa e parte do comércio foi atacada e saqueada não só por bandidos, mas por gente que aproveitou a confusão para confirmar a observação do Conselheiro Aires em *Esaú e Jacó*, de Machado de Assis: "Não é a ocasião que faz o ladrão, dizia ele a alguém; o provérbio está errado. A forma exata deve ser esta: "A ocasião faz o furto; o ladrão nasce feito."[24]

Uma das imagens mais simbólicas daquela semana de terror foi a de um casal de idosos que teve sua tradicional relojoaria saqueada e depredada. Localizada em Cariacica, uma das cidades mais violentas da Grande Vitória, a loja pertencia a Seu Carlos, de 66 anos, e Dona Helena, de 66 anos. A foto dos dois desolados dentro da relojoaria saqueada viralizou nas redes sociais. Sem seguro e condições de retomar o negócio, o casal logo se viu cercado por uma rede de solidariedade que angariou recursos para a reconstrução da loja.

Essa é mais uma de tantas histórias de vítimas de bandidos que não tiveram o direito à segurança garantido pelo Estado. E que, desprotegidas, também não tiveram direito à reparação porque seus pertences não foram devolvidos ou porque os criminosos sequer foram identificados, presos, julgados e condenados.

Depois que os bandidos são presos, emerge outro problema à espera de solução. Pagamos R$ 28,8 mil por ano para manter cada presidiário em instalações deploráveis e superlotadas, segundo o Conselho Nacional de Justiça.[25] Nos presídios federais, cada detento nos custava R$ 40 mil por ano. Os valores eram maiores do que os investimentos anuais nos ensinos fundamental e médio, de R$ 11,7 mil cada um, e no ensino superior, de R$ 36 mil, de acordo com um estudo divulgado pela Organização para a Cooperação e Desenvolvimento Econômico (OCDE) em setembro de 2017.[26]

Isso significa que o casal de idosos do Espírito Santo ainda seria obrigado a pagar parte da conta do encarceramento dos bandidos que o assaltaram caso eles fossem presos. E ainda corria o risco de arcar com uma parcela da indenização em favor dos criminosos. Quisera eu que essa possibilidade estivesse confinada ao folclore jurídico ou a algum conto de Murilo Rubião.

Em fevereiro de 2017, o STF decidiu que o governo do Mato Grosso do Sul deveria pagar R$ 2 mil a um preso à guisa de indenização por danos morais. Motivo? A situação degradante do presídio de Corumbá onde o homem ficou preso durante oito anos por ter roubado e matado a vítima. Uma vez solto, o criminoso requereu na justiça um salário mínimo por mês por todo o período em que esteve encarcerado em situação degradante. O STF, porém, definiu a indenização em R$ 2 mil.

Outra decisão judicial, outro precedente. Dali em diante, todo preso que conseguisse provar ter sido submetido a maus-tratos, condições precárias, superlotação na prisão poderia pedir indenização com boas chances de ganhar. No Brasil, um presidiário não tem muita dificuldade em provar ser vítima de um ambiente degradante

Como nada indica que a infraestrutura carcerária será melhorada, o STF pode ter criado um incentivo para outros pedidos de indenização que não resolvem o problema inicial (as condições tenebrosas das cadeias) e geram um novo (indenização que será paga com o dinheiro das vítimas diretas e indiretas da violência): o primeiro alimenta e potencializa o segundo.

O que disseram os ministros que votaram a favor da indenização? Teori Zavascki afirmou que era "dever do Estado mantê-lo [o preso] em condições carcerárias de acordo com mínimos padrões de humanidade estabelecidos em lei, bem como, se for o caso, ressarcir os danos causados que daí decorrerem".[27]

O ministro Celso de Mello asseverou que manter o preso num local onde "não tinha espaço para dormir, encostando sua cabeça no vaso sanitário", era algo "desprezível, inaceitável" por parte do Estado. Era "necessário fazer-se respeitar um dos mais expressivos fundamentos que dão suporte ao Estado democrático de direito, que é a dignidade da pessoa humana".[28]

Ao discordar somente da forma de reparação, o ministro Luís Roberto Barroso observou que "a entrega de uma indenização em dinheiro confere uma resposta pouco efetiva aos danos morais suportados pelos detentos, além de drenar recursos escassos que poderiam ser empregados na melhoria das condições de encarceramento".[29]

De fato, nem mesmo os criminosos deveriam cumprir suas penas em locais tão abomináveis como são as cadeias brasileiras. E nem era necessário ter academias de ginástica, como queria o então deputado federal Marco Antônio Cabral ao reclamar das instalações carcerárias do presídio de Benfica, onde o seu pai, o ex-governador Sérgio Cabral Filho, estava preso por corrupção.[30] Mas se é dever do Estado não só proteger o indivíduo, mas também garantir condições mínimas para o encarceramento, não cumprindo o primeiro é um escárnio que se esforce para cumprir o segundo. E que, mais uma vez, nos obrigue a pagar pela sua incompetência, ineficiência e estupidez.

Porque é responsabilidade constitucional do Estado brasileiro fornecer segurança pública, qualquer indenização concedida pela Justiça será paga por cada um de nós pagadores de impostos. Dessa forma, sustentamos um Estado caro e incapaz de fornecer adequadamente o serviço de segurança pública; e que, sempre que fracassa, nos obriga a pagar pela segunda vez por meio de indenizações.

A ideia de que todo mundo tem direito a alguma coisa gera incentivos negativos e produz consequências imprevisíveis. Aconteceu em São Paulo em 2017: mulher e filho de um assaltante morto pela polícia após tentativa de assalto pediram uma indenização ao

Estado. A alegação foi de que os policiais teriam reagido de forma desproporcional contra o criminoso, que estava, é bom que se diga, armado. Como ainda há juízes em Berlim, a 11ª Câmara de Direito Público negou por unanimidade o pedido e condenou mãe e filho a pagarem as custas processuais e os honorários advocatícios.

Quanto à decisão do STF, mesmo que haja justificativa em razão das degradantes condições das cadeias brasileiras, conceder tal indenização a um criminoso no contexto de insegurança pública do país representa mais uma violência institucional. Ainda há outro aspecto, o da *equivalência assimétrica*.

A *equivalência assimétrica* se materializa quando a Justiça torna moralmente equivalentes dimensões antagônicas ao conceder indenização tanto para um criminoso quanto para um policial ferido ou para a família de um PM assassinado em serviço. Para parte do Judiciário, portanto, não importa se se trata de um agente da lei ou de um violador da norma quando da concessão de reparações.

O que o Judiciário nos diz com decisões do tipo é que, em termos éticos para atribuição de direitos, não importa se você é honesto ou se roubou e matou. A régua é a mesma e, certamente, isso provoca um problema sério na concepção que temos da responsabilidade das instituições do Estado. Como manter-se responsável num país onde a instância máxima do Judiciário (e não só ela) cria incentivos que premiam a irresponsabilidade?

Cidadão desarmado, bandido privilegiado

Quem apoia o desarmamento está, sem saber, estabelecendo um privilégio legal para os bandidos. Ao se dificultar ou impedir que uma pessoa sem antecedentes criminais possa comprar e portar uma arma de fogo, esta ficará numa posição de desvantagem em relação ao criminoso, que não precisa de autorização para comprar arma de qualquer calibre, modelo, marca e preço.

Mesmo o direito de comprar uma arma legalmente esbarra nos limites impostos pelo Estado, que acabam beneficiando os criminosos, que estarão numa posição mais vantajosa porque não cumprem as regras.

A norma, seja para dificultar ou para impedir o acesso às armas de fogo, funciona em benefício do bandido num grau maior ou menor em razão da insegurança pública institucionalizada. Diante dessa incoerência, os defensores do desarmamento — políticos de turno e os idiotas de plantão — pretendem ser mediadores imparciais desse debate, embora se posicionem contra a sociedade.

Aqueles que defendem a revisão do referendo realizado em 2005, querendo modificar de cima para baixo a decisão dos 50 milhões de brasileiros que rejeitaram a proibição do comércio de armas de fogo e munição no país, têm uma concepção esdrúxula acerca do problema. Imaginam que, se for abolido o direito de comprar e portar armas de fogo, se for abolido o comércio, os criminosos serão automaticamente desarmados. Como se os bandidos comprassem armas nas lojas; como se quase todo o armamento utilizado por eles fosse composto de armas roubadas de gente de bem compradas legalmente e não oriundas do tráfico internacional, uma das tantas mentiras denunciadas por Bene Barbosa e Flavio Quintela em *Mentiram para mim sobre o desarmamento*.[31]

Facilitar a compra legal e o registro de armas de fogo não vai resolver, claro, o problema da segurança pública. Nem é esse o objetivo. O ponto principal é o respeito ao direito do indivíduo de ter legalmente uma arma e assim ter uma chance de se defender, se for necessário.

Um dos obstáculos era a discricionariedade em vigor pelo Estatuto do Desarmamento, que deixa a critério do policial federal decidir pela concessão ou não a partir da justificativa sobre a necessidade para a posse e o porte. Por conta dessa avaliação subjetiva, mesmo que você cumpra os requisitos legais, pode não ser autorizado se o agente "achar" que você não precisa de arma. Na minha santa ingenuidade, até saber que isso acontecia, sempre acreditei que bastava dizer "moro no Brasil" para que o critério da "efetiva necessidade" fosse plenamente cumprido.

O assunto estava em pauta na Câmara dos Deputados no primeiro semestre de 2018 e era bem possível que o Estatuto do Desarmamento fosse alterado em alguns pontos, inclusive na definição de regras e critérios objetivos para a concessão do porte de armas de fogo.

O indulto de Natal é uma festa

Enquanto alguns foram beneficiados com delações mais do que premiadas, outros presos pela Operação Lava Jato foram privilegiados pelo presidente Michel Temer por meio do Decreto nº 9.246, assinado no final de 2017. A decisão provocou tanta celeuma que o brasileiro médio descobriu a existência desse questionável instituto jurídico chamado indulto de Natal. A seguir à descoberta, veio a pergunta: como um criminoso condenado pode ser solto por um decreto presidencial?

Mas o que estava em causa nem era o indulto — embora devesse estar —, mas a leniência do governo na concessão do privilégio para condenados. Até 2016, era comum o indulto beneficiar o preso que já tivesse cumprido um quarto da pena caso tivesse sido condenado a, no máximo, doze anos de prisão, e não fosse reincidente. Mas o indulto de Temer ampliou o benefício para qualquer apenado não reincidente, independentemente do tempo da condenação, desde que tivesse cumprido um quinto da pena. Em caso de reincidente, bastava cumprir mais de um terço da pena.

A benevolência do presidente para com os condenados foi tão explícita que a presidente do STF, ministra Cármen Lúcia, disse que o decreto praticava "benemerência sem causa". Por essa razão, ela concedeu uma liminar a pedido da Procuradoria-Geral da República para suspender os efeitos de três artigos do indulto de Temer.

Outro ponto objeto de crítica foi o benefício concedido "mesmo a presos sem bom comportamento" que tivessem apenas cumprido um quinto da pena. O procurador da República Anselmo Henrique Cordeiro Lopes tocou no cerne da questão ao afirmar que a extinção de punições de forma indiscriminada não resolve o problema, "não 'empodera' vítimas ou mesmo ofensores; não passa, assim, de mais uma forma de paternalismo estatal".[32]

Ao afirmar que "desaparecer com penas sentenciadas de forma genérica e ilógica também agride a isonomia material protegida pela Constituição", o procurador confirmou a manifestação do fenômeno que chamei de *equivalência assimétrica*. "Tratar de modo igual grandes criminosos do colarinho-branco, de um lado, e, de outro lado, autores de delitos menores ou condenados que decidiram trilhar o caminho da assunção de responsabilidade e de colaboração com a Justiça (e com a sociedade e as vítimas) é igualar, de modo injusto, os desiguais."[33]

Por isso, observou o procurador, "o grau de merecimento da misericórdia estatal não é igual entre esses grupos distintos; não é justo, isonômico e proporcional, portanto, tratá-los de forma indistinta, sem premiar aqueles que verdadeiramente merecem tal premiação". Sob essa perspectiva, "o indulto natalino formulado por Temer, em vez de combater a injustiça em nosso sistema punitivo, agrava ainda mais tal injustiça — além da própria sensação de impunidade em favor dos poderosos".[34]

Os efeitos do decreto presidencial poderiam, inclusive, beneficiar pelo menos 37 condenados pelo juiz federal Sergio Moro. Era esse o temor imediato de integrantes da força-tarefa da Operação Lava Jato.

O número de eventuais beneficiados pelo indulto de Temer estava, no entanto, superestimado em razão do tempo de cumprimento da pena de quase todos os 22 condenados que ainda estavam presos. Apenas um, o ex-deputado Luiz Argôlo, poderia ser beneficiado por ter cumprido mais de 20% da pena exigidos pelo decreto.[35]

O indulto natalino — e não só o de Temer — transmite uma ideia de permissividade e de impunidade muito perigosa. Basta lembrar que o último indulto de Dilma Rousseff quando ainda era presidente beneficiou José Dirceu, condenado pelo STF por ser o operador do mensalão.[36]

Cabeça vazia, oficina do diabo

Há ainda um privilégio dos presos que passa despercebido: o direito de não trabalhar quando encarcerado. Isso porque a Constituição, em seu artigo 5º, inciso XLVII, proíbe trabalhos forçados, assim como a pena de morte, prisão perpétua, banimento e punições cruéis. Colocar um preso para trabalhar na construção de uma estrada, por exemplo, seria considerado trabalho forçado se o condenado se recusasse a fazê-lo.

Porque impedido constitucionalmente, um preso não poderia trabalhar para pagar as suas despesas durante o tempo de cumprimento da pena, exceto se por vontade própria para reduzir o tempo de prisão. Em 2015, o então senador Waldemir Moka apresentou o Projeto de Lei nº 580, que pretendia modificar a LEP e estabelecer "a obrigação de o preso ressarcir o Estado das despesas com a sua manutenção no sistema prisional, mediante recursos próprios ou por meio de trabalho".[37] Desde novembro de 2017, o projeto de lei aguardava a designação de um novo relator na Comissão de Constituição, Justiça e Cidadania.

O intento do senador, contudo, recebeu críticas: o projeto foi acusado de ser inconstitucional e de prejudicar a maior parcela dos encarcerados, que não teria condições financeiras de ressarcir o Estado.[38]

Se é verdade que manter uma prisão não é barato, considerando todos os custos envolvidos na operação, é inconcebível que se gaste tanto dinheiro para sustentar um sistema carcerário tão precário, com custo maior do que o investimento no ensino, e que o criminoso não possa trabalhar para sustentar o sistema.

Num encontro realizado em janeiro de 2018, a presidente do STF, ministra Cármen Lúcia, novamente ela, disse que era necessário "buscar soluções concretas, que contemplem o direito dos presos e o direito da sociedade de dormir em sossego".[39] A frase, embora correta, era uma doce ilusão diante da incompetência e irresponsabilidade dos responsáveis pelas políticas de segurança pública municipal, estadual e federal.

Maioridade penal é privilégio para criminoso menor de idade

Corria o ano de 2013. Após um dia de trabalho no estágio, Victor Hugo Deppman chegava ao prédio onde morava na zona leste de São Paulo. Seria mais um dia comum em sua rotina, não tivesse sido abordado por um assaltante por volta das 21 horas. O criminoso exigiu a mochila do estudante, que também entregou o celular. Mesmo sem esboçar qualquer reação, o universitário foi assassinado com um tiro na cabeça. O latrocida matou o jovem e fugiu.[40]

Preso pela polícia, descobriu-se que o criminoso completara 18 anos três dias após o assassinato. Ele era, portanto, menor de idade no momento em que matou Victor Hugo. A brutalidade do crime e a idade do criminoso reacenderam o debate sobre a maioridade penal. As pessoas voltaram a se perguntar se é justo um criminoso ser beneficiado por ter menos de 18 anos.

Julgado como menor, o autor do latrocínio foi liberado pela Fundação Casa após um ano e onze meses internado. O relatório de sua soltura considerou que ele reunia condições sociais e morais para retornar ao convívio da sociedade.[41] Se fosse julgado e condenado como adulto, poderia ser condenado a uma pena de, no mínimo, vinte anos de prisão. Mas a lei não permite.

O Estatuto da Criança e do Adolescente (ECA) trata os criminosos menores de 18 anos como jovens que cometeram infrações. A linguagem importa não só no âmbito penal, mas principalmente na esfera social, ao atenuar o ato cometido, por mais brutal que tenha sido, pela qualificação de quem o comete.

A maioridade penal é privilégio para menores de idade que cometem crimes. A justificativa legal para tanto é baseada na ideia de que o menor ainda não possui formação completa e é, portanto, relativamente incapaz. Isso gera um incentivo para que criminosos adultos usem crianças como mão de obra barata, semi-inimputável e descartável; e os menores sabem que, se cometerem crimes, não serão punidos da mesma forma (às vezes serão soltos no dia seguinte) ou que a punição será branda, quando houver.

No final de 2016, havia no Brasil 192 mil menores cumprindo medidas socioeducativas, segundo o CNJ.[42] Há casos de meninos com menos de 12 anos que são aliciados e treinados por traficantes do Rio de Janeiro só para trocar tiros com os policiais militares.[43]

Os traficantes transformam crianças em soldados do tráfico por, basicamente, duas razões: primeiro, se for alvejada pela PM, dificilmente a manchete dos jornais dirá que a criança baleada estava armada e a serviço da bandidagem; segundo, do ponto de vista legal, crianças de até 11 anos não podem sequer ser internadas em entidades socioeducativas. No máximo, elas serão levadas para instituições de abrigo até que seus responsáveis possam reassumir a guarda.[44] Em 2015, a polícia do Rio de Janeiro apreendeu (eufemismo legal para prisão) 10.262 adolescentes, 22% a mais do que em 2014.

Apesar das dificuldades metodológicas para se obter uma conclusão precisa, alguns estudos apontam uma pequena — ou mesmo pouco perceptível[45, 46] — correlação entre redução da maioridade penal e queda no número de crimes.[47] Mas se é verdade que só a diminuição da idade legal não produz resultados expressivos, a flexibilização da maioridade penal poderia criar um desincentivo para a entrada de jovens no mundo do crime por receio da punição rápida e grave.[48] Também poderia desestimular os criminosos adultos a recorrerem a esse tipo de mão de obra e minorar a sensação de impunidade que sempre aflora diante de crimes como o assassinato do estudante Victor Hugo.

A perda do direito de ser julgado como menor é uma possibilidade legal adotada no sistema processual penal de alguns países e de alguns estados americanos. Adotar aqui essa flexibilização representaria o fim desse privilégio para jovens infratores. Eu, pessoalmente, defendo o fim da idade penal: todo aquele que cometer um crime, seja lá qual for a idade, deveria ser julgado pelos seus atos, cabendo ao magistrado e aos integrantes do tribunal do júri decidir a punição mais adequada.

Prisão especial para criminoso com diploma

Do benefício de não ser punido em função da idade há esse privilégio extraordinário segundo o qual um criminoso com diploma de nível superior é tratado de forma diferenciada pela lei, mesmo que tenha cometido o mesmo crime de alguém que nunca pisou numa universidade. Quem termina a faculdade, se infringir a lei, tem direito a prisão especial, segundo o artigo 295 do Código de Processo Penal.

Afirmei que criminoso sem diploma não é beneficiado, mas corrijo: há cargos e funções ligadas ao Estado que desfrutam o privilégio da prisão especial sem a exigência do curso superior. São eles ministros de Estado, governadores, prefeitos, vereadores, chefes de Polícia, membros do Parlamento nacional e das Assembleias Legislativas, oficiais das Forças Armadas e do Corpo de Bombeiros, militares dos estados, do Distrito Federal e dos territórios, magistrados, ministros de confissão religiosa, ministros do Tribunal de Contas, cidadãos que já exerceram função de jurado, delegados de polícia e os guardas civis dos estados e territórios, ativos e inativos.

Quem não cumprir essas duas condições — ter diploma ou fazer parte dos grupos beneficiados — irá para uma cela comum, como aconteceu com o empresário e ex-bilionário Eike Batista, que não havia concluído o curso de Engenharia Metalúrgica na Universidade RWTH Aachen, na Alemanha.

Privilégios legais: uma lei, duas medidas

Não são apenas a idade, a formação universitária, os cargos e funções estatais os únicos elementos de distinção que beneficiam criminosos. Os grandes corruptos que se refestelam com milhões de reais, quando descobertos e presos, levam a melhor sobre quem furta manteiga, lata de leite condensado, pacotes de bolacha (ou biscoito).

Em 2005, Juvenal Gomes do Nascimento, 18 anos, foi preso pela polícia na cidade de Pedra, Pernambuco. Seu crime? Após uma tentativa frustrada de furtar uma moto junto com dois comparsas num sítio pertencente a um casal de idosos, para não perder a viagem, Juvenal levou um galo e uma galinha. Pelo seu ato, em 2006, foi condenado a cinco anos de prisão em regime semiaberto por furto qualificado. Os dois animais custariam, dependendo da raça, entre R$ 50 e R$ 100. O galo foi devolvido, mas a galinha morreu.[49]

Para piorar a sua situação, o defensor público não recorreu da sentença e Juvenal foi enviado para o local errado por um erro do Judiciário. Em vez de ser transferido para a Penitenciária de Canhotinho, lugar sem grades e com atividades agrícolas para condenados com seu perfil, ele foi enviado para o Presídio de Arcoverde, local com capacidade para 150 detentos, mas que abrigava quinhentos.

Também em 2005, Angélica Aparecida Souza, 19 anos, foi presa na cidade de São Paulo. Seu crime? Furtou um pote de 200 gramas de manteiga de um mercado. Na época, o produto custava R$ 3,10.[50]

Para piorar a situação, foram negados pelo Judiciário os quatro pedidos de liberdade provisória feitos por seu advogado. Depois de mais de quatro meses presa, o Superior Tribunal de Justiça concedeu liminar e ordenou a soltura de Angélica. Mais tarde, porém, ela foi condenada a quatro anos de prisão em regime semiaberto. Pelo furto de um pote de manteiga, a empregada doméstica ficou 128 dias atrás das grades.

Em 2011, um homem foi preso em flagrante pela polícia na cidade de Registro, no interior de São Paulo. Seu crime? Furtou uma lata de leite condensado e três pacotes de bolacha (ou biscoito) num supermercado local. Os produtos, que foram devolvidos quando da prisão, custavam na época R$ 7,48.[51]

Para piorar, porque não tinha R$ 600 para pagar a fiança e responder ao processo em liberdade, o homem ficou detido. Em seguida, o juiz negou o pedido de liberdade feito pela defensoria porque o acusado não tinha comprovante de residência. O problema é que o Judiciário não encaminhou a decisão ao defensor, que só a descobriu cinco meses depois, ao preparar um recurso para o Tribunal de Justiça de São Paulo, que determinou a revogação da prisão. Pelo furto de uma lata de leite condensado e três pacotes de bolacha (ou biscoito), ficou sete meses atrás das grades.

Com um tiro nas costas e um na cabeça, o jornalista Antonio Pimenta Neves matou covardemente a jornalista e ex-namorada Sandra Gomide no dia 20 de agosto de 2000. Ele, que tinha 63 anos, matou Sandra, de 32, porque não aceitava o término da relação.

Assassino confesso, Pimenta Neves ficou preso por apenas sete meses e foi solto para aguardar o julgamento em liberdade graças a recursos ajuizados por seus advogados. Só em 2006 ele foi finalmente julgado e condenado a dezenove anos, dois meses e doze dias de prisão. Mas ele não foi para a cadeia porque tinha dinheiro para pagar bons advogados, que usaram os privilégios legais em forma de recursos para mantê-lo em liberdade mesmo depois de condenado.

Embora não tenham conseguido anular o resultado da condenação, em 2008 seus advogados lograram êxito em convencer os ministros do STJ a reduzir a pena para catorze anos, dez meses e três dias de prisão. Apenas em maio de 2011, onze anos depois de matar Sandra, cinco anos depois de condenado e após o STF negar todos os recursos possíveis, Pimenta Neves começou a cumprir a pena em regime fechado.

A vida na prisão foi breve, entretanto. Em setembro de 2013, ele conseguiu na Vara de Execuções Criminais de Taubaté, município onde estava preso, a progressão da pena de fechado para semiaberto. Em outubro do mesmo ano, foi beneficiado com a saída temporária no Dia das Crianças.

Em fevereiro de 2016, quase cinco anos depois de começar a cumprir a sentença, a defesa de Pimenta Neves conseguiu no Tribunal de Justiça de São Paulo a progressão de pena do regime semiaberto para o aberto. A decisão permitiu que o assassino fosse privilegiado pela lei e cumprisse o restante da pena em casa.[52] Se tivesse vendido ou matado um mico-leão-dourado, Pimenta Neves provavelmente cumpriria a pena encarcerado desde o dia do crime.

O empresário e político Paulo Maluf foi prefeito de São Paulo entre 1993 e 1996. Nesse período, segundo o processo, ele cometeu crimes de lavagem de dinheiro ao desviar verba utilizada na construção de uma avenida na capital paulistana. De 1998 a 2006, Maluf "ocultou e dissimulou vultosos valores oriundos da perpetração do delito de corrupção passiva utilizando para isso diversas contas bancárias e fundos de investimentos abertos em nomes de empresas offshore situados na ilha de Jersey".[53]

Pelos crimes que cometeu, Maluf só foi condenado mais de duas décadas depois de deixar a prefeitura. Vinte e um anos solto graças à lei e ao trabalho de seus advogados. Foi somente em maio de 2017 que a Primeira Turma do STF o condenou a uma pena de sete anos, nove meses e dez dias de prisão em regime fechado. Além dos 248 dias-multa no valor de cinco vezes o salário mínimo vigente em 2006, Maluf também perdeu o mandato de deputado federal.

Preso em Brasília em dezembro de 2017, Maluf só ficou encarcerado até março de 2018. Por decisão liminar do ministro Dias

Toffoli, conseguiu no STF o privilégio de cumprir a pena em prisão domiciliar. A justificativa foi seu estado de saúde: câncer de próstata em estágio avançado que teria se agravado na prisão.

Em abril de 2018, embora o STF tenha rejeitado recurso da defesa de Maluf que pedia anulação da condenação e a prescrição de um dos crimes, o ministro Edson Fachin concedeu habeas corpus para que o ex-deputado continuasse em prisão domiciliar.[54]

Luiz Inácio Lula da Silva foi presidente da República por dois mandatos, de 2003 a 2010. Entre 2006 e 2012, recebeu R$ 2,2 milhões de propinas por meio de vantagens ilícitas concedidas pela empreiteira OAS. Lula usou estratagemas para ocultar e dissimular a propriedade do tríplex do Guarujá, que fora comprado (e reformado) pela OAS e dado ao ex-presidente como vantagem indevida pelos benefícios recebidos pela empreiteira durante o governo do petista. As informações constam na sentença proferida no dia 12 de julho de 2017 pelo juiz federal Sergio Moro, que condenou Lula a nove anos e seis meses de prisão pelos crimes de corrupção passiva e lavagem de dinheiro.

Moro, porém, concedeu um privilégio ao ex-presidente ao não decretar a prisão imediata. O juiz afirmou na decisão que era preferível aguardar o julgamento do recurso da defesa de Lula ao Tribunal Regional Federal da 4ª Região (TRF-4) para tentar evitar eventuais distúrbios que a prisão imediata poderia provocar. Lula foi condenado, mas continuou livre.

No dia 24 de janeiro de 2018, a 8ª Turma do TRF-4 ratificou, por unanimidade, a decisão de Moro, mas aumentou a pena para doze anos e um mês de prisão. Lula, porém, não foi preso mesmo depois de ter sido condenado pela segunda vez graças aos recursos previstos em lei. Há pelo menos onze admitidos em processos criminais, mas esse número, já excessivo, não era o único problema. O Código de Processo Penal permitia que cada um deles pudesse ser usado mais de uma vez.

Um exemplo recorrente são os embargos de declaração, instrumento que deveria servir para esclarecer pontos da decisão judicial, pois não pode revertê-la, mas que na prática servia para postergar a execução da sentença. Foi a possibilidade de ajuizá-lo, naquele momento o último recurso disponível para a defesa de Lula naquela instância, que fez com que o TRF-4 não decretasse a prisão.

No dia 26 de março, por unanimidade, o Tribunal negou provimento aos embargos, o que já permitiria que o ex-presidente fosse preso. Só que não. Havia ainda um pedido de habeas corpus preventivo a ser julgado pelo STF e que impedia a execução da pena. Era mais uma tentativa da defesa para garantir a liberdade de Lula até que não houvesse mais nenhum recurso pendente. Mas no dia 5 de abril, por seis votos a cinco, a maioria dos ministros negou o pedido.

Um dia depois da decisão do STF e autorizado pelo TRF-4, Moro decretou a prisão do ex-presidente. O juiz estabeleceu, porém, dois privilégios que ele justificou em razão da dignidade do cargo que Lula ocupou e de que o próprio Lula mostrou ser indigno:

1) Moro permitiu que o ex-presidente se apresentasse voluntariamente na sede da Polícia Federal em Curitiba até as 17 horas do dia 6 de abril.

Lula não foi e ainda protagonizou um ato realizado em seu apoio na sede do Sindicato dos Metalúrgicos do ABC, em São Paulo, que demonstrou o quanto de apoio lhe faltava. Faltou tanta gente famosa que antes o apoiava que se faltasse mais não iria caber. Nada de Chico Buarque e que tais. Nem o possível candidato à presidência pelo PT, Jaques Wagner, apareceu.

2) Moro ordenou que fosse preparada uma sala reservada para que Lula não tivesse contato com os demais presos e assim fosse preservada a sua integridade física e moral dentro do prédio da Polícia Federal onde também estavam encarcerados Antonio Palocci, petista e ex-ministro de Lula, e Léo Pinheiro, ex-presidente da OAS.

Quase nove meses após ser condenado por corrupção passiva e lavagem de dinheiro, o ex-presidente foi finalmente preso naquele mesmo dia 6 de abril ao se entregar aos policiais federais e ser levado para Curitiba. Porque não tem curso superior (título de *doutor honoris causa* não é aceito pela lei), Lula não tinha direito a cela especial, um privilégio para criminosos graduados. Entretanto, no dia 5 de maio conseguiu um benefício da Justiça: autorização para receber seus médicos e ter uma esteira ergométrica na cela. Antes disso, a Polícia Federal já havia autorizado o ex-presidente a receber aliados políticos toda quinta-feira em substituição à visita de familiares.

Pimenta Neves, Maluf, Lula são exemplos sintomáticos de como a lei beneficia quem tem dinheiro para contratar bons advogados, ao contrário dos milhares de Juvenais e Angélicas.

Não trago esses exemplos numa perspectiva comparada para relativizar o furto de galinha ou de manteiga frente a um esquema de corrupção gigantesco como o do PT. Ou mesmo para afirmar que quem cometeu crimes menos graves não deve ser punido. Pelo contrário: cada um deve ser responsabilizado pelos seus atos.

Os casos que apresentei servem exatamente para mostrar a desproporção entre atos criminosos distintos, suas respectivas condenações, a execução das punições, e como criminosos condenados que têm dinheiro e influência podem ficar soltos, mesmo que por um período, porque têm condições financeiras de ter os melhores advogados.

Eis o cerne da questão: os recursos só beneficiam quem tem dinheiro para pagar profissionais renomados. Se a lei não vale igualmente para todos, então, estamos diante de um *privilégio*, não de um *direito*.

A impunidade como privilégio

A Justiça brasileira não tem responsabilidade exclusiva nessa história. Os poderes Legislativo e Executivo têm sua parcela de culpa. O primeiro, ao criar leis ruins, lenientes ou inócuas; o segundo, ao endossá-las, ao tomar decisões que aprofundam sua própria irresponsabilidade ao não combater a insegurança pública de forma eficaz. Se a segurança do cidadão é direito constitucional e dever do Estado, ao não garanti-la, todas as pessoas que trabalham nas instituições estatais são responsáveis ou corresponsáveis, diretos ou indiretos, pela alta criminalidade em qualquer esfera da sociedade.

Um dos grandes privilégios dos criminosos no Brasil é justamente a impunidade. Se a lei, as instituições e certa *intelligentsia* tratam os criminosos como vítimas da sociedade, não é exatamente uma surpresa que eles passem a se enxergar como tal. E que justifiquem seus atos com base nessa ficção ideológica, que teve em Karl Marx seu mais influente escritor. Marx via o criminoso como alguém que produzia crimes e que estava no mesmo patamar do filósofo que produzia ideias; do poeta que produzia poesia; do padre que produzia sermões. Mas não só.

O filósofo do proletariado, que só conhecia proletário pelos livros, definiu o criminoso como aquele que quebrava "a monotonia e a segurança quotidiana da vida burguesa" e que cumpria uma função importante porque não apenas cometia crimes, mas também criava o Direito Penal, a polícia, os manuais e cursos, e que era objeto de atenção dos legisladores, dos escritores, dos artistas.[55]

O Brasil está repleto de legisladores, escritores, artistas, intelectuais, professores que, à semelhança do criminoso do delírio marxista, cumprem com louvor a função de assassinar a inteligência e degradar a responsabilidade.

PARTE 4

PRIVILÉGIOS, RESPONSABILIDADE E O SENTIDO DA VIDA

Quando falavam de Justiça, grandes nomes do pensamento ocidental tinham em mente os deveres e as obrigações, não a mera concessão de *direitos* e *privilégios*. Platão, Aristóteles, Cícero, Santo Agostinho, observou o filósofo alemão Josef Pieper, entendiam que a preocupação com o justo impunha que cada um tivesse aquilo que lhe pertencia, não o que era de outro. "Ser privado daquilo que pertence a outra pessoa é completamente diferente de furtar, danificar ou subtrair aquilo que ela possui."[1]

Discussão qualificada e antiga essa em torno do justo, da Justiça, dos direitos cujo legado foi sepultado pelo Estado moderno e pelas transformações sociais. Chegamos ao século XXI com uma prosperidade jamais vista na história, mas com um grau único de dependência mental do auxílio estatal por meio de *direitos* e *privilégios*. O paradoxo se impôs.

Esgarçadas as antigas noções de justo e de Justiça, os *direitos* formais — e, por extensão, os *privilégios* — foram desvinculados dos deveres e das obrigações. A consequência é o contrário de Justiça: uma Era de Direitos e Privilégios e seu subproduto, os servis e dependentes.

Nos capítulos anteriores, apresentei uma parte representativa da pluralidade e da quantidade de *privilégios* que assolam o país, desde aqueles que beneficiam políticos e os servidores de distintas categorias do Estado aos que beneficiam as pessoas privadas. Os dois elementos comuns a ambos são, primeiro, ter o Estado como fonte originária de concessão de *privilégios* disfarçados de *direitos* e, segundo, ter o *privilégio* definido em função do grupo que representam (políticos, magistrados, promotores, empresários, estudantes, criminosos, advogados, LGBTTI).

Como mostrei, os *privilégios* não são uma exclusividade de políticos e de servidores públicos, como costumamos pensar. As benesses também podem ser de ordem privada. Embora se manifestem em dimensões distintas com consequências diversas, o ponto em comum entre os *privilegiados* que trabalham no Estado (políticos, servidores) e os *privilegiados* que trabalham na iniciativa privada (empresários, funcionários) é que os *privilégios* de ambos são concedidos pelo Estado.

Por essa razão são tão úteis as definições e distinções que apresentei no primeiro capítulo. São elas que permitem diferenciar um do outro e compreender que aquilo que estamos acostumados a ver como *direitos* são, na verdade, *privilégios*. E que, por serem *privilégios*, beneficiam o grupo dos *especiais* em detrimento dos *ordinários*, que compõem a maioria da sociedade e são obrigados a financiar seu custo e arcar com a responsabilidade dos benefícios concedidos.

A partir dos exemplos que apresentei é possível ver o problema criado pela concessão estatal de *privilégios* em forma de direitos sob uma nova perspectiva. Todos os *privilegiados* no Brasil são formalmente beneficiados por meio de decisões políticas, judiciais e da legislação, todas emanações do Estado.

Mesmo que esses *privilégios formais* não se concretizem na prática, em virtude da incompetência dos serviços estatais ou da impossibilidade mesma de entrega do *privilégio*, eles existem e só podem ser usufruídos por grupos previamente determinados por atores e agentes políticos.

Quando um *privilégio* é estabelecido, cria automaticamente uma obrigação para quem não foi *privilegiado*. Essa obrigação implica uma transferência compulsória de responsabilidade do *privilegiado* para o *desprivilegiado*, que arca com as consequências intencionais e não intencionais do *privilégio*. Isso é algo que não vemos, ou que preferimos ignorar. E não é difícil imaginar eventuais consequências culturais, sociais e políticas quando a responsabilidade individual é delegada para terceiros. Quais seriam?

Aqui se localiza outro problema grave cujos reflexos, por não serem aparentes, são ou ignorados ou relativizados: a construção de uma mentalidade servil pelos incentivos que existem para que uma parcela da sociedade não assuma as responsabilidades individuais de conduzir a própria vida. De forma sorrateira, o hábito de pedir *direitos* e receber *privilégios* vai minando o sentido de dever que deve acompanhar cada obrigação.

O desafio é preservar ou criar um sentido de dever num país onde o Estado concede *privilégios* para grupos específicos. Num ambiente em que o sentido de dever é desvalorizado e corroído por uma cultura de *direitos máximos*, as pessoas não terão incentivos para assumir suas responsabilidades.

Cria-se, ainda, um desestímulo para assumir obrigações quando se percebe que os cumprimentos de certos deveres legais — como os tributos — são usados para satisfazer *privilégios* de quem ocupa posições prestigiadas no Estado. A sociedade começa a se questionar por que é obrigada a financiar *privilégios* ao mesmo tempo que é penalizada de tantas maneiras pelos políticos e pelos representantes das instituições estatais.

1 A dinâmica incoercível do Estado moderno

Ao fazer a defesa da representação política e do governo representativo, José Pedro Galvão de Sousa afirmou que cabe ao poder político "garantir a convivência dos homens num ambiente de paz e de mútuo respeito, cumprindo-lhe antes de mais nada proporcionar a todos a certeza do direito", exercer a autoridade para a "manutenção da ordem jurídica" e "contribuir de sua parte, quando necessário, para que os membros da sociedade se completem na sua ação e tenham todos os bens ou recursos de que precisam".[1]

A ordem jurídica, segundo Galvão, "tem suas fontes mais profundas, nos grupos que constituem" a sociedade e, por essa razão, a atuação política legítima não pode fazer com que o Estado assuma uma missão que não é sua quando substitui "estes grupos na realização da finalidade e dos objetivos de cada um".[2]

Se "tais agrupamentos orgânicos esperam encontrar um amparo para a proteção dos seus direitos e uma ajuda para o seu próprio desenvolvimento", cabe ao Estado, segundo o jurista, "prestar-lhes auxílio ou subsídio", mas sem exorbitar suas funções ao se arrogar, "numa autodeificação, o papel de criador da ordem jurídica e de providência tutelar dos seus subordinados, anulando-lhes a ação, substituindo-se a eles, absorvendo-os totalitariamente".[3]

A estatização da vida, que é característica — e resultado — do regime totalitário que Galvão pretendia denunciar,[4] não é exclusividade dos totalitarismos. Com outros elementos e feições, também é um traço de democracias contemporâneas como a brasileira.

E aqui reside uma dificuldade advinda da dinâmica da política e da natureza do poder estatal, que é expansionista, não contracionista. De uma perspectiva meramente teórica é possível enquadrar e limitar a ação dos agentes políticos e a atuação do Estado. Na vida real, porém, a autodeificação estatal a partir do protagonismo na criação "da ordem jurídica e de providência tutelar dos seus subordinados" é o corolário da missão do Estado, que é contribuir para que os membros da sociedade "tenham todos os bens ou recursos de que precisam", o que inclui "auxílio ou subsídio".[5]

Dado todo o ambiente de incentivos que temos hoje, por mais bem-intencionada que seja, tal proposta teórica tem o condão de validar exatamente o resultado que pretendia evitar, ou seja, a anulação, absorção e substituição dos membros da sociedade pelo Estado. Se no passado o perigo era a degeneração para um regime totalitário, hoje é possível fazê-lo de forma gradual sob um sistema formalmente democrático.

Os *direitos abstratos* e os *privilégios* são, portanto, instrumentos da centralização progressiva, esta "dinâmica incoercível do Estado moderno"[6] que pavimentou o caminho para o despotismo democrático denunciado por Tocqueville no século XIX, mas que se tornou mais danoso no século XXI:

> Nunca se viu, nos tempos passados, um soberano tão absoluto e tão poderoso que tenha empreendido administrar, por si mesmo e sem o socorro de poderes secundários, todas as partes de um grande império; não há nenhum soberano que tenha tentado submeter indistintamente todos os seus súditos aos detalhes de uma regra uniforme, nem que tenha descido ao lado de cada um deles para regê-lo e conduzi-lo. A ideia de semelhante empresa nunca se tinha

apresentado ao espírito humano e, se um homem a tivesse concebido, a insuficiência das luzes, a imperfeição dos procedimentos administrativos e, sobretudo, os obstáculos naturais que a desigualdade de condições suscitava logo o teriam detido na execução de tão vasto projeto.[7]

O poder político e os meios de ação e coerção dos líderes políticos sob regimes democráticos eram, portanto, muito superiores e mais perigosos do que os dos antigos soberanos, e se expressavam de maneira "mais intensa e mais doce", sendo capaz de degradar "os homens sem os artormentar".[8]

Trata-se, sem dúvida, de uma armadilha cruel que faz a vítima colaborar para o seu infortúnio. E é assim que o indivíduo se sujeita todos os dias nos pequenos assuntos, e a sujeição não o desespera, embora o contrarie sem cessar e o leve "a renunciar ao uso de sua vontade".[9] A consequência inevitável dessa renúncia é extinguir gradualmente o espírito e esmorecer a alma, "ao passo que a obediência, que só é devida num número de circunstâncias gravíssimas, mas raras, só mostra a servidão de longe em longe e só a faz pesar sobre certos homens".[10]

Ao se tornarem tão dependentes do poder central, e de seus instrumentos mais sedutores que são os *direitos* e *privilégios*, mesmo a faculdade de escolher representantes na política não impede que "percam pouco a pouco a faculdade de pensar, de sentir e de agir por si mesmos e que caiam assim gradualmente abaixo do nível da humanidade".[11]

Tocqueville refletiu sobre sua época, mas conseguiu, com uma clarividência extraordinária, antecipar o que viria depois. Hoje, o despotismo democrático faz com que os indivíduos se infantilizem e aceitem ser "joguetes do soberano e seus amos" escolhidos democraticamente. Por isso mesmo, eles renunciam "inteiramente ao hábito de se dirigir a si mesmos",[12] seja pela escolha de seus representantes políticos seja na condução autônoma de suas próprias vidas. Entende-se, por essa razão, a disposição subserviente que também se manifesta por meio da busca por *direitos* e *privilégios*.

No século seguinte, Friedrich Hayek atualizou o alerta de Tocqueville ao afirmar que "a mais importante transformação que um controle governamental amplo produz é de ordem psicológica, é uma alteração no caráter do povo". É um processo lento e de certa forma imperceptível, "que se estende não apenas por alguns anos, mas talvez por uma ou duas gerações". Uma vez iniciado, explicou Hayek, nem "mesmo uma vigorosa tradição de liberdade política" poderá ser "garantia suficiente, quando o perigo consiste precisamente em novas instituições e novas orientações políticas que ameaçam corroer e destruir pouco a pouco aquele espírito".[13] E quanto mais subservientes e ameaçados são os indivíduos, maior a tendência para que abram mão das liberdades, das responsabilidades, do dever, e estejam predispostos a pedirem favorecimentos aos poderes políticos.

2 Incentivos e privilégios

Inexistem pesquisas que estabeleçam correlação ou relação de causalidade entre a concessão de *privilégios* e a corrosão da responsabilidade individual. Mas sabemos pelas pesquisas realizadas em diversos campos, incluindo a fascinante Economia Comportamental, que a criação de um incentivo perverso gera uma consequência ruim.

Em seu livro *Previsivelmente racional*, o professor de Economia Comportamental Dan Ariely, do Massachusetts Institute of Technology (MIT), conta que, em 1993, uma agência regulatória americana determinou que as empresas deveriam revelar quanto dinheiro e outros ganhos recebiam seus grandes executivos. O objetivo do Governo Federal dos Estados Unidos era fazer com que o constrangimento provocado pela divulgação das informações obrigasse as empresas a parar de oferecer as remunerações e benefícios considerados escandalosos pelos burocratas.[1]

A divulgação, porém, produziu efeito contrário: em vez de reduzir, os salários aumentaram. A explicação? Ao verificarem que ganhavam menos do que os profissionais de outras empresas, os CEOs se esforçaram para também aumentar seus ganhos. Se antes da divulgação um grande executivo recebia, em média, 131 vezes mais do que o valor recebido por um trabalhador médio, passou a ganhar 369 vezes mais.[2]

O que aconteceu nos Estados Unidos no início da década de 1990 é parecido com o que acontece no funcionalismo estatal brasileiro — com a diferença de que quem paga a conta aqui no Brasil somos nós, pagadores de impostos. Vejam o caso do teto salarial com base no vencimento do ministro do STF. Aparentemente, foi uma decisão acertada para que nenhum servidor ganhasse mais do que aquele ganho definido como parâmetro. O objetivo era evitar distorções e impedir que servidores hierarquicamente inferiores ganhassem mais do que autoridades sobre quem pesam enormes responsabilidades e obrigações. Mas não foi isso o que aconteceu.

O teto salarial estabelecido a partir dos vencimentos de um ministro do STF criou um incentivo para que todos os servidores o vissem como uma meta a ser alcançada. Por essa razão, toda vez que o salário de um ministro do STF é corrigido, todas as categorias de servidores pressionam para que seus vencimentos sejam aumentados. A remuneração e os benefícios do Supremo tornaram-se, assim, uma *súmula vinculante de privilégios*.

Nos outros poderes ocorre movimento parecido de usar a corporação para se sobrepor ao bem comum. Cada vez que o político ou servidor descobre que um colega da mesma (ou de outra) instituição usufrui um *privilégio* que ele não tem, e que não fazia ideia que existia, inicia uma corrida para ter o mesmo *direito máximo*. E assim os *privilégios* vão sendo reproduzidos, tão rapidamente quanto se reproduz um hamster chinês.

Na sociedade, o fenômeno é similar. Sempre que um grupo da população conquista um benefício surge algum indivíduo ou grupo organizado que tenta criar um *privilégio* que beneficie a ele e àqueles que representa ou diz representar. Os exemplos que apresentei no livro são uma amostra parcial e incompleta do estado da nossa nação.

Somos incapazes de identificar muitos desses exemplos porque fomos treinados a reconhecer somente aqueles que nos parecem mais injustos, porque mais evidentes. Os mais explícitos são justamente os que estão confinados no Estado e provocam indignação porque são seus próprios beneficiários (deputados, senadores, magistrados etc.) que os determinam e nos obrigam a pagar por eles mediante os tributos.

Há *privilégios* escondidos em determinados *direitos* que passam despercebidos porque ou não são vistos como regalias ou são aceitos porque beneficiam quem precisa. E assim os *privilégios* para determinados grupos da população são aceitos sem ser questionados porque são vistos como uma forma torta de compensação, de reparação.

O que a maioria dos exemplos que eu apresentei tem em comum é a ideia de que somos uma nação de credores em busca de *direitos máximos* em face dos quais não se exigem deveres e responsabilidades. Os *privilégios* são vistos como negativos se beneficiam aqueles que são vistos como pessoas que deles não precisam. O *privilégio* em si parece não provocar indignação se for por uma boa causa. Essa forma de ver o problema cria um incentivo para que muita gente ambicione certas atividades e desenvolva certas condutas com vistas a serem beneficiadas por esses *direitos máximos*. O número de faculdades de Direito no Brasil e a quantidade de candidatos em concursos públicos são a prova empírica dessa constatação.

Há outro aspecto a ser considerado: parece que nós brasileiros só nos irritamos com os *privilégios* que os outros têm e nós não temos. Alguns, entretanto, fazem da busca e conquista desses *privilégios* o sentido de suas vidas profissionais. Essa escolha, porém, não se reduz à esfera do labor diário.

Reside no indivíduo que decide ser servidor público para desfrutar os *privilégios* e no empresário que financia políticos para ser beneficiado pelo Estado uma recusa em assumir a responsabilidade de viver sem regalias, mesmo que o ambiente de mercado hostil justifique tal escolha.

Em certa medida, deter um *privilégio* é uma maneira de não apenas ser beneficiado e protegido, mas de não ser prejudicado. Há tantos obstáculos legais, jurídicos, institucionais e culturais para viver de forma independente que ser dependente de terceiros é a regra que confirma as exceções.

No Brasil, como os principais direitos constitucionais não são cumpridos a contento (ensino, saúde, segurança pública) e a sociedade sabe que isso não irá mudar, busca nos *privilégios* uma forma torta, mas eficaz, de compensação. Assim, se o funcionário público não consegue o aumento previsto em lei, busca algum benefício (como o auxílio-moradia) para servir como o reajuste que não foi cumprido; se um indivíduo pobre não consegue conquistar uma vaga na universidade federal porque o ensino na escola pública foi insuficiente, defende ou apoia um sistema de cotas que lhe garanta a vaga.

Também há aqueles *privilégios* que a iniciativa privada é obrigada a cumprir, como a meia-entrada para estudante e descontos e gratuidades em eventos culturais e transporte público. Esse é um ponto curioso: quando o Estado falha em cumprir certas atribuições, transfere compulsoriamente essa responsabilidade para o setor privado, porque sabe que os empresários conseguirão fazê-lo.

Ao comentar o romance *O império do sol*, do escritor J. G. Ballard, Theodore Dalrymple observa que a eclosão da Segunda Guerra vira o mundo de ponta-cabeça e quebra a hierarquia social até então vigente. Quando a ama esbofeteia gratuitamente o rosto do protagonista Jim, o jovem rico cercado de empregados e luxo, o que faz é expelir "todo o ressentimento, toda a humilhação e todo o ódio que um adulto posto sob as ordens de uma criança mimada passa a sentir". A agressão é o símbolo da ruptura com a "obediência passiva de outrora", que "não advinha nem da anuência nem da ausência de sentimento, e sim do medo, da coerção e da falta de alternativas".[3]

Ao ler sobre esse episódio, mesmo que vivenciado por um personagem de ficção num ambiente completamente diferente da realidade brasileira, pergunto-me em que medida, e até que ponto, a nossa busca por *privilégios* advém precisamente do temor provocado pelas incertezas de se viver no Brasil, da falta de alternativas que é a realidade de uma parcela considerável dos brasileiros e do ressentimento gerado por esses dois elementos. Porque, aqui, a única certeza é a incerteza.

Se alguns dos meus ex-colegas de faculdade de Direito enxergavam no concurso público um meio para superar a situação econômica desfavorável, hoje consigo compreender — embora continue a não aceitar — a escolha daqueles que, em melhores condições financeiras, viram no concurso não apenas uma forma de desfrutar em início de carreira os salários mais altos do que os da iniciativa privada e garantias e benefícios restritos aos servidores, mas de se proteger do próprio Estado e das elites políticas que criam e mantêm essa estrutura e seu correspondente sistema de incentivos perversos.

Eis a ironia, eis o paradoxo: todo aquele que decide escudar-se no serviço público e assim desfrutar dos *privilégios* advindos do cargo se converte imediatamente em agente de preservação do sistema que o fez buscar o Estado como protetor e provedor. Todos que somos vítimas diretas ou indiretas do *statu quo* assumimos não só as nossas responsabilidades e deveres, mas as obrigações de cada um daqueles que se recusaram a fazê-lo.

3 Paternalismo de pai ausente

Determinados *privilégios* criados para grupos da sociedade são fruto do paternalismo estatal. Não se trata de obra do acaso, mas do corolário de uma mentalidade que vê o outro, especialmente os mais pobres e vulneráveis, como incapaz de fazer ou de conseguir determinadas coisas. Por isso, o Estado deve agir como um pai em relação ao filho incapaz, inimputável. O resultado dessa relação não é, porém, nada positivo: quanto mais é tratada como imatura mais a sociedade se infantiliza e pede por mais Estado por meio de *direitos sociais* e *privilégios*. O problema é que se trata de um *paternalismo de pai ausente.*

Os indivíduos que chegam ao poder e criam leis e políticas públicas paternalistas são eles próprios frutos do paternalismo em vigor. Uma vez em cargos de comando, repetem o que aprenderam sem questionar a origem e seus efeitos. Ignoram também que as pessoas reagem a incentivos: se forem tratadas pelo Estado como crianças, agirão como tais.

Por outro lado, o Estado é ausente, pois incapaz de prover tudo o que promete e dele é esperado. A promessa retórica e constitucional é frustrada a todo momento, o que estranhamente reforça a ilusão de que um dia os *direitos sociais* (saúde, ensino, segurança) serão plenamente realizados. Quando não o são, em vez da revolta, há o estado de negação: "era só investir em educação"; "era só prender os políticos corruptos"; "era só acabar com a corrupção". E todo o sistema — assim como Minas — estará onde sempre esteve.

Se é verdade que parcelas da população precisam de ajuda por problemas criados pelo próprio Estado, que é incompetente ou omisso, outros grupos usufruem os *privilégios* concedidos pelo Estado porque eles existem e são mantidos com os impostos que seus integrantes pagam. Há, portanto, incentivos para que ajam dessa forma. Sua ação é previsivelmente racional.

Uma das consequências do paternalismo estatal em forma de *direito* ou *privilégio* é transmitir a mensagem de que quem é beneficiado não é capaz de conseguir aquilo de outra forma. A depender das instituições, das normas e, portanto, dos incentivos localizados num país, ações estatais paternalistas não serão temporárias, mas permanentes. E, sendo contínuas, o paternalismo estará integrado a uma política de Estado que confinará uma parcela da sociedade à sua condição social, política e econômica desfavorável por prazo indeterminado. A mensagem é: você jamais será autônomo, livre e responsável.

Outro efeito do paternalismo é tirar do indivíduo a responsabilidade que lhe cabe. Se uma pessoa sabe que não precisará se esforçar para conquistar aquilo que almeja porque o Estado lhe dará, sua conduta será direcionada para atender a burocracia estatal para ter acesso a algum benefício em vez de se empenhar para conquistá-lo por conta própria. É muito diferente a forma como o ser humano lida com aquilo que ganha na comparação com aquilo que conquista. Porque não existirá no acesso ao benefício qualquer empenho que o torne responsável por aquilo que recebeu, a relação do indivíduo com o que lhe foi concedido será frágil, precária e não responsável.

As políticas públicas paternalistas são fundamentadas na ideia de que o cidadão não tem capacidade, discernimento nem responsabilidade para cuidar de algumas coisas importantes de sua própria vida.

E aí entra o Estado para fazer aquilo que os políticos e servidores acham que a sociedade não faria por conta própria.

Um Estado paternalista, porém, não é um pai que nega diretamente aquilo que o filho quer ou de que tem vontade. Ele usa a lei para criar a ilusão de que esse ou aquele *direito* é necessário ou devido, mas é impossível resolver problemas com a promessa de concessão de mais *direitos máximos*. Quando o pai fracassa em fazer a vontade do filho, recusa-se a atribuir responsabilidades individuais a questões individuais. O resultado é a decepção com o pai.

Os *direitos máximos* concedidos pelos políticos parecem ser migalhas concedidas para que a sociedade não se revolte contra a classe política e a retire do poder pelo voto ou por algum tipo de revolta ou golpe de Estado.

Ainda há aqueles políticos que o fazem por ideologia, e criam ou apoiam leis que tendem a criar uma espécie de servidão mental. Assim, a concessão de *direitos* também pode ser uma forma de a classe política controlar a sociedade — ou parte dela — ao instituir políticas públicas que causem dependência econômica ou de gratidão.

O problema é que o pressuposto do argumento que justifica a existência de um *privilégio* para quem precisa poderá ser usado por aqueles que já o têm e querem mantê-los. Assim, o paternalismo é transformado num princípio de política pública que converte a exceção em regra.

Numa sociedade infantilizada, ninguém quer assumir a culpa, e, por isso, a ideia de *direito* é mais confortável do que a de dever e obrigação, que se transformam em estorvos numa sociedade hedonista. Somos tratados como um bando de idiotas incapazes e irresponsáveis, e alguns de nós passam a agir como tais.

Aqueles que estão na cadeia de comando no Brasil (políticos, magistrados etc.) acham, no fundo, que o *brasileiro* — grupo no qual jamais se incluem — não conseguiria cuidar da própria vida se não fosse a ajuda estatal. Ao lutar por *privilégios* escondidos sob o nome de *direitos* — a agenda oculta —, os grupos de pressão mobilizados legitimam essa percepção por parte de legisladores e tomadores de decisão. E a roda continua a girar no mesmo sentido.

Essa aliança é curiosa porque parece que tomadores de decisão e grupos de pressão adotam posições e tomam decisões com base numa abstração sobre o que seria o povo brasileiro, mas, na verdade, reproduzem nessa abstração o reflexo daquilo que eles são. Ao projetarem na sociedade a sua imagem refletida a partir da responsabilidade que lhes falta, submetem todos, os *privilegiados* e os *não privilegiados* —, a uma mesma decisão de cima para baixo.

Além disso, determinados *privilégios* formais e institucionais foram (e são) criados para postergar ou tornar desnecessária a resolução da origem dos problemas, cuidando apenas das suas consequências. Desse ponto de vista, é preferível, por exemplo, criar auxílio-moradia para magistrados e promotores a cumprir o reajuste constitucional; conceder reduções tarifárias setoriais, subsídios, Refis a realizar uma reforma tributária e reduzir impostos; liberar a assassina dos pais no Dia das Mães a alterar a legislação penal.

Decisões ou inações do tipo aliviam a pressão política e atraem aliados de ocasião para o governo de turno. Ao atender os grupos de interesses com *privilégios*, o Estado os converte em aliados circunstanciais e ganha mais tempo para evitar as reformas e mexer em vespeiros políticos. O resultado é óbvio: os segmentos privilegiados se agarram com unhas e dentes aos benefícios concedidos.

A formulação e a preservação de políticas públicas com essa orientação pressupõem uma nação de credores irresponsáveis e servis. Nos acostumamos a ser tratados dessa maneira e reagimos de acordo com o roteiro. Não deveria ser uma surpresa que decisões políticas presumam uma sociedade imatura, o que reforça o *paternalismo de pai ausente*. A desculpa para o voto ser obrigatório é risível. Parte da premissa de que a sociedade brasileira não está madura o suficiente para ir às urnas se não for obrigada a tal. Por essa lógica, a classe política será tão imatura quanto a sociedade da qual é oriunda.

Além de criar *direitos* que esvaziam a autonomia individual e *privilégios* que criam uma sociedade juridicamente hierarquizada, há uma tentativa de revogar ou relativizar *direitos* existentes definidos pela própria sociedade por votação direta em referendos e plebiscitos. A maciça votação contrária ao desarmamento é um bom exemplo.

A visão paternalista de quem ocupa alguma posição de poder (política, econômica, intelectual), que vê o *brasileiro* como incapaz de fazer escolhas, assumir as consequências de seus atos e conduzir a própria vida, está fundamentada, creio, numa visão negativa que todos temos do Brasil e, por extensão, do *brasileiro*. A minha percepção é que se trata de um reflexo da cultura do ódio contra o Brasil.

Na escola, na universidade, na tevê, na vida diária, tudo nos leva odiar a nossa história, tudo nos faz odiar o nosso país. Em poucas atividades somos tão bons quanto em destruir aquilo que temos de melhor ao elevar como padrão de comportamento aquilo que temos de pior. Somos mestres na arte de insultar a nós mesmos: o que é bom deve ser arruinado; o que é ruim deve ser piorado.

Somos treinados desde cedo a não reconhecer ou a destruir a *imaginação moral*, as virtudes, o certo, o bom, o belo, o virtuoso. Para nós, brasileiros urbanos, o brasileiro é o portador legítimo de infâmias porque dotado de uma natureza humana corrompida. O único remédio é a ação de uma entidade política com poder centralizado, e, portanto, a estatização da vida em sociedade.

Criamos uma versão excêntrica de um historicismo hegeliano aplicado ao que somos e ao que fazemos. Nada há de dar certo porque é da nossa índole estarmos sempre errados. Se acreditamos ser uma sociedade degenerada, fica muito mais fácil para uma elite política viciada nos infantilizar — nos fragilizar, por consequência — como agentes do paternalismo estatal.

4 O equívoco do patrimonialismo

Um dos alicerces do paternalismo é o patrimonialismo.[1] É equivocada a visão de que o nosso patrimonialismo é uma tentativa de privatizar o que é público. Se fosse isso, os agentes do patrimonialismo cuidariam daquilo que entendem ser seu por *direito*, como era durante o feudalismo, quando o poder político nascia da riqueza baseada na propriedade. O que acontece no Brasil é diferente de privatizar o que é público.

O que se faz aqui é usar o Estado como instrumento de concessão de benefícios e de *privilégios* para si e para terceiros de uma maneira predatória. Isso acontece porque a maioria não identifica o que é público como se fosse o seu patrimônio, mas como pertencente a um terceiro, a uma entidade fictícia a que se dá o nome de sociedade, de povo, que ninguém sabe quem é, mas que a soma de seus indivíduos financia coletivamente e que o patrimonialista pretende desfrutar sem se preocupar com escassez ou exaurimento.

O patrimonialismo no Brasil não é, portanto, a confusão entre o público e o privado nem a privatização do Estado, mas o uso predatório do Estado para benefício próprio e temporário. Isso explica a voracidade de políticos para desfrutar de todas as benesses enquanto elas ainda existem, e de servidores para obter *privilégios* em forma de *direitos* antes das outras categorias.

Quem acha que deve ter o *direito* de não fazer algo que é obrigatório para a maioria, ou ter algum tipo de *direito* que só beneficiará a si mesmo ou ao grupo a que pertence — e estará vedado à maioria —, quer, na verdade, um *privilégio*.

O benefício colocará o *privilegiado* numa posição social, econômica, política mais vantajosa. Para que essa regalia exista, porém, outra pessoa será prejudicada, ou porque será colocada legalmente numa posição inferior ou porque será obrigada a financiar o *privilégio* que não poderá desfrutar.

Por outro lado, há *privilégios* que a sociedade está disposta a aceitar em razão de sua especificidade e necessidade.

5 Privilégios são justificáveis?

Um *privilégio* é definido pelo benefício exclusivo atribuído a alguém ou a um grupo de pessoas dentro da sociedade por meio de regras específicas ou por meio da lei. É mais simples identificá-lo ao verificar se uma benesse travestida de *direito* coloca um indivíduo ou grupo dentro da sociedade numa posição mais vantajosa em relação aos demais.

Essa posição mais vantajosa pode ter as razões mais plausíveis e compreensíveis para ser criada, mas o benefício, mesmo que justificável, continua a ser um *privilégio*. O que vai definir se este deve ou não ser preservado é o fato de seus benefícios serem superiores aos malefícios.

Os vencimentos dos servidores são um exemplo interessante. Não sou daqueles que acha que servidor do Estado tem que ganhar uma miséria e, ao mesmo tempo, ser um funcionário qualificado e competente. Seria uma contradição esperar que os melhores quadros se sujeitassem aos piores salários.

O Estado brasileiro consegue atrair para o funcionalismo federal profissionais bem formados e dispostos a trabalhar porque criou incentivos (salário, direitos, privilégios, estrutura) capazes de tornar esses cargos atraentes. O grande equívoco é a confusão que se estabeleceu entre os incentivos positivos (salário, estrutura) e os incentivos negativos (auxílios, privilégios).

Se existe uma série de incentivos perversos, é ingenuidade achar que políticos, magistrados, promotores e demais servidores não desfrutarão os *privilégios* a que têm *direito*. Não se trata aqui de justificativa, mas de descrição do que existe e que permite fazer um diagnóstico sem o qual não será possível alterar os incentivos existentes.

O problema, porém, não se localiza apenas nos salários e *privilégios* de quem trabalha para o Estado. Se fosse apenas isso, que já é muito, a discussão seria outra. Poderíamos nos concentrar em analisar o valor dos vencimentos em função das qualificações, atribuições e responsabilidades junto com um conjunto de medidas a serem adotadas como políticas públicas para que a antiprosperidade no Brasil deixasse de ser um objetivo do Estado. Nesse caso, os altos vencimentos não estariam em discussão porque não seriam mais elevados do que a remuneração média dos trabalhadores da iniciativa privada nas funções equivalentes.

O desafio a ser superado — e por isso os salários e *privilégios* do setor público não são o único problema a ser enfrentado — é o duplo padrão de ação do Estado ao privilegiar seus servidores enquanto desprivilegia quem atua na iniciativa privada. Porque se a política do Estado brasileiro estimulasse — em vez de atrapalhar — a geração de riqueza, o que exigiria demolir o estatismo intervencionista presente nas leis, nas normas, nas instituições e na mentalidade de quem trabalha no serviço público, o enriquecimento do país resultaria no crescimento do PIB e na renda per capita, resultando em maior sentimento de bem-estar e qualidade de vida geral aos brasileiros, sobretudo os de menor renda.

Num ambiente economicamente dinâmico e próspero, a correspondência entre o salário do funcionário público e o do trabalhador privado seria, certamente, muito distinta com as mais altas remunerações localizadas na iniciativa privada. E, repito, os salários dos servidores poderiam ser mais elevados do que são hoje e isso não seria um problema (os *privilégios*, por outro lado, continuariam sendo algo reprovável e sujeito à extinção).

Só faz sentido para os seus beneficiários que o Estado brasileiro atrapalhe a criação de riqueza ao mesmo tempo que privilegia seus servidores e agentes políticos. Ao fazê-lo como agenda política permanente, as instituições estatais estabelecem quem é e quem não é rico, quem tem ou não tem *direitos*, quem possui ou não possui *privilégios*.

Se os que ocupam transitoriamente a cadeia de comando do Estado começam a estabelecer, primeiramente e de cima para baixo, *privilégios* para os poderes que constituem a instituição, é um tanto óbvio que esse conjunto de ações crie incentivos para que seus servidores busquem benefícios para as suas respectivas categorias.

Se é verdade que, regra geral, o *privilégio* é injustificável, no âmbito da sociedade, certos *privilégios* sociais apresentados neste livro podem ser justificáveis e até aceitáveis — como o ensino superior gratuito e o SUS — em função de situações e condições específicas daqueles que são beneficiados. Podemos até considerá-lo justos ou necessários, como o preço a pagar para viver em sociedade. Não podemos negar, porém, que se trata de *privilégios*, posto que beneficiam apenas uma parcela e não toda a sociedade.

Mas se a sociedade deseja e legitima uma atuação mais ampla do Estado por meio de suas instituições políticas em vez de atribuir protagonismo à atuação responsável das pessoas, são pelo menos dois os efeitos imediatos: 1) não nos sentimos responsáveis pelo outro e pela vida em comunidade; 2) delegamos a responsabilidade para uma entidade política (para políticos e servidores do Estado).

Ao nos acostumarmos com a terceirização de certas responsabilidades, passamos a delegar outras tantas até não nos sobrar mais nada.

6 Em busca de sentido

Se a análise dos incentivos é capaz de fornecer explicações adequadas para boa parte do comportamento humano, as consequências psicológicas dos indivíduos e os reflexos sociais exigem outros instrumentos teóricos. Talvez nenhum outro psicólogo seja melhor para isso do que Victor Frankl.

Logo no início de seu livro *Em busca de sentido*, Frankl narra o diálogo com um paciente que, diante da pergunta sobre qual seria a essência da psicanálise, respondeu que era a necessidade do paciente de às vezes contar coisas que "são muito desagradáveis de se contar". Ao tentar definir o seu trabalho, Frankl disse em tom de galhofa que na logoterapia o paciente tinha por vezes de escutar certas coisas "muito desagradáveis de se ouvir".[1]

Dizer certas coisas desagradáveis de se ouvir é um método eficaz de expor a maneira como encaramos os *direitos*, e a forma pela qual muitos se consideram credores dos demais e merecedores de *privilégios* já existentes ou de outros que devem ser criados para atender desejos, vontades ou necessidades específicas.

Ao concentrar-se mais no que está por vir, "ou seja, nos sentidos a serem realizados pelos pacientes em seu futuro", a logoterapia é uma ferramenta útil para entendermos a busca por *direitos* e *privilégios* por motivos justos ou por razões injustificáveis.

Todo aquele que busca *direito* ou *privilégio* para satisfazer a necessidades e urgências, ou para realizar vontades e ambições individuais, deseja, na verdade, algum tipo de recompensa, reparação ou remissão.

Quando temos *direito* ou *privilégio*, ou quando um *direito* ou *privilégio* é criado para beneficiar a sociedade ou grupos sociais, experimentamos aquela sensação de gozo, a satisfação do prazer imediato e inadiável. Se por um lado esse sentimento nos entorpece criando uma aparência de normalidade, por outro lado torna-se mais uma fonte de sofrimento, um novo obstáculo que parece exigir ainda mais daquilo que provocou o problema.

Realizar vontades (imediatas) e desejos (duradouros) no presente é uma forma de evitar ou postergar o encontro do indivíduo com seus sofrimentos já existentes. Sofrimentos que são ampliados quando os *privilégios* passam a orientar o sentido da vida. Uma sociedade de *privilégios* é aquela onde nada pode faltar porque ninguém quer perder. Quando a perda acontece, produz um vazio de sentido que tentará ser compensado por mais *privilégios formais* por parte de quem sente que perdeu. Como resultado, poderá haver negação da responsabilidade e servidão mental.

Quanto mais *direitos* ou *privilégios* nós temos, quanto mais os recebemos sem esforço ou contrapartida, mais nos infantilizamos, mais nos tornamos mimados, mais os desejamos, mais os queremos.

Se não somos atendidos na criação ou na satisfação de *direitos* ou *privilégios*, mais esperneamos, gritamos e protestamos como crianças mimadas que não aceitam uma resposta negativa, uma vez que a não satisfação de uma vontade é algo intolerável, inaceitável, quando se vive no Jardim das Aflições[2] com as vontades e desejos de quem reside no Jardim das Delícias.[3]

As representações presentes no quadro *Jardim das Delícias Terrenas* do pintor holandês Hieronymus Bosch são uma interessante alegoria do componente utópico que está por trás da nossa relação com os *direitos* e *privilégios*. Trata-se daquela ilusão utópica apontada pelo filósofo Aurel Kolnai em seu livro *The Utopian Mind and Other Papers* segundo a qual "o homem pode se libertar da frustração, do sofrimento, da resiliência diante das contradições, dos riscos e fracassos", e terá garantido aquilo que deseja. Se o homem real não pode ter tudo o que deseja, esclarece Kolnai, a promessa revolucionária diz que "o *Homem* está destinado, essencialmente, a alcançar tal status, o que equivale à sua autorrealização".[4]

Tomemos como exemplo uma pessoa pobre, habituada a se sentir desprivilegiada em razão das dificuldades que sua condição social lhe impõe e da negligência do Estado. Ela, certamente, se sente valorizada quando recebe algum *direito* ou *privilégio* do Estado, como se aquela concessão fosse ter um impacto positivo e duradouro na sua dura realidade. Um *privilégio* em forma de *direito* teria, assim, o poder de restituir algo a que ela teria *direito*, mas que lhe foi negado ou subtraído. Por isso, o discurso político fundamentado no ataque contra a "perda de *direitos*" continua sendo muito eficaz.

Não se trata, claro, de uma exclusividade dos mais pobres. Se para as pessoas em condições financeiras adversas o *direito* e o *privilégio* são promessas de algum benefício real, para aqueles em situação econômica mais vantajosa a busca por *direitos máximos* pode ser um mecanismo de compensação psicológica; uma tentativa menos penosa de evitar um contato com o vazio, com a incompletude, sofrimento provocado por certas carências ou dificuldades existentes; uma justificativa para não assumir a responsabilidade que lhes cabe porque é mais fácil que outra pessoa o faça.

Partindo do pressuposto de que o Estado não cumprirá todas as obrigações constitucionais que lhe competem, políticas públicas fundamentadas em concessão de *direitos* e de *privilégios* criam a falsa sensação de que o problema foi resolvido, está sendo ou será resolvido, quando, na verdade, esse jogo de promessas desejadas que não serão cumpridas preserva e aprofunda a dimensão do problema existente.

Essas dimensões fazem parte do nosso senso comum já viciado, da nossa cultura de servidão mental, arapucas das quais quase ninguém escapa, do rico ao pobre, do erudito ao ignorante, do professor ao aluno, do empresário ao funcionário, do jornalista ao seu leitor, dos políticos aos servidores, dos magistrados de instâncias superiores aos magistrados de instâncias inferiores. A maioria quer — e requer — compensações, reparações, *direitos, privilégios* por aquilo que faz, por aquilo que escolheu fazer, por aquilo que não possui, por aquilo que deseja possuir, por aquilo que prefere que os demais não possuam.

O beneficiário de um *privilégio*, ao ser questionado porque dele usufrui, poderia responder: "Se eles têm, por que eu também não posso tê-lo?" Essa lógica estabelece uma dinâmica competitiva por mais benefícios e eventuais chantagens meramente retóricas: "Se eles não abrem mão de seus *privilégios*, por que eu deveria fazê-lo?"

Talvez o aspecto mais perverso desse nosso drama seja que, entorpecidos circunstancialmente pela conquista de *direitos ou privilégios*, os indivíduos e grupos organizados não consigam perceber a armadilha que eles próprios criaram. Mais: fabricaram novas vicissitudes, não somente institucionais, mas psicológicas, éticas, morais.

Nesse sentido, o conceito de que somos o resultado das nossas escolhas faz cair por terra a ideia de meritocracia, pois o ônus do meu fracasso passa a ser sempre culpa do outro. A busca por *direitos máximos* é uma das formas de evitar a dor de assumir o lugar que ocupa na construção de seu próprio destino.

Essa mentalidade faz com que o tema dos *privilégios* não se reduza a um problema meramente legal ou jurídico, posto que, não sendo estático, prolonga-se por todo o sistema, criando mecanismos próprios de autopreservação.

Um empresário que usa seus recursos para se aproximar de políticos e obter benefícios para sua empresa o faz por ter certeza de que é merecedor daquele *privilégio*. Ele apenas usa — ou pressiona pela criação — incentivos institucionais que o permitam ser beneficiado dentro da lei.

Outro tipo de empresário vai além para ser mais beneficiado: decide voluntariamente liderar ou participar de esquemas de corrupção que privilegiem seus negócios em detrimento de todos os outros empresários e da economia do país.

Infantilizados pelo ambiente e pelos incentivos, uma parcela da sociedade — incluindo os empresários — recorre a todo tipo de justificativas para não assumir as responsabilidades e enfrentar como adultos as adversidades a fim de conquistar aquilo que desejam. Preferem, então, pedir ou forçar que alguém assuma por elas o dever que lhes pertence por meio de *direitos* previstos em lei ou de *privilégios*.

Junto com uma providencial incapacidade de assumir obrigações, desenvolvemos uma habilidade para terceirizar responsabilidades. O nosso drama parece não merecer a devida atenção. Assim, seguimos a vida delegando aquilo que nos compete com a mesma tranquilidade com que cultivamos a certeza absoluta de que o dever, afinal, não é mesmo nosso. Muita gente, no fundo, só se queixa para criar a aparência de que se importa sem ter que se comprometer. A sociologia há de ter alguma explicação equivocada para isso.

Exemplos? Pais que estão certos de que a educação dos filhos cabe às babás, aos professores, aos avós das crianças, aos tablets, aos desenhos e às animações. Pais que estão certos de que os desvios dos filhos são o resultado da má influência dos amigos, mesmo quando desconfiam que o filho deles é a má influência. Pais que culpam os professores pelo baixo desempenho das crianças e adolescentes na escola. A lista é longa e a vida é breve.

Há uma relação de causalidade entre o grau de responsabilidade dos homens na sociedade e os valores, princípios e virtudes que os orientam na vida em comunidade. Quanto menor o sentido de dever do indivíduo na comunidade, mais baixo será o comprometimento com o ambiente social e natural que o cerca.

Quando as pessoas não têm um senso comum baseado na responsabilidade e no dever e, mais grave, não confiam umas nas outras, quase tudo é comprometido nas esferas social, política e econômica. Se ninguém confia em ninguém, por que, então, respeitar as regras formais e informais que (ainda) orientam a vida em sociedade? Quebrar a regra, portanto, se torna a norma.

Muitos não parecem preocupados em arcar com os próprios deveres pela condução das suas vidas. Se terceirizamos a obrigação que nos cabe, se a delegamos a um terceiro, todas as consequências decorrentes disso são de nossa inteira responsabilidade. Não assumi-la é agir de forma irresponsável.

Para Viktor Frankl, assumir a responsabilidade para descobrir um propósito de vida é ato fundamental para o indivíduo. Se viver é enfrentar limitações, angústias, dores, fracassos e a impossibilidade de se ter tudo o que se deseja e de dar vazão à própria vontade a qualquer momento, é preciso encontrar um sentido nesse conjunto de restrições. É agir contra a ilusão utópica descrita por Aurel Kolnai.

Se determinados benefícios são concedidos sem uma contraparte de esforço, de obrigação e de dever, o indivíduo dificilmente será capaz de atribuir valor e dignidade a esses *privilégios* e de descobrir a responsabilidade que advém do esforço da conquista. Ele será privado, mesmo que em situações específicas, do sentimento de ser responsável por algo, e dificilmente amadurecerá.

Não se pode negar a possibilidade de que, ao longo do tempo, uma *nação de credores* perca a força motivadora que a faz buscar um sentido na vida. Ser um mero receptor de *privilégios* esmorece a *vontade de sentido* definida por Frankl e potencializa a *vontade de prazer* concebida por Sigmund Freud (busca do prazer imediato) e a *vontade de poder* segundo Alfred Adler (busca da perfeição).

Isso porque o ser humano precisa, segundo Frankl, buscar e lutar "por um objetivo que valha a pena", precisa viver a experiência *noodinâmica*: "a dinâmica existencial num campo polarizado de tensão, onde um polo está representado por um sentido a ser realizado e o outro polo, pela pessoa que deve realizá-lo".[5]

A busca e concessão de *privilégios* vem contribuindo para a degradação de virtudes que antes eram forjadas na luta diária para superar as adversidades da vida. Com mais tempo livre para ser acometido pelo tédio do vazio existencial e sem o apoio das tradições, "que serviam de apoio para seu comportamento, [...] nenhum instinto" diz ao indivíduo o que ele "deve fazer e não há tradição que lhe diga o que ele deveria fazer; às vezes, ele não sabe sequer o que deseja fazer".[6]

A consequência disso é que o indivíduo, segundo Frankl, "deseja fazer o que os outros fazem (conformismo), ou ele faz o que outras pessoas querem que ele faça (totalitarismo)".[7] Eu acrescentaria uma terceira opção: a pessoa reage a incentivos (*privilégios*) criados por outras pessoas que querem que ela reaja de determinada maneira (paternalismo).

A tradição, que era alicerçada na assunção da responsabilidade e do sentido de dever, foi degradada pela busca e aceitação de *privilégios*, mudança que alterou gradualmente o nosso comportamento. Com o tempo, nos esquecemos do que é e qual a importância de sermos responsáveis e de assumirmos os riscos de viver. E, porque não preservamos essas virtudes, seremos incapazes de transmitir para nossos descendentes tal legado virtuoso. Essa herança é parte das coisas admiráveis que, segundo Roger Scruton, herdamos coletivamente e que "devemos nos empenhar para preservar" porque nos "são familiares e tidas como certas", mas "estão sob ameaça".[8]

7 Dever e responsabilidade: que nação queremos ser?

Num país onde qualquer conquista digna exige maior esforço — porque há que superar as dificuldades institucionais, lidar com os incentivos negativos — e o empenho individual está submetido ao Estado e às mudanças sistemáticas das regras do jogo realizadas pelas elites políticas e judiciárias, é compreensível que as pessoas vejam benefícios e *privilégios* como algo justificável.

É racional que se pense asssim: se tenho certos *privilégios* por *direito* e meus pares deles usufruem, por que eu os rejeitaria? Se, por outro lado, sou prejudicado pelo Estado e pelo ambiente hostil, e não tenho qualquer *privilégio*, por qual motivo deveria abrir mão de lutar para tê-lo?

O corolário dessas questões legítimas é uma conclusão lógica com efeitos sociais perversos: se todos são iguais perante a lei, mas o grupo dos *especiais* é beneficiado, a desigualdade formal oriunda dos *privilégios* concedidos poderá ser parcialmente corrigida se também forem atribuídos benefícios ao grupo dos *ordinários*, ora desprivilegiado.

O que raramente fazemos é pensar nas implicações na vida individual e comunitária provocadas pelos *privilégios* vigentes para determinados grupos e nos incentivos existentes para que cada vez mais pessoas os reclamem. Se é mais *direitos* que a sociedade deseja, mais *privilégios* serão criados. E, quanto mais *privilégios*, mais intervenção de políticos e servidores públicos na vida da sociedade, mais desigualdade perante a lei, mais ressentimento social, maior sensação de frustração coletiva.

Admitir *privilégios* para certos grupos como meio de reparação é um erro monumental. Quem o faz pode até não saber, mas legitima todos os *privilégios* de terceiros, mesmo aqueles que considera inaceitáveis. Todo e qualquer *privilégio*, mesmo o justificável, provoca distorções em graus variados e dá a falsa impressão de que resolve o problema sem atacar a causa. É um ardil, entretanto. Nenhum benefício tem o condão de solucionar aquilo que lhe deu origem. Pode, tão somente, aliviar ou mascarar os sintomas mais graves.

O fato de o Estado prometer e não entregar cria um fenômeno interessante: a gula por *direitos* e *privilégios*. Esse *pecado estatal* se manifesta da seguinte maneira: quanto mais *direitos* formais existem — mesmo que não sejam cumpridos —, mais a sociedade clama por eles, na expectativa de que a criação desses novos *direitos* faça com que os já existentes sejam, finalmente, cumpridos.

Um resultado degenerado se manifesta quando aquele que clama por *direitos* e *privilégios* que não foram cumpridos não se sente responsável por seus *deveres* e *obrigações*. A conduta irresponsável é justificada pelo não recebimento daquilo a que tinha *direito*.

Quando os *privilégios* são uma forma de compensação, uma forma de reparação, porque pagamos impostos demais, porque há uma dívida histórica a ser paga, porque há pobreza, porque há preconceitos contra os LGBTTI, porque o juiz acha que deve receber auxílios diversos, porque o político acha que merece regalias, quando uma parcela cada vez mais numerosa da sociedade acredita que tem *direito* a alguma coisa, todo *privilégio* será justificável e, portanto quanto mais *privilégios*, melhor. Numa nação de credores, o *direito* perde valor e autoridade.

Se, entretanto, orientarmos as nossas vidas para identificar e conquistar *privilégios*, chegará um momento em que existirão tantas benesses para atender tantas pessoas que não haverá mais recursos para atender sequer uma parte delas. As pessoas que ainda não foram beneficiadas terão todos os incentivos para buscar algum tipo de benefício. Dessa forma, todos os poderes e legislação estarão a serviço de desejos e vontades em vez de ser parte sadia de uma sociedade responsável e ordeira.

A depender do caso concreto, há correlação ou relação de causalidade entre o aumento dos *privilégios* e a diminuição da responsabilidade individual. Porque quanto mais *privilégios* são criados, mais incentivos emergem para que mais pessoas busquem mais *privilégios* e abram mão do dever de conduzir suas vidas.

Como mostram os exemplos deste livro, não se trata de questão exclusiva de uma determinada classe social. Se no passado, como apontou Ortega y Gasset, o *homem massa* se rebelou, ignorou as suas obrigações e se colocou como "sujeito de direitos ilimitados",[1] depois foram as elites que, segundo Christopher Lasch, se rebelaram e passaram a rechaçar "a noção dos grandes deveres históricos", e a rejeitar, com ressentimento e arrogância, "tudo o que fosse superior, individual, qualificado e seleto."[2]

Quando, no passado, "o valor das elites culturais estava na sua disposição para assumir a responsabilidade pelos padrões rigorosos sem os quais a civilização é impossível", porque elas viviam "a serviço dos ideais exigentes" e entendiam que a nobreza era definida pelos deveres, não pelos *direitos*, posteriormente, as *elites rebeldes* — mimetizando as *massas rebeldes* — preferiam os direitos a ter que assumir obrigações e "compreender o que elas significavam."[3]

A elite, uma vez degradada, abriu mão de seu dever de assumir a responsabilidade que lhe cabe — inclusive a de influenciar positivamente quem dela não faz parte — porque deixou de reunir as qualidades necessárias para fazê-lo. No século XX, inclusive, as "camadas mais altas da sociedade" adotaram os hábitos mentais do *homem massa* e depois de um tempo não era mais possível distingui-los em mentalidade e atos.

No caso do Brasil, os exemplos da Europa e dos Estados Unidos analisados por Ortega y Gasset e por Lasch nos servem de lição. Porque aqui a nossa *elite rebelde* também incorporou o hábito do *homem massa*, o que significa dizer que a maioria de nós continua a desejar "um mundo de possibilidades ilimitadas" que se traduz na ânsia por *direitos* e *privilégios*. Ambos compartilham uma mentalidade que se expressa, sobretudo, no "ódio mortal" contra tudo o que não seja eles mesmos,[4] pois, afinal, eles são iguais em quase tudo — a não ser nas posições sociais e econômicas que ocupam. A *elite rebelde* de hoje é a *massa rebelde* de ontem.

Por isso mesmo, a conjugação entre *rebelião* (ao não assumir a responsabilidade virtuosa) e *traição* (contra os mais altos atributos da cultura ocidental) da elite e da massa tem como corolário a degradação individual e a perda da transcendência. Sendo assim, são os dois incapazes de "admiração e respeito" pelo que há de mais elevado nos planos cultural, político, espiritual. Nos tornamos "a criança mimada da história da humanidade."[5]

Foi a expansão das facilidades de realização dos desejos no presente, graças aos esforços, genialidade e legado dos antepassados, que gerou, segundo Ortega y Gasset, uma ingratidão radical por parte das novas gerações. Elas foram mimadas ao não terem os seus desejos e vontades limitados. Se tudo era permitido, nada era devido. Protegidas das incertezas e desafios da vida, e do embate com os demais, se acostumaram a se importar somente com elas mesmas e a não contar com ninguém que lhes fosse superior.[6]

O que se perde quando se deixa de fora a responsabilidade não é somente a maturidade, mas o próprio sentido da vida, como observou o psicólogo clínico Jordan Peterson ratificando a conclusão de Viktor Frankl. Segundo Peterson, o que faz com que o sofrimento de viver valha a pena não são os direitos, mas uma vida responsável. "É isso o que dá sentido à vida."[7]

Há, portanto, um dever a ser cumprido: amadurecer, assumir a responsabilidade como caminho para encontrar o sentido da vida. Nada disso é fácil, porém: ordena empenho pessoal e profissional, e uma humildade excruciante.

A intimação para uma vida responsável exige conduzir corajosamente as rédeas do próprio fado; não se permitir ser vítima do Estado; declinar ser parte de uma nação de credores de *privilégios*; recusar a farsa montada em torno de *direitos máximos, deveres mínimos*; assumir deveres e obrigações; e combater com vigor e inteligência o grande Festival de Privilégios que Assola o Brasil.

Agradecimentos

Pela generosidade de lerem este livro e pelos valiosos comentários e sugestões, agradeço imensamente ao professor Bruno Salama; ao advogado Gustavo Cunha Tavares; ao escritor e professor Martim Vasques da Cunha; ao advogado e professor Leonardo Penitente; à psicóloga Iane Kestelman; ao analista político Alexandre Borges; ao professor e escritor João Pereira Coutinho; ao Luan Sperandio, que realizou um ótimo trabalho como pesquisador; ao meu filho Bernardo Mucelini Garschagen; aos meus queridos editores Carlos Andreazza e Duda Costa, e à equipe da Editora Record, que tornaram este livro possível.

Notas

PARTE 1: DIREITOS E PRIVILÉGIOS

1. Preta, Stanislaw Ponte. *Febeapá: Festival de Besteira que Assola o País*. São Paulo: Companhia das Letras, 2015. p. 25.
2. Idem, p. 35.
3. Gohn, Maria da Glória. "Movimentos sociais na contemporaneidade", in *Rev. Bras. Educ.*, Rio de Janeiro, v. 16, n. 47, p. 342, ago. 2011. Disponível em: <http://bit.ly/1mikgdv>. Acesso em: 27 fev. 2018.
4. Frank, André Gunder; Fuentes, Marta. "Dez teses acerca dos movimentos sociais", in *Lua Nova*, São Paulo, n. 17, p. 47, jun. 1989. Disponível em: <http://bit.ly/2Cpsuii>. Acesso em: 27 fev. 2018.
5. Gohn, op. cit.

1. Universalização dos direitos

1. Sáenz, Alfredo. *La Revolución Francesa. Segunda parte: La revolución desatada*. Buenos Aires: Gladius, 2011, p. 63.
2. Sousa, José Pedro Galvão de. *Da representação política*. São Paulo: Saraiva, 1971, p. 69.
3. Idem.
4. Himmelfarb, Gertrude. *Os caminhos para a modernidade*. São Paulo: É Realizações, 2011, p. 202.
5. Idem, p. 195.
6. Rousseau, J.-J. *O contrato social: princípios do Direito Político*. São Paulo: Martins Fontes, 1999, p. 33-38.

7. Idem, p. 37.
8. Sousa, José Pedro Galvão de. *Da representação política*. São Paulo: Edição Saraiva, 1971, p. 65.
9. Idem, p. 68.
10. Idem.
11. Idem, p. 69-70.
12. Idem.
13. Jouvenel, Bertrand. *O poder: história natural do seu crescimento*. São Paulo: Peixoto Neto, 2010, p. 216.
14. Hobbes, Thomas. *Leviatã ou matéria, forma e poder de uma república eclesiástica e civil*. São Paulo: Martins Fontes, 2014.
15. Torres, João Camilo. "O Estado Megatério", in *O elogio do conservadorismo e outros escritos*. Curitiba: Arcádia, 2016, p. 179-182.
16. Jouvenel, op. cit., p. 32.

2. Origem revolucionária

1. Constituição Francesa de 1791. Disponível em: <http://bit.ly/2t6BSng>. Acesso em: 12 dez. 2017.
2. Sieyès, Emmanuel-Joseph. *An Essay on Privileges, and Particularly on Hereditary Nobility*. Londres: J. Ridgway York-Street, 1791.
3. Idem, p. 23-24.
4. Morgado, Miguel. *A aristocracia e os seus críticos*. Lisboa: Edições 70, 2008, p. 284.
5. Idem.
6. Brubaker, William Rogers. "The French Revolution and the Invention of Citizenship", in *French Politics and Society*. v. 7, n. 3, verão 1989, p. 36.
7. Idem, p. 46.
8. Idem.

3. Contra os direitos abstratos

1. Burke, Edmund. *Reflexões sobre a Revolução em França*. Tradução e introdução de Ivone Moreira. Lisboa: Fundação Calouste Gulbenkian, 2015.
2. Moreira, Ivone. *A filosofia política de Edmund Burke*. Moinho Velho: Editorial Aster, p. 157-168. (Uma edição brasileira do livro estava no prelo para ser publicada pela É Realizações.)

3. Idem, p. 156.
4. Burke, op. cit., p. 122.
5. Idem, p. 118.
6. Idem, p. 119.
7. Idem.
8. Idem, p. 115.
9. Moreira, op. cit., p. 168.
10. Burke, op. cit., p. 116.
11. Idem, p. 116-117.
12. Coutinho, João Pereira. "Política e Perfeição: Um Estudo sobre o Pluralismo de Edmund Burke e Isaiah Berlin". Tese (Doutorado em Ciência Política) — Instituto de Estudos Políticos da Universidade Católica Portuguesa, 2008, p. 123.
13. Moreira, Ivone. "Introdução: Edmund Burke — Um Percurso Literário", in Burke, op. cit., p. 34-36.
14. Villey, Michel. *O Direito e os direitos humanos*. São Paulo: Martins Fontes, 2007, p. 2.
15. Idem, p. 3.
16. Idem, p. 5.
17. Idem.
18. Kristol, Irving. "'Human Rights' — The Hidden Agenda", in *The Neoconservative Persuasion: Selected Essays, 1942—2009*. Nova York: Basic Books, 2011, p. 220-221.
19. Idem, p. 221.

4. Racionalismo dogmático

1. Himmelfarb, op. cit., p. 205-206.
2. Oakeshott, Michael. "Rationalism in Politics", in *Rationalism in Politics and Other Essays*. Indianapolis: Liberty Fund, 1991, p. 6.
3. Idem, p. 10.
4. Idem, p. 6.
5. Idem, p. 10.
6. Idem, p. 10-11.
7. Idem.

8. Tocqueville, Alexis de. *A democracia na América. Livro II: sentimentos e opiniões.* São Paulo: Martins Fontes, 2000, p. 37-39.
9. Rawls, John. *Uma teoria da justiça.* Lisboa: Editorial Presença, 2001.
10. Dworkin, Ronald. *Levando os direitos a sério.* São Paulo: Martins Fontes, 2002.

5. Constituição Cidadã?

1. Assembleia Nacional Constituinte. Ata da 3ª Sessão, em 3 de fevereiro de 1987. Diário da Assembleia Nacional Constituinte, Poder Legislativo, Brasília, DF, nº 003, 4 fev. 1987. p. 21-22. Disponível em: <https://bit.ly/2KQ0LZ5>. Acesso em: 27 fev. 2018.
2. Guimarães, Ullysses. "Discurso do deputado Ulysses Guimarães, presidente da Assembléia Nacional Constituinte, em 05 de outubro de 1988, por ocasião da promulgação da Constituição Federal", in *Revista Direito GV*, São Paulo, v. 4, n. 2, jul.-dez. 2008, p. 596.
3. Tocqueville, op. cit., p. 83.
4. Pinheiro, Maria Cláudia Bucchianeri. "A Constituição de Weimar e os direitos fundamentais sociais: a preponderância da Constituição da República Alemã de 1919 na inauguração do constitucionalismo social à luz da Constituição de 1917", in *Revista da Informação Legislativa*, v. 43, n. 169, p. 101-126, jan.-mar. 2006, p. 115-117. Disponível em: <http://bit.ly/2GUqZXw>. Acesso em: 28 fev. 2018.
5. Decreto n. 5, de 19 nov. 1889. Disponível em: <http://www2.camara.leg.br/legin/fed/decret/1824-1899/decreto-5-19-novembro-1889--541922-publicacaooriginal-48645-pe.html>. Acesso em: 12 dez. 2017.
6. Sarlet, Ingo Wolfgang; Marinoni, Luiz Guilherme. *Curso de Direito Constitucional.* São Paulo: Saraiva, 2012, p. 534.
7. Idem.
8. Idem.
9. Idem.
10. Piovesan, Flavia. *Direitos humanos e o Direito Constitucional Internacional.* São Paulo: Saraiva, 2013, p. 85.
11. Sarlet e Marinoni, op. cit., p. 534.
12. Piovesan, op. cit., p. 85.

6. Ensino, ideologia e mentalidade

1. Alguns dos mais importantes autores usados como *Armas de Doutrinação em Massa* são Hans Kelsen, Norberto Bobbio, John Rawls, Ronald Dworkin, Robert Alexy, Michel Foucault, Jürgen Habermas, Luigi Ferrajoli, Martha Nussbaum, Joaquín Herrera Flores, Hans-Georg Gadamer, Peter Häberle, Axel Honneth, Klaus Günther, José Affonso da Silva, Roberto Lyra Filho, Fábio Konder Comparato, Florestan Fernandes, Boaventura de Sousa Santos, Ingo Wolfgang Sarlet, Lenio Streck, dentre outros.
2. Uso as definições de Thomas Sowell: a *intelligentsia* reúne "aqueles cujo papel se restringe ao uso e à disseminação" de ideias produzidas pelos intelectuais. São eles os "professores, jornalistas, ativistas sociais, adidos políticos, funcionários do Judiciário e outros que fundamentam suas crenças ou ações a partir das ideias produzidas pelos intelectuais do primeiro escalão". Os intelectuais são os membros de "uma categoria *ocupacional*, composta por pessoas cujas ocupações profissionais operam fundamentalmente em função de ideias (escritores, acadêmicos e afins)". (Sowell, Thomas. *Os intelectuais e a sociedade*. São Paulo: É Realizações, 2011, p. 16-20.)
3. Carvalho, Amilton Bueno de. *Direito alternativo em movimento*. Niterói: Luam Editora, 1999, p. 61-62.
4. Marighella, Carlos. *Manual do guerrilheiro urbano*. Disponível em: <https://bit.ly/2kocsdI>.
5. Costa, Ricardo da; Zierer, Adriana. "Boécio e Ramon Llull: A Roda da Fortuna, princípio e fim dos homens", in *Revista Convenit Internacional* 5, 2000. Disponível em https://bit.ly/2G9N7MT.

7. Privilégio não é exclusividade de homens brancos, heterossexuais e ricos

1. A pioneira do estudo é a professora feminista americana Peggy McIntosh, com o artigo acadêmico "White Privilege and Male Privilege: A Personal Account of Coming to See Correspondences Through Work in Women's Studies", de 1988. Ver Rothman, Joshua. "The Origins of 'Privilege'", in *New Yorker*, 12 mai. 2014. Disponível em: <https://bit.ly/2xjg4EQ>. Acesso em: 29 mai. 2018.

2. McIntosh, Peggy. "White Privilege and Male Privilege: A Personal Account of Coming to See Correspondences Through Work in Women's Studies (1988)", Working Paper #189, Wellesley Centers for Women, Wellesley, MA 02481. Disponível em: <http://bit.ly/29N1xWH>. Acesso em: 3 mar. 2018.

8. Direito ou privilégio?

1. Reed, Lawrence W. "Você sabe definir o que seria um direito? E um privilégio?", in *Instituto Mises Brasil*, 26 set. 2017. Disponível em: <http://bit.ly/2teWdGV>. Acesso em: 3 mar. 2018.
2. Villey, Michel. *A Formação do Pensamento Jurídico Moderno*. São Paulo: Martins Fontes, 2005, p. 151.
3. Cícero. *Tratado da República*. Lisboa: Círculo dos Leitores, 2008, p. 186.
4. Ramirez, R. P. Santiago. *El Derecho de Gentes*. Madri: Ediciones Stvdivm, 1955, p. 65.
5. Vieira, Padre Antonio. *Essencial*. São Paulo: Penguin Classics/Companhia das Letras, 2011, p. 490-492.
6. Reed, op. cit.
7. Reale, Miguel. *Filosofia do Direito*. São Paulo: Saraiva, 1999, p. 338.

9. A Batalha dos Rentistas

1. Tullock, Gordon; Brady, Gordon L.; Seldon, Arthur. *Government Failure: a Primer in Public Choice*. Washington D.C.: Cato Institute, 2005, p. 43.
2. Ikeda, Sanford. "Rent-Seeking: A Primer", in *Ideas on Liberty*. November 2003, p. 26. Disponível em: <https://bit.ly/2saS6YW>. Acesso em: 23 mai. 2018.
3. Idem.
4. Latif, Zeina; Lisboa, Marcos. "Democracy and Growth in Brazil", in *Insper Working Paper*, WPE: 311/2013, p. 2. Disponível em: <https://bit.ly/2GGqAHC>. Acesso em: 14 mar. 2018.
5. Idem.
6. Idem.
7. Idem.
8. Idem.

9. Tullock, Gordon. "The Cost of Transfers", in *Virginia Political Economy*, v. 1, The Selected Works of Gordon Tullock. Indianapolis: Liberty Fund, 2004, p. 180.
10. Idem, p. 193.
11. Tullock, Gordon. "The Transitional Gains Trap", in *Virginia Political Economy*, v. 1, The Selected Works of Gordon Tullock. Indianapolis: Liberty Fund, 2004, p. 212.
12. Cardoso, Luciana Zaffalon Leme. "Uma espiral elitista de afirmação corporativa: blindagens e criminalizações a partir do imbricamento das disputas do sistema de justiça paulista com as disputas da política convencional". Tese (Doutorado em Administração Pública e Governo) — FGV — Fundação Getulio Vargas, São Paulo, 2017, p. 312. Disponível em: <https://bit.ly/2xhWj2G>. Acesso em: 26 mai. 2018.
13. Parodio aqui a frase do economista francês Frédéric Bastiat: "O Estado é a grande ficção por meio da qual todos tentam viver às custas de todos."

PARTE 2: PRIVILÉGIOS NO ESTADO

1. Privilegiado esclarecido: o que prefere servir a ser vítima do Estado

1. Tavares, Henrique da Cunha. *Os limites para instituição de obrigações tributárias acessórias à luz do princípio da proporcionalidade e do dever fundamental de contribuir com os gastos públicos.* Dissertação (Mestrado em Direito) — Faculdade de Direito de Vitória, Espírito Santo, 2014, p. 148-149.
2. Idem, p. 149.
3. Rosa, Adolfo de Oliveira. *A face oculta da "ética do medo" no poder público: uma análise teórica das variáveis de evasão fiscal ampliadas por Richardson (2008).* Dissertação (Mestrado em Ciências Contábeis) — Fundação Instituto Capixaba de Pesquisas em Contabilidade, Economia e Finanças (Fucape), Vitória, Espírito Santo, 2011, p. 87. Disponível em: <https://bit.ly/2rvXCF2>. Acesso em: 16 dez. 2017.
4. Garschagen, Bruno. *Pare de acreditar no governo.* Rio de Janeiro: Record, 2015, p. 18.

5. Pati, Camila. "As metas de carreira preciosas para a Geração Y no Brasil", in *Exame*, 13 de setembro de 2016. Disponível em: <http://abr.ai/2r3Vuay>. Acesso em: 11 mar. 2018.
6. Nucifora, Antonio et alii. *Um ajuste justo: análise da eficiência e equidade do gasto público no Brasil*, vol. 1: Síntese. Nov. 2017, p. 48-49. Disponível em: <http://bit.ly/2hRpnHj>. Acesso em: 29 nov. 2017.
7. "Brazil's Most Attractive Employers 2017". Disponível em: <http://bit.ly/2r198LL>. Acesso em: 16 dez 2017.
8. Salomão, Alexa. "Elite estatal ocupa 6 das 10 profissões mais bem pagas", in *O Estado de S. Paulo*, 10 out. 2016. Disponível em: <http://bit.ly/2dqpIZS>. Acesso em: 13 nov. 2017.
9. Vaz, Lucio. "Apenas 10 cartórios arrecadam meio bilhão de reais por ano. Saiba onde eles ficam". *Gazeta do Povo*, 2 out. 2017. Disponível em: <http://bit.ly/2xXzRuu>. Acesso em: 2 fev. 2018.
10. Perrin, Fernanda. "Cresce diferença de salário entre setor público e privado". *Folha de S.Paulo*, 1º fev. 2017. Disponível em: <http://bit.ly/2jC5Llc>. Acesso em: 13 nov. 2017.
11. Filho, Naercio Menezes, e Gabriel Nemer Tenoury. "A evolução do diferencial salarial público-privado no Brasil", in *Insper — Centro de Políticas Públicas*. Policy Paper, n. 29, nov. 2017. Disponível em: <https://www.insper.edu.br/wp-content/uploads/2012/05/Evolução-da-diferença--salarial-público-privada.pdf>. Acesso em: 15 nov. 2017.
12. Idem.
13. Prado, Maeli. "União paga R$ 42,3 bilhões em gratificações". *Folha de S.Paulo*, 10 mar. 2018. Disponível em: <http://bit.ly/2HrSIPV>. Acesso em: 12 mar. 2018.
14. Souto, Luiza. "Cargos de confiança custam R$ 3,5 bi por mês, aponta TCU". *O Globo*, 27 de maio de 2016. Disponível em: <https://glo.bo/2gsvmO2>. Acesso em: 11 mar. 2018.
15. Mattos, Marcela. "PTB silencia sobre envolvimento de Jovair em propina no Trabalho". *Veja*, 2 mar. 2018. Disponível em: <http://abr.ai/2p85kF6>. Acesso em: 11 mar. 2018.
16. Sassine, Vinicius. "Ministério do Trabalho vai tirar de jovem apadrinhado do PTB gestão sobre pagamentos de R$ 473 milhões". *O Globo*, 10 mar. 2018. Disponível em: <https://glo.bo/2FIrN1u>. Acesso em: 13 mar. 2018.

17. Comunicação Millenium. "Brasil supera EUA e Alemanha em número de cargos comissionados". Disponível em: <http://bit.ly/2DjAYDQ>. Acesso em: 11 mar. 2018.
18. "Planejamento divulga número de servidores públicos no Executivo", in *G1*, 25 jul. 2014. Disponível em: <https://glo.bo/2EBKbth>. Acesso em: 3 fev. 2018.
19. Medeiros, Marcelo; Souza, Pedro. "Gasto público, tributos e desigualdade de renda no Brasil. Texto para discussão 1844", Ipea, Brasília, jun. 2013. Disponível em: <http://bit.ly/2nRXAEK>. Acesso em: 11 mar. 2018.
20. Da redação. "Desacatar funcionário público continua a ser crime, decide 3ª Seção do STJ". *Consultor Jurídico*, 29 de maio de 2017. Disponível em http://bit.ly/2s3JwOH. Acesso em 3 de fevereiro de 2018.
21. Balan, Mariana. "Desacato a funcionário público pode deixar de ser crime". *Gazeta do Povo*, 31 de outubro de 2017. Disponível em http://bit.ly/2hrvtLc. Acesso em 3 de fevereiro de 2018.
22. Idem.

2. Poder Judiciário: auxílios para dar e vender, vestido e maquiagem, terno novo em Miami

1. Trindade, Naira. "Ministra cita escravidão e pede ao governo salário de R$ 61 mil". *O Estado de S. Paulo*, 2 nov. 2017. Disponível em: <http://bit.ly/2zsptfI>. Acesso em: 13 nov. 2017.
2. Idem.
3. Matais, Andreza; Trindade, Naira. "Ministra diz que precisa ganhar mais porque cargo exige roupa, maquiagem e mais despesas". *O Estado de S. Paulo*, 2 nov. 2017. Disponível em: <http://bit.ly/2EDonMB>. Acesso em: 13 nov. 2017.
4. Idem.
5. Idem.
6. "Ministra que tentou furar teto salarial diz que é 'preta, pobre e da periferia'". *Folha de S.Paulo*, 13 nov. 2017. Disponível em: <http://bit.ly/2jlNFtf>. Acesso em: 14 nov. 2017.

7. "Desembargador defende auxílio-moradia para ir a Miami comprar terno. E para não ter depressão". *Gazeta do Povo*, 31 out. 2014. Disponível em: <http://bit.ly/1yOyghY>. Acesso em: 11 mar. 2018.
8. Idem.
9. Idem.
10. Arcoverde, Leo; Ferreira, Victor. "Supersalários no TJ e no governo Alckmin ultrapassam teto para servidores públicos". *O Globo*, 9 nov. 2017. Disponível em: <https://glo.bo/2DZzXme>. Acesso em: 11 mar. 2018.
11. Sperandio, Luan. "O privilégio dos supersalários de servidores públicos precisa acabar". *Instituto Liberal*, 6 set. 2017. Disponível em: <http://bit.ly/2tCWeVh>. Acesso em: 11 mar. 2018.
12. Vaz, Lucio. "Com adicionais ao salário, magistrados de São Paulo recebem mais do que ministros do STF". *Gazeta do Povo*, 7 ago. 2017. Disponível em: <http://bit.ly/2r2rU5b>. Acesso em: 13 nov. 2017.
13. Batista, Vera; Kafruni, Simone. "Apesar do teto de gastos, Judiciário mantém salários de R$ 100 mil". Em.com.br, 24 jul. 2017. Disponível em: <http://bit.ly/2fI75Dy>. Acesso em: 13 nov. 2017.
14. Idem.
15. Sperandio, op. cit.
16. Andrade, Paula; Fariello, Luiza. "Cármen Lúcia cobra dos tribunais planilhas com salários de juízes". *Agência CNJ de Notícias*, 4 dez. 2017. Disponível em: <http://bit.ly/2tFZdMU>. Acesso em: 11 mar. 2018.
17. Da Ros, Luciano. "O custo da Justiça no Brasil: uma análise comparativa exploratória". *Newsletter. Observatório de elites políticas e sociais do Brasil*, v. 2, n. 9, 2015, p. 3-5. Disponível em: <http://bit.ly/1Ti6CaZ>. Acesso em: 14 nov. 2017.
18. *Justiça em Número 2017*. Disponível em: <http://bit.ly/2DcnfTb>. Acesso em: 13 nov. 2017.
18. Idem, p. 58.
20. Gomide, Raphael; Salles, Lívia Cunto. "Juízes estaduais e promotores: eles ganham 23 vezes mais do que você". *Época*, 12 jun. 2015 (atualizado em 4 nov. 2016). Disponível em: <http://epoca.globo.com/tempo/noticia/2015/06/juizes-estaduais-e-promotores-eles-ganham-23-vezes-mais-do-que-voce.html>. Acesso em: 14 nov. 2017.
21. Gomide, Raphael. "O que dizem os tribunais e MPs sobre os salários dos juízes e promotores acima do teto". *Época* 12 jun. 2015 (atualizado

em 4 nov. 2016). Disponível em: <https://glo.bo/2mzE80q>. Acesso em: 14 nov. 2017.

22. Gomide, Raphael; Salles, Lívia Cunto. "Juízes estaduais e promotores: eles ganham 23 vezes mais do que você". *Época*, 12 jun. 2015 (atualizado em 4 nov. 2016). Disponível em: <https://glo.bo/1IRObo8>. Acesso em: 14 nov. 2017.

23. "Juízes ganham em média R$ 8,4 mil por mês de 'penduricalhos'". *Gazeta do Povo*, 18 dez. 2017. Disponível em: <http://bit.ly/2DtnpmL>. Acesso em: 18 dez. 2017.

24. Araújo, Vera; Ramalho, Guilherme. "TJ libera ajuda de custo para juízes e desembargadores". *O Globo*, 26 jan. 2017. Disponível em: <https://glo.bo/2D7qtYJ>. Acesso em: 26 dez. 2017.

25. Carvalho, Cleide; Schmitt, Gustavo; Mouallem, Laila. "Juízes emprestados ao STF acumulam auxílio-moradia com diárias mesmo quando já são de Brasília". *O Globo*, 26 fev. 2018. Disponível em: <https://glo.bo/2p9qHWD>. Acesso em: 12 mar. 2018.

26. Ramiro, Silvana. "Centenas de servidores públicos do RJ enfrentam fila para receber comida". *Jornal Hoje*, 15 jul. 2017. Disponível em: <https://glo.bo/2r4c5Lv>. Acesso em: 26 dez. 2017.

27. Gomide, Raphael; Salles, Lívia Cunto. "Juízes estaduais e promotores: eles ganham 23 vezes mais do que você". *Época*, 12 jun. 2015 (atualizado em 4 nov. 2016). Disponível em: <https://glo.bo/1IRObo8>. Acesso em: 14 nov. 2017.

28. Artigo 65 da Lei Orgânica da Magistratura Nacional (Loman, Lei Complementar nº 35/1979); Lei Complementar Estadual nº 165/1999; Lei Complementar Estadual nº 141/1996; e Lei Complementar nº 35/1979.

29. Affonso, Julia; Macedo, Fausto; Vassallo, Luiz. "Tribunal do Rio Grande do Norte pagou R$ 39 milhões em auxílio-moradia para seus juízes". *O Estado de S. Paulo*, 28 nov. 2017. Disponível em: <http://bit.ly/2DtwRqv>. Acesso em: 29 nov. 2017.

30. Matais, Andreza. "Juízes do RN vão receber auxílio retroativo a 1996". *O Estado de S. Paulo*, 16 abr. 2018. Disponível em: <https://bit.ly/2IZRYCi> Acesso em: 16 abr. 2018.

31. "Governo do RN pede 'socorro financeiro' de R$ 965 milhões à União" *G1*, 18 dez. 2017. Disponível em: <https://glo.bo/2H2u1gT>. Acesso em: 16 abr. 2018.

32. Pires, Breno et alii. "Minas pagou salários acima do teto para 98% dos juízes". *O Estado de S. Paulo*, 29 ago. 2017. Disponível em: <http://bit.ly/2weA6Ql>. Acesso em: 29 nov. 2017.
33. Vieira, André Guilherme. "Justiça paulista dribla teto remuneratório". *Valor*, 19 out. 2017. Disponível em: <http://bit.ly/2r3TlM2>. Acesso em: 29 nov. 2017.
34. Vaz, Lucio. "O gordo Natal dos juízes com rendimentos de até R$ 170 mil". *Gazeta do Povo*, 22 dez. 2017. Disponível em: <http://bit.ly/2BDeL7y>. Acesso em: 27 dez. 2017.
35. Idem.
36. "'É justo', diz juiz de MT que recebeu mais de meio milhão em 1 mês". *G1*, 15 ago. 2017. Disponível em: <https://glo.bo/2EFD5nP>. Acesso em: 3 fev. 2018.
37. Idem.
38. Soares, Jusssara. "'Não tô nem aí', diz juiz de MT que recebeu meio milhão em contracheque". *O Globo*, 15 ago. 2017. Disponível em: <http://bit.ly/2FDGPW8>. Acesso em: 3 fev. 2018.
39. "Corregedoria suspende salário de juiz que recebeu mais de R$ 500 mil". *O Dia*, 16 ago. 2017. Disponível em: <https://bit.ly/2H3GAER>. Acesso em: 3 fev. 2018.
40. Cardoso, Daiene; Truffi, Renan. "Auxílio-moradia custa R$ 817 mi à União". *O Estado de S. Paulo*, 3 fev. 2018. Disponível em: <http://bit.ly/2FGpdZw>. Acesso em: 4 fev. 2018.
41. Idem.
42. Magro, Maíra. "Fux determina pagamento de auxílio-moradia a juízes federais no país". *Valor*, 16 set. 2014. Disponível em: <http://bit.ly/2dqpIZS>. Acesso em: 13 nov. 2017.
43. Idem.
44. Rover, Tadeu. "Luiz Fux estende pagamento de auxílio-moradia a toda a magistratura". *Consultor Jurídico*, 26 set. 2014. Disponível em: <http://bit.ly/2D7foHf>. Acesso em: 31 dez. 2017.
45. Araújo, Carla; Truffi, Renan. "Adiar decisão de auxílio-moradia custa R$ 135,5 milhões por mês". *O Estado de S. Paulo*, 23 mar. 2018. Disponível em: <https://bit.ly/2G5y1sC>. Acesso em: 28 mar. 2018.

46. "Mais de 17 mil juízes recebem auxílio-moradia: entenda a polêmica". *O Globo*, 2 fev. 2018. Disponível em: <https://glo.bo/2nGjrQ6>. Acesso em: 2 fev. 2018.
47. Lima, Daniela. "Com auxílio na mira do STF, juízes federais ameaçam entrar em greve". *Folha de S.Paulo*, 22 fev. 2018. Disponível em: <http://bit.ly/2Dl2Nf3>. Acesso em: 12 mar. 2018.
48. Gomes, John. "Juízes podem parar em todo país contra fim do auxílio--moradia". Rádio CBN Vitória, 22 fev. 2018. Disponível em: <http://bit.ly/2HrBXV1>. Acesso em: 12 mar. 2018.
49. "Iguais perante a lei?". *Antagonista*, 12 mar. 2018. Disponível em: <http://bit.ly/2tDLMwP>. Acesso em: 12 mar. 2018.
50. Araújo, Carla; Truffi, Renan. "Adiar decisão de auxílio-moradia custa R$ 135,5 milhões por mês". *O Estado de S. Paulo*, 23 mar. 2018. Disponível em: <https://bit.ly/2G5y1sC>. Acesso em: 28 mar. 2018.
51. Falcão, Márcio; Teixeira, Matheus. "STF adia julgamento e autoriza conciliação para discutir auxílio-moradia". *JOTA*, 21 mar. 2018. Disponível em: <https://bit.ly/2pQkXR9>. Acesso em: 28 mar. 2018.
52. "'Tenho esse hábito de ir à Justiça sempre que penso ter direito', diz Bretas sobre auxílio-moradia". *O Globo*, 29 jan. 2018. Disponível em: <https://glo.bo/2EnzlqD>. Acesso em: 30 jan. 2018.
53. Marcelo Bretas, post no Twitter, 29 jan. 2018, 4h20. Disponível em: <https://twitter.com/mcbretas/status/957951487778459648>. Acesso em: 30 jan. 2018.
54. Castro, Fabrício Fernandes de. "Nota pública", in *Ajuferjes*, 29 jan. 2018. Disponível em: <http://bit.ly/2DNllcM>. Acesso em: 30 jan. 2018.
55. Carvalho, Cleide. "Auxílio-moradia compensa falta de reajuste aos juízes, diz Moro". *O Globo*, 2 fev. 2018. Disponível em: <https://bitly.com>. Acesso em: 2 fev. 2018.
56. Couto, Marlen. "Com extras, 71% dos juízes do país recebem acima do teto de R$ 33 mil". *O Globo*, 18 dez. 2017. Disponível em: <https://glo.bo/2k3KcNA>. Acesso em: 18 dez. 2017.
57. Bresciani, Eduardo; Souza, André. "Mais de dez mil magistrados recebem remunerações superiores ao teto". *O Globo*, 23 out. 2016. Disponível em: <https://glo.bo/2mzeHfI>. Acesso em: 29 nov. 2017.

58. Gomide, Raphael; Salles, Lívia Cunto. "Juízes estaduais e promotores: eles ganham 23 vezes mais do que você". *Época*, 12 jun. 2015. Disponível em: <https://glo.bo/1IRObo8>. Acesso em: 14 nov. 2017.
59. Gomide, Raphael e Salles, Lívia Cunto. "Juízes estaduais e promotores: eles ganham 23 vezes mais do que você". *Época*, 12 jun. 2015 (atualizado em 4 nov. 2016). Disponível em: <https://glo.bo/1IRObo8>. Acesso em: 14 nov. 2017.
60. Vieira, André Guilherme. "Justiça paulista dribla teto remuneratório". *Valor*, 19 out. 2017. Disponível em: <http://bit.ly/2r3TlM2>. Acesso em: 29 nov. 2017.
61. Agostini, Renata; Friedlander, David. "Reformas e privatizações devem ser feitas já no 1º ano de governo, diz Arida". *O Estado de S. Paulo*, 18 mar. 2018. Disponível em: <https://bit.ly/2Ho9liP>. Acesso em: 16 abr. 2018.
62. Salomão, Alexa. "Salários de juízes no Brasil superam os dos Estados Unidos e da Inglaterra". *O Estado de S. Paulo*, 20 ago. 2016. Disponível em: <http://bit.ly/2D8vwYr>. Acesso em: 14 nov. 2017.
63. STF. Ação direta de inconstitucionalidade: ADI 14 DF. Relator: Ministro Célio Borja. DJ: 13/09/1989. Disponível em: <http://bit.ly/2p3zDfP>. Acesso em: 12 mar. 2018.
64. Senhoras, Elói Martins; Cruz, Ariane Raquel Almeida de Souza. "Evolução das mutações legislativa e jurisprudencial sobre o teto constitucional de retribuição pecuniária dos servidores públicos". *Repertório de Jurisprudência*, n. 4, fev. 2015. Disponível em: <http://bit.ly/2p2mCDo>. Acesso em: 12 mar. 2018.
65. Idem.
66. Idem.
67. Ramalho, Renan. "CNJ permite pagamento extra a juízes do RJ que fazem audiências de custódia". *O Globo*, 6 mar. 2018. Disponível em: <https://glo.bo/2FBi4u2>. Acesso em: 12 mar. 2018.
68. Macedo, Fausto; Vassallo, Luiz. "'Sem auxílio moradia, vamos chegar a 60% de defasagem', afirma juiz", in *O Estado de S. Paulo*, 25 dez. 2017. Disponível em: <http://bit.ly/2FyDHLH>. Acesso em: 26 dez. 2017.
69. Rodrigues, Basília. "PEC que acaba com aposentadoria compulsória como punição de juízes está engavetada". CBN, 22 out. 2016. Disponível em: <https://glo.bo/2eFeiF4>. Acesso em: 12 mar. 2018.

70. As informações estão contidas no seguinte vídeo produzido pelo Spotniks: <http://bit.ly/2HZ7RJl>. Acesso em: 21 fev. 2018.
71. Vaz, Lucio. "Pensionista da Justiça do Trabalho recebe contracheque de R$ 8,2 milhões. Como isso é possível?". *Gazeta do Povo*, 26 jan. 2018. Disponível em: <https://bit.ly/2rIABlB>. Acesso em: 21 fev. 2018.
72. "Art. 40. Aos servidores titulares de cargos efetivos da União, dos Estados, do Distrito Federal e dos Municípios, incluídas suas autarquias e fundações, é assegurado regime de previdência de caráter contributivo e solidário, mediante contribuição do respectivo ente público, dos servidores ativos e inativos e dos pensionistas, observados critérios que preservem o equilíbrio financeiro e atuarial e o disposto neste artigo.
§ 1º Os servidores abrangidos pelo regime de previdência de que trata este artigo serão aposentados, calculados os seus proventos a partir dos valores fixados na forma dos §§ 3º e 17:
II — compulsoriamente, com proventos proporcionais ao tempo de contribuição, aos 70 (setenta) anos de idade, ou aos 75 (setenta e cinco) anos de idade, na forma de lei complementar;
III — voluntariamente, desde que cumprido tempo mínimo de dez anos de efetivo exercício no serviço público e cinco anos no cargo efetivo em que se dará a aposentadoria, observadas as seguintes condições:
a) sessenta anos de idade e trinta e cinco de contribuição, se homem, e cinquenta e cinco anos de idade e trinta de contribuição, se mulher;
b) sessenta e cinco anos de idade, se homem, e sessenta anos de idade, se mulher, com proventos proporcionais ao tempo de contribuição."
73. Coutinho, Filipe. "Presidente do STJ toma decisão favorável a ela mesma e evita pagar imposto". *BuzzFeed News Brasil*, 12 jan. 2018. Disponível em: <http://bzfd.it/2DdqZUw>. Acesso em: 13 jan. 2017.
74. Fernandes, Adriana e Idiana Tomazelli. "Elite de servidores paga menos imposto". *O Estado de S. Paulo*, 5 mar. 2018. Disponível em: <http://bit.ly/2FUChfn>. Acesso em: 12 már. 2018.
75. Vaz, Lucio. "Judiciário banca carros de luxo de até R$ 250 mil para juízes; veja os preferidos". *Gazeta do Povo*, 14 dez. 2017. Disponível em: <http://bit.ly/2zh0cjU>. Acesso em: 31 dez. 2017.
76. Idem.

77. Enquanto eu escrevia este livro, a Câmara dos Deputados discutia um projeto de lei que, se aprovado, definiria as regras sobre o que poderia ou não ser incluído no total dos vencimentos para que a regra constitucional fosse finalmente respeitada por aqueles que deveriam ser os primeiros a cumprir a Constituição.
78. "PEC regula supersalários de servidores e férias de juízes", in *Gazeta do Povo*, 7 nov. 2017. Disponível em: <https://bit.ly/2pKHHm7>. Acesso em: 28 mar. 2018.
79. Martins, Fernando. "STF tem superferiado de Páscoa e 25 dias de folga a mais por ano". *Gazeta do Povo*, 26 mar. 2018. Disponível em: <https://bit.ly/2GgNCpe>. Acesso em: 28 mar. 2018.

3. Poder Executivo: do foro privilegiado às regalias de ex-presidente presidiário

1. Torres, Izabelle. "A insustentável máquina do governo". *IstoÉ*, 27 mar. 2015. Disponível em: <http://bit.ly/2EFMNoN>. Acesso em: 17 dez. 2017.
2. Rangel, Rodrigo. "Os abusos com cartões". *Época*, 14 fev. 2008. Disponível em: <https://glo.bo/2muahWy>. Acesso em: 17 dez. 2017.
3. Menezes, Leilane. "Sem uso, residência da Granja do Torto custa mais de R$ 840 mil ao ano". *Metrópole*, 19 nov. 2017. Disponível em: <http://bit.ly/2jHz6jP>. Acesso em: 18 dez. 2017.
4. Tourinho Filho, Fernando da Costa. *Código de Processo Penal comentado*. São Paulo: Saraiva, 2012, p. 363-365.
5. Por determinação da nossa Carta Magna e de leis "que dela decorrem, possuem foro especial por prerrogativa de função o Presidente e o Vice-Presidente da República; os membros do Congresso Nacional; os Ministros do Supremo Tribunal Federal; o Procurador-Geral da República; os Ministros de Estado; os Comandantes da Marinha, do Exército e da Aeronáutica; os membros dos Tribunais Superiores, os do Tribunal de Contas da União e os chefes de missão diplomática de caráter permanente; as autoridades ou funcionários cujos atos estejam sujeitos diretamente à jurisdição do Supremo Tribunal Federal, em caso de habeas corpus; os Governadores dos Estados e do Distrito Federal; os

desembargadores dos Tribunais de Justiça dos Estados e do Distrito Federal; os membros dos Tribunais de Contas dos Estados e do Distrito Federal, os dos Tribunais Regionais Federais, dos Tribunais Regionais Eleitorais e do Trabalho; os membros dos Conselhos ou Tribunais de Contas dos Municípios; as autoridades federais da administração direta ou indireta, em caso de mandado de injunção; os juízes federais, incluídos os da Justiça Militar e da Justiça do Trabalho; os membros do Ministério Público da União; os juízes estaduais e do Distrito Federal e Territórios, bem como os membros do Ministério Público estadual; os Prefeitos; os oficiais generais das três Armas (Lei 8.719, de 1993, art. 6º, I); e os juízes eleitorais, nos crimes eleitorais (Código eleitoral, art. 29, I, d)" (Filho, Newton Tavares. "Foro privilegiado: pontos positivos e negativos". *Estudo técnico — Câmara dos Deputados*, jul. 2016, p. 8-9. Disponível em: <http://bit.ly/2mzMrcI>. Acesso em: 17 dez. 2017.

6. Calegari, Luiza. "Quem são as 55 mil pessoas que têm foro privilegiado no Brasil". *Exame*, 31 mai. 2017. Disponível em: <http://abr.ai/2E7xrNp>. Acesso em: 3 fev. 2018.

7. Filho, Newton Tavares. "Foro privilegiado: pontos positivos e negativos". *Estudo técnico — Câmara dos Deputados*, jul. 2016, p. 23. Disponível em: <http://bit.ly/2mzMrcI>. Acesso em: 17 dez. 2017.

8. Borges, Laryssa; Marques Hugo. "Os diferentes ritmos da Lava Jato em Curitiba e em Brasília". *Veja*, 23 set. 2017. Disponível em: <http://abr.ai/2IkHIoL>. Acesso em: 12 mar. 2018.

9. Ramalho, Renan. "Maioria do STF vota a favor de limitar foro privilegiado de deputados e senadores". *G1*, 23 nov. 2017. Disponível em: <https://glo.bo/2zg7lSo>. Acesso em: 30 jan. 2018.

10. Venturini, Lilian. "10 perguntas e respostas sobre o novo foro privilegiado em debate no Supremo". *NEXO*, 24 nov. 2017. Disponível em: <http://bit.ly/2n7RZhp>. Acesso em: 30 jan. 2018.

11. Luiz Vassallo, Julia Affonso e Ricardo Brandt. "Desembargador devolve a Lula benefícios de ex-presidente". *O Estado de S. Paulo*, 29 mai. 2018. Disponível em: <https://bit.ly/2ky6JBZ>. Acesso em: 29 mai. 2018.

12. Boghossian, Bruno. "Dilma furou fila do INSS para se aposentar um dia depois do impeachment". *Época*, 30 set. 2016. Disponível em: <https://glo.bo/2dGIfCq>. Acesso em: 12 mar. 2018.

13. Casado, José. "Dilma custa aos brasileiros o dobro da rainha Elizabeth II para os britânicos". *O Globo*, 18 out. 2015. Disponível em: < https://glo.bo/1NOI72i>. Acesso em: 9 jan. 2018.

4. Poder Legislativo: os parlamentares mais bem remunerados da América Latina

1. Carvalho, Daniel. "Em seu primeiro e último discurso na Câmara, Tiririca diz sair decepcionado". *Folha de S.Paulo*, 6 dez. 2017. Disponível em: <http://bit.ly/2j0whuu>. Acesso em: 19 dez. 2017.
2. Ferro, Maurício. "'Com vergonha da política', Tiririca usou dinheiro público para viajar a locais em que faria shows de humor". *O Globo*, 12 dez. 2017. Disponível em: <https://glo.bo/2BCi7Yc>. Acesso em: 19 dez. 2017.
3. Carvalho, Daniel. "Em seu primeiro e último discurso na Câmara, Tiririca diz sair decepcionado". *Folha de S.Paulo*, 6 dez. 2017. Disponível em: <http://bit.ly/2j0whuu>. Acesso em: 19 dez. 2017.
4. "Casa recebe pedido de reembolso de Botox". *O Estado de S. Paulo*, 9 mar. 2014. Disponível em: <http://bit.ly/2FDGPW8>. Acesso em: 3 fev. 2018.
5. "Atendimento médico para deputados". Câmara dos Deputados. Disponível em: <http://bit.ly/2AY43mV>. Acesso em: 19 dez. 2017.
6. "Câmara tem serviço médico de alto nível para deputados e servidores". *G1*, 18 nov. 2016. Disponível em: <https://glo.bo/2fbjqAY>. Acesso em: 19 dez. 2017.
7. Molina, Frederico Rivas. "Parlamentares brasileiros são os mais bem pagos da América Latina". *El País Internacional*, 16 nov. 2016. Disponível em: <http://bit.ly/2DaMuoN>. Acesso em: 19 dez. 2017.
8. Amato, Fábio; Lins, Laís. "Acúmulo de ganhos garante até R$ 64 mil mensais a 30 ex e atuais parlamentares". *G1*, 6 mar. 2017. Disponível em: <https://glo.bo/2CYAP9t>. Acesso em: 19 dez. 2017.
9. As informações estão contidas no seguinte vídeo produzido pelo Spotniks: http://bit.ly/2HZ7RJl. Acesso em 21 de fevereiro de 2018.
10. Alves, Murilo Rodrigues. "Aposentadoria média de parlamentar é 7,5 vezes superior à média do INSS". *O Estado de S. Paulo*, 4 out. 2016. Disponível em: <http://bit.ly/2dtjBWf>. Acesso em: 27 dez. 2017.

11. Idem.
12. Idem.
13. Vaz, Lucio. "Deputado se aposenta depois de apenas dois anos de mandato". *Congresso em Foco*, 7 fev. 2017. Disponível em: <http://bit.ly/2kgIHda>. Acesso em: 27 dez. 2017.
14. Idem.
15. Doca, Geralda; Iglesias, Simone. "Deputados e senadores podem perder aposentadoria especial". *O Globo*, 11 out. 2016. Disponível em: <https://glo.bo/2r0LfUi>. Acesso em: 27 dez. 2017.
16. Cálculo referente a 2017.

5. **Tribunal de Contas: vitaliciedade, auxílio-aluguel, 15º salário**

    1. Tribunal de Contas da União. "O Tribunal de Contas da União é vinculado ao Poder Legislativo ou é um órgão independente dos poderes da República?". *Portal TCU*. Disponível em: <https://bit.ly/2sfG28C>. Acesso em: 28 mai. 2018.
    2. Gois, Chico de. "Em tribunais de contas pelo país, 23% dos conselheiros respondem ações na Justiça". *O Globo*, 20 jul. 2014. Disponível em: <https://glo.bo/2xkB9ku>. Acesso em: 28 mai. 2018.
    3. Idem.
    4. Idem.
    5. Duarte, Hélter. "Delator afirma que Pezão sabia de esquema de propina no TCE". *G1*, 1º abril de 2017. Disponível em: <https://glo.bo/2L1YvND>. Acesso em: 28 mai. 2018.

6. **Ministério Público: benefícios não tributados, auxílio-creche e jornada TQQ**

    1. Monica Fachinelli, post no Twitter, 10 dez. 2017. Disponível em: <http://twitter.com/monicafachineli/status/939849778636185601>. Acesso em: 12 dez. 2017.
    2. Carlos Góes, post no Twitter, 9 dez. 2017. Disponível em: <https://twitter.com/goescarlos/status/939677140433473536>. Acesso em: 12 dez. 2017.

3. Monica Fachinelli, post no Twitter, 10 dez. 2017. Disponível em: <https://twitter.com/monicafachineli/status/939847309239701505>. Acesso em: 12 dez. 2017.
4. Pierry, Flávia. "Penduricalhos pagos a procuradores da República já somam R$ 60 milhões em 2017". *Gazeta do Povo*, 12 ago. 2017. Disponível em: <https://bit.ly/2IP9fSU>. Acesso em: 25 mai. 2018.
5. Idem.
6. Gomide, Raphael. "O que dizem os tribunais e MPs sobre os salários dos juízes e promotores acima do teto". *Época*, 12 jun. 2015 (atualizado em: 4 nov. 2016). Disponível em: <https://glo.bo/2mzE80q>. Acesso em: 14 nov. 2017.
7. Mello, Daniel. "Direito ou privilégio?". *Agência Pública*, 12 dez. 2016. Disponível em: <https://bit.ly/2IOXbwU>. Acesso em: 26 mai. 2018.

7. Privilégios compartilhados: a irrealidade salarial do País das Maravilhas

1. Carroll, Lewis. *Aventuras de Alice no País das Maravilhas e Através do Espelho e o que Alice Encontrou Lá*. São Paulo: Editora 34, 2015.
2. "Remuneração dos Servidores da Câmara dos Deputados". Câmara dos Deputados. Disponível em: <https://goo.gl/1WCvPy>. Acesso em: 19 dez. 2017.
3. Menezes Filho, Naercio. "Funcionários públicos ganham mais do que trabalhadores do setor privado? Veja dados". *Mercado Popular*, 14 nov. 2017. Disponível em: <http://bit.ly/2FySENS>. Acesso em: 15 nov. 2017.
4. Coronato, Marcos; Imércio, Aline. "Brasil gasta demais com funcionários públicos". *Época*, 2 out. 2014. Disponível em: <https://glo.bo/1KdK4j0>. Acesso em: 14 nov. 2017.
5. Alegretti, Laís. "Deficit da Previdência sobe 18,5% e soma recorde de R$ 268,8 bi em 2017". *Folha de S.Paulo*, 22 jan. 2018. Disponível em: <http://bit.ly/2FISrdT>. Acesso em: 12 mar. 2018.
6. Sowell, Thomas. "Student loans", in *Is Reality Optional? and Other Essays*. Stanford, California: Hoover Institution Press, 1993, p. 131.
7. Simão, Edna. "Déficit da Previdência aumenta para R$ 268,8 bi em 2017". *Valor*, 22 jan. 2018. Disponível em: <https://bit.ly/2n4Edth>. Acesso em: 19 fev. 2018.

8. Secretaria da Previdência, Ministério da Fazenda. "Resultados do Regime Geral de Previdência". Disponível em: <https://bit.ly/2oYPcnn>. Acesso em: 29 abr. 2018.
9. Secretaria do Tesouro Nacional. "Aspectos Fiscais da Seguridade Social no Brasil", p. 7. Disponível em: <http://bit.ly/2CIH0SO>. Acesso em: 5 jan. 2018.
10. Jasper, Fernando. "Preocupado com a Previdência dos civis, governo 'esquece' de reforma dos militares". *Gazeta do Povo*, 22 dez. 2017. Disponível em: <http://bit.ly/2mjvhiC>. Acesso em: 12 jan. 2017.
11. Ministério da Defesa, Exército brasileiro. "Pensão militar". Disponível em: <http://bit.ly/2D739d6>. Acesso em: 12 jan. 2018.
12. Doca, Geralda, e Fernandes, Leticia. "União gastará R$ 3,8 bi com pagamento de pensões vitalícias a filhas de militares este ano". *O Globo*, 22 set. 2015. Disponível em: <https://glo.bo/2xaD5YT>. Acesso em: 12 jan. 2018.
13. Ministério da Defesa, Exército brasileiro. "Pensão militar". Disponível em: <http://bit.ly/2D739d6>. Acesso em: 12 jan. 2018.
14. Jardim, Lauro. "Herdeiras da Guerra do Paraguai". *Globo*, 30 jan. 2018. Disponível em: <https://glo.bo/2DZYRoc>. Acesso em: 12 jan. 2018.
15. "Previdência: as fabulosas pensões das filhas solteiras do Congresso". *Gazeta do Povo*, 9 jun. 2017. Disponível em: <http://bit.ly/2qX8BKL>. Acesso em: 12 jan. 2018.
16. Gomilde, Raphael. "As filhas de servidores que ficam solteiras para ter direito a pensão do Estado". *Época*, 19 nov. 2013. Disponível em: <https://glo.bo/JIO01Y>. Acesso em: 14 mar. 2018
17. Souza, André de. "Ministro do STF manda suspender revisão de pensões de filhas solteiras". *O Globo*, 4 mai. 2017. Disponível em: <https://glo.bo/2mwtIim>. Acesso em: 12 jan. 2018.
18. Menezes, Pedro. "E os melhores amigos da desigualdade em 2017 foram...". *Mercado Popular*, 3 jan. 2018. Disponível em: <http://bit.ly/2F32lUv>. Acesso em: 5 jan. 2018.
19. Secretaria do Tesouro Nacional. "Aspectos Fiscais da Seguridade Social no Brasil". Disponível em: <http://bit.ly/2CIH0SO>. Acesso em: 5 jan. 2018.

20. Schwartsman, Maurício. "O obscurantismo antidéficit chegou ao Senado. Quem vai pará-lo?". *Mercado Popular*, 25 out. 2017. Disponível em: <http://bit.ly/2D1dq8c>. Acesso em: 5 jan. 2018.
21. Menezes, op. cit.
22. Jasper, Fernando. "Cada jovem brasileiro deve R$ 110 mil à Previdência". *Gazeta do Povo*, 1º jan. 2018. Disponível em: <http://bit.ly/2CLDbwf>. Acesso em: 5 jan. 2018.
23. Góes, Carlos; Nemer, Gabriel. "Reforma da Previdência: Um Guia para Não-Economistas". *Nota de Política Pública nº 01/2018*. São Paulo: Instituto Mercado Popular, 2018. Disponível em: <http://bit.ly/2G3CqvE>. Acesso em: 17 fev. 2018.
24. Góes e Nemer, op. cit.
25. Góes, Carlos. "O PSOL é o retrato da elite brasileira". *Mercado Popular*, 22 dez. 2017. Disponível em: <http://bit.ly/2BXdJD3>. Acesso em: 27 dez. 2017.
26. Medeiros, Marcelo; Souza, Pedro. "Gasto Público, Tributos e Desigualdade de Renda no Brasil", in *Textos Para Discussão — Instituto de Pesquisa Econômica Aplicada (Ipea)*, Brasília/Rio de Janeiro, jun. 2013. Disponível em: <http://bit.ly/2nRXAEK>. Acesso em: 27 dez. 2016.
27. Góes, Carlos; Karpowicz, Izabela. "Inequality in Brazil: A Regional Perspective", in *IMF — Working Paper*, 31 out. 2017. Disponível em: <http://bit.ly/2F0JolO>. Acesso em: 27 dez. 2016.
28. Kadanus, Kelli. "Brasileiros acham que funcionário público tem privilégio... e querem ser servidores". *Gazeta do Povo*, 2 jan. 2018. Disponível em: <http://bit.ly/2CywnCh>. Acesso em: 5 jan. 2018.
29. Lenin, V. I. *O Estado e a Revolução*. Porto: Vale Formoso, 1970, p. 49.

PARTE 3: PRIVILÉGIOS NA SOCIEDADE

2. País da Meia-Entrada: quem ganha e quem perde?

1. Latif, Zeina; Lisboa, Marcos. "Democracy and Growth in Brazil", in *Insper Working Paper*, WPE: 311/2013. Disponível em: <https://bit.ly/2GGqAHC>. Acesso em: 14 mar. 2018.
2. Bernardo, André. "Quando todo mundo paga meia, ninguém paga meia". *Gazeta do Povo*, 7 fev. 2018. Disponível em: <http://bit.ly/2ogCrFm>. Acesso em: 17 fev. 2018.

3. Araújo, Carlos. "Benefício da meia-entrada é duvidoso, aponta FEA". *Estadão*, 11 jun. 2013. Disponível em: <http://bit.ly/2ENK4gV>. Acesso em: 17 fev. 2017.
4. Bernardo, André. "Quando todo mundo paga meia, ninguém paga meia". *Gazeta do Povo*, 7 fev. 2018. Disponível em: <http://bit.ly/2ogCrFm>. Acesso em: 17 fev. 2018.
5. UNE. "Lutas e bandeiras". Disponível em: <http://bit.ly/2HvRLqy>. Acesso em: 17 fev. 2018.
6. Ubes. "Lutas e conquistas". Disponível em: <http://bit.ly/2BCYFd2>. Acesso em: 17 fev. 2018.

3. Ensino superior: se ficar o privilégio pega, se correr o privilégio come

1. Duque, Daniel. "Mensalidades em Universidades Públicas: Por que a sociedade continua financiando o ensino superior de quem pode pagar?", in *Educar é Libertar: uma nova abordagem aos desafios da educação no Brasil*. Goiânia: Kelps, 2017, p. 77.
2. Segundo o critério de classe estabelecido pela Secretaria de Assuntos Estratégicos da Presidência da República, pertence à classe alta quem tem renda familiar per capita maior que R$ 1.010,00; à classe média, quem tem renda familiar per capita entre R$ 291,00 e R$ 1.010,00; e à classe baixa, quem tem renda familiar per capita menor que R$ 291,00.
3. Góes, Carlos; Duque, Daniel. "Como as universidades públicas no Brasil perpetuam a desigualdade de renda: fatos, dados e soluções". Nota de Política Pública nº 01/2016. São Paulo: Instituto Mercado Popular, 2016. Disponível em: <http://bit.ly/2phq4dF>. Acesso em: 14 mar. 2018.
4. Idem.
5. Idem.
6. "Câmara rejeita PEC que autorizava universidade pública a cobrar por curso lato sensu". Câmara dos Deputados, 29 mar. 2017. Disponível em: <http://bit.ly/2oHb0TA>. Acesso em: 14 mar. 2018.
7. Sperandio, Luan. "3 fatos que tornaram necessárias as mudanças das regras do Fies". *Instituto Liberal*, 14 set. 2017. Disponível em: <http://bit.ly/2Dt99c4>. Acesso em: 14 mar. 2018.

8. Toledo, José Roberto de; Saldaña, Paulo; Burgarelli, Rodrigo. "7 gráficos que explicam a farra do financiamento estudantil". *Estadão Dados*, 4 mar. 2015. Disponível em: <http://bit.ly/2nkIRE6>. Acesso em: 14 mar. 2018.
9. Nascimento, Paulo A. Meyer M.; Longo, Gustavo Frederico. "Qual o custo implícito do Fies para o contribuinte brasileiro?". Ipea, ago. 2016. Disponível em: <http://bit.ly/2GrYRfx>. Acesso em: 14 mar. 2018.
10. Sperandio, op. cit.
11. Idem.
12. "Governo anuncia mudanças para o Fies em 2018". *Jornal da Globo*, 6 jul. 2017. Disponível em: <http://bit.ly/2HzRn9s>. Acesso em: 14 mar. 2018.

4. Saúde: SUS, judicialização, intervencionismo estatal

1. Marques, Jairo. "Com doença rara, Gianlucca, 5, amarga espera por remédio de R$ 398 mil". *Folha de S.Paulo*, 16 jul. 2017. Disponível em: <http://bit.ly/2tnu8c5>. Acesso em: 22 jan. 2018.
2. Collucci, Claudia. "Doentes graves ganham na Justiça, mas remédios caros travam no SUS". *Folha de S.Paulo*, 16 jul. 2017. Disponível em: <http://bit.ly/2DZGJbJ>. Acesso em: 23 jan. 2018.
3. Rocha, Julio César de Sá. *Direito da saúde: direito sanitário na perspectiva dos interesses difusos e coletivos*. São Paulo: LTr, 1999, p. 43.
4. Silva, José Afonso da. *Curso de Direito Constitucional*. 18ª ed. São Paulo: Malheiros, 2000, p. 311.
5. Roque, Leandro. "Como Mises explicaria a realidade do SUS?". *Instituto Ludwig von Mises Brasil*, 9 mar. 2011. Disponível em: <http://bit.ly/2n32Fue>. Acesso em: 22 jan. 2018.
6. Idem.
7. Idem.
8. Idem.
9. Idem.
10. Idem.
11. Fabrini, Fábio e Lígia Formenti. "Gastos 'judiciais' com tratamento médico sobem 1.300% em 7 anos". *Estadão*, 21 ago. 2017. Disponível em: <http://bit.ly/2wqhxtV>. Acesso em: 22 jan. 2018.
12. Idem.

13. *Silva, Liliane Coelho da*. "Judicialização da saúde: em busca de uma contenção saudável". Âmbito Jurídico. Disponível em: <http://bit.ly/2rsLvvH>. Acesso em: 22 jan. 2018.
14. Tomazela, José Maria. "Justiça manda plano atender criança com doença rara". *Estadão*, 24 mar. 2014. Disponível em: <http://bit.ly/2DyPMU1>. Acesso em: 24 jan. 2018.
15. Idem.
16. Idem.
17. Idem.
18. Levorato, Ana Carolina; Jr., Geraldo. "Bebê Sofia morre nos EUA após parada cardíaca". *G1*, 14 set. 2015 (atualizado em: 22 set. 2015). Disponível em: <https://glo.bo/2GadlA2>. Acesso em: 24 jan. 2018.
19. Idem.
20. Fabrini, Fábio; Formenti, Lígia. "Gastos 'judiciais' com tratamento médico sobem 1.300% em 7 anos". *Estadão*, 21 ago. 2017. Disponível em: <http://bit.ly/2wqhxtV>. Acesso em: 22 jan. 2018.
21. Idem.
22. Collucci, Claudia. "Doentes graves ganham na Justiça, mas remédios caros travam no SUS". *Folha de S.Paulo*, 16 jul. 2017. Disponível em: <http://bit.ly/2DZGJbJ>. Acesso em: 23 jan. 2018.
23. Sperandio, Luan. 2017. "Consequências do Intervencionismo no Mercado de Saúde Suplementar Brasileiro", in *MISES: Revista Interdisciplinar de Filosofia, Direito e Economia*, v. 5, n. 1, p. 125-136, 2017. Disponível em: <http://bit.ly/2pjDF31>. Acesso em: 13 mar. 2018.
24. Ramos, André Luiz Santa Cruz. *Direito Empresarial Esquematizado*. 4ª. ed. rev. atual. e ampl. São Paulo: Editora Método, 2014, p. 527.
25. Ramos, André Luiz Santa Cruz. "Em defesa do direito de firmar contratos livremente". *Instituto Mises Brasil*, 15 mai. 2012. Disponível em: <https://bit.ly/2reVu53>. Acesso em: 13 mar. 2018.
26. Idem.
27. Idem.
28. Sperandio, op. cit.
29. Idem.
30. Idem.

31. Editorial. "Judicialização da saúde". *Estadão*, 9 mai. 2016. Disponível em: <http://bit.ly/2FMnZwG>. Acesso em: 17 jan. 2018.
32. Idem.
33. Cambricoli, Fabiana. "Valor gasto por convênios em disputas judiciais dobra em 2 anos e vai a R$ 1,2 bi". *Estadão*, 1º mai. 2016. Disponível em: <http://bit.ly/24u4rDu>. Acesso em: 22 jan. 2018.
34. Editorial. "Judicialização da saúde". *Estadão*, 9 mai. 2016. Disponível em: <http://bit.ly/2FMnZwG>. Acesso em: 17 jan. 2018.
35. Sperandio, op. cit.
36. A "lista dos procedimentos, exames e tratamentos com cobertura obrigatória pelos planos de saúde" que constituíam o Rol de Procedimentos e Eventos em Saúde era a "cobertura mínima obrigatória" que era revisada a cada dois anos e valia "para planos de saúde contratados a partir de 1º de janeiro de 1999" (Assessoria de Comunicação. "Como é elaborado o Rol de Procedimentos". *Agência Nacional de Saúde Suplementar*. Disponível em: <http://bit.ly/1dNU9Fk>. Acesso em: 3 fev. 2018).
37. Assessoria de Comunicação. "Histórico de reajuste por Variação de Custo Pessoa Física". *Agência Nacional de Saúde Suplementar*. Disponível em: <http://bit.ly/2lZhZp7>. Acesso em: 13 mar. 2018.
38. Sperandio, op. cit.
39. "Ações contra planos de saúde sobem 600% em seis anos, em São Paulo". *Bom Dia Brasil*, 8 fev. 2017. Disponível em: <https://glo.bo/2FQljy7>. Acesso em: 17 jan. 2018.
40. Sperandio, Luan. "Como o intervencionismo estatal está destruindo o mercado de saúde privado brasileiro". *Instituto Mises Brasil*, 6 jun. 2017. Disponível em: <http://bit.ly/2DktK7l>. Acesso em: 17 jan. 2018.
41. "Intervenção Judicial na saúde pública: Panorama no âmbito da Justiça Federal e Apontamentos na seara das Justiças Estaduais". Advocacia Geral da União, Consultoria Jurídica Ministério da Saúde, ago. 2012, p. 5. Disponível em: <http://bit.ly/2BkPY30>. Acesso em: 22 jan. 2018.
42. Sperandio, op. cit.
43. Idem.

5. Aborto: licença privilegiada para matar

1. "Rebeca vai contar: a história da mulher que pediu o direito ao aborto seguro no STF". *Think Olga*. Disponível em: <http://bit.ly/2CM0k0K> Acesso em: 2 dez. 2017.
2. Idem.
3. Idem.
4. "O que é o PROUNI?". *QueroBolsa*. Disponível em: <http://bit.ly/2m6nXqm>. Acesso em: 29 nov. 2017.
5. "Rebeca vai contar: a história da mulher que pediu o direito ao aborto seguro no STF". *Think Olga*. Disponível em: <http://bit.ly/2CM0k0K>. Acesso em: 2 dez. 2017.
6. Os ministros do STF que votaram pela autorização do aborto em caso de anencefalia do feto foram Marco Aurélio Mello, Rosa Weber, Joaquim Barbosa, Luiz Fux, Cármen Lúcia, Ayres Britto, Gilmar Mendes e Celso de Mello. Os dois votos contrários foram os dos ministros Ricardo Lewandowski e Cézar Peluso.
7. Diniz, Débora e Medeiros, Marcelo. "Aborto no Brasil: uma pesquisa domiciliar com técnica de urna". *Ciência & Saúde Coletiva*, v. 15, supl. 1, p. 959-966, 2010. Disponível em: <http://bit.ly/2CBMNp>. Acesso em: 5 dez. 2017.
8. Formenti. Ligia. "Diariamente, 4 mulheres morrem nos hospitais por complicações do aborto". *Estadão*, 17 dez. 2016. Disponível em: <http://bit.ly/2mGXRKg>. Acesso em: 5 dez. 2017.
9. Nathason, Bernard N. "Eu fiz cinco mil abortos". *Associação Nacional Pró-Vida e Pró-Família*. Disponível em: <http://bit.ly/2EhnitS>. Acesso em: 5 dez. 2017.
10. "Quando mais tarde os pró-abortistas usavam os mesmos 'slogans' e argumentos que eu havia preparado em 1968, ria muito, porque eu havia sido um de seus inventores e sabia muito bem que eram mentiras. Dizíamos, em 1968, que na América se praticavam um milhão de abortos clandestinos, quando sabíamos que estes não ultrapassavam de cem mil, mas esse número não nos servia e multiplicamos por dez para chamar a atenção. Também repetíamos constantemente que as mortes maternas por aborto clandestino se aproximavam

de dez mil, quando sabíamos que eram apenas duzentas, mas esse número era muito pequeno para a propaganda. Esta tática do engano e da grande mentira, se é repetida constantemente, acaba sendo aceita como verdade. Nós nos lançamos para a conquista dos meios de comunicações sociais, dos grupos universitários, sobretudo das feministas. Eles escutavam tudo o que dizíamos, inclusive as mentiras, e logo divulgavam pelos meios de comunicações sociais, base da propaganda. É importantíssimo que vocês se preocupem com os meios de comunicações sociais porque, segundo explicam os fatos, assim se infiltrarão as ideias entre a população. [...] Outra prática eram nossas próprias invenções. Dizíamos, por exemplo, que havíamos feito uma pesquisa e que 25 por cento da população era a favor do aborto e três meses mais tarde dizíamos que eram 50 por cento, e assim sucessivamente. Os americanos acreditavam e como desejavam estar na moda, formar parte da maioria para que não dissessem que eram 'atrasados', se uniam aos 'avançados'. Mais tarde fizemos pesquisas de verdade e pudemos comprovar que pouco a pouco iam aparecendo os resultados que havíamos inventado; por isso, sejam muito cautelosos sobre as pesquisas que se fazem sobre o aborto. Porque, apesar de serem inventadas, têm a virtude de convencer inclusive os magistrados e legisladores, pois eles como qualquer outra pessoa leem jornais, ouvem rádio e sempre fica alguma coisa em sua mente". (Nathason, Bernard N. "Eu fiz cinco mil abortos". *Associação Nacional Pró-Vida e Pró-Família*. Disponível em: <http://bit.ly/2EhnitS>. Acesso em: 5 dez. 2017).

11. Nathason, op. cit.
12. Toledo, José Roberto de. "Conservadorismo na medida". *Estadão*, 22 dez. 2016. Disponível em: <http://bit.ly/2EhvV7y>. Acesso em: 5 dez. 2017.
13. Barbosa, Renan e Dreschel, Denise. "Novas pesquisas confirmam que brasileiro é contra o aborto". *Gazeta do Povo*, 5 dez. 2017. Disponível em: <http://bit.ly/2m4tSfC>. Acesso em: 5 dez. 2017.
14. Idem.
15. Collucci, Claudia. "Grupo aciona Supremo por direito a aborto se mulher tiver zika". *Folha de S.Paulo*, 24 ago. 2016. Disponível em: <http://bit.ly/2cbrfYe>. Acesso em: 2 dez. 2017.

16. Carvalho, Luiz Maklouf. *1988: Segredos da Constituinte — Os vinte meses que agitaram e mudaram o Brasil*. Rio de Janeiro: Editora Record, 2017, p. 271.
17. "Rebeca vai contar: a história da mulher que pediu o direito ao aborto seguro no STF". *Think Olga*. Disponível em: <http://bit.ly/2CM0k0K>. Acesso em: 2 dez. 2017.
18. "PSOL protocola ação no STF contra criminalização do aborto". *PSOL 50 — Santa Catarina*. Disponível em: <http://bit.ly/2CQhHP1>. Acesso em: 2 dez. 2017.
19. Dubner, Stephen J.; Levitt, Steven D. *Freakonomics + Superfreakonomics*. Edição 2 em 1. Rio de Janeiro: Elsevier, 2012, p. 128-129.
20. Passarinho, Natalia. "'Me senti como um nada': grávida que teve pedido de aborto negado pelo STF diz que irá à Justiça de SP". *BBC Brasil*, 30 nov. 2017. Disponível em: <http://bbc.in/2CQdpGe>. Acesso em: 2 dez. 2017.
21. Fischberg, Josy. "Grávida que teve aborto negado pelo STF realiza procedimento na Colômbia". *O Globo*, 9 dez. 2017. Disponível em: <https://glo.bo/2CD8CoB>. Acesso em: 11 dez. 2017.
22. Idem.
23. Bertho, Helena. "Conheça a brasileira que ajuda mulheres do mundo todo a abortar". *UOL*, 11 dez. 2017. Disponível em: <http://bit.ly/2BDxa3G>. Acesso em: 11 dez. 2017.
24. Idem.
25. Razzo, Francisco. *Contra o aborto*. Rio de Janeiro: Editora Record, 2017, p. 94.

6. LGBTTI: privilégio em razão do gênero

1. A sigla LGBTQQICAPF2K+ representaria "lésbica, gay, bissexual, transgênero, queer (pessoas que não seguem o modelo de heterossexualidade ou binarismo de gênero), questioning (alguém que está se questionando sobre a sexualidade), intersexual, curioso, assexuado, agênero (identidade caracterizada pela ausência de gênero), aliado (heterossexual não homofóbico), pansexual (indivíduo que se sente atraído por todos os gêneros), polissexual (alguém que se sente atraído

por pessoas de vários gêneros), amigos e familiares, 2-spirit (ao pé da letra, dois espíritos [...], indivíduos que se vestem e desempenham papéis sociais dos dois gêneros) e kink (fetichista ou pessoa que pratica sexo de maneira não convencional)". Extraído do artigo escrito por Katherine Timpf na *National Review* e publicado no jornal *Gazeta do Povo*. Disponível em: <http://bit.ly/2Gk2WRD>. Acesso em: 15 fev. 2018.
2. Brasil. Projeto de Lei aa Câmara nº 122 de 15 dez. 2006. Altera a Lei nº 7.716, de 5 jan. 1989, que define os crimes resultantes de preconceito de raça ou de cor, dá nova redação ao § 3º do art. 140 do Decreto-Lei nº 2.849, de 7 dez. 1940 — Código Penal, e ao art. 5º da Consolidação das Leis do Trabalho, aprovada pelo Decreto-Lei nº 5.452, de 1º mai. 1943, e dá outras providências. Brasília, 15 dez. 2006. Disponível em: <http://bit.ly/2F6FI1Q>. Acesso em: 7 jan. 2018.
3. "Cirurgias de mudança de sexo são realizadas pelo SUS desde 2008". Governo do Brasil, 6 mar. 2015. Disponível em: <http://bit.ly/2xvobyQ>. Acesso em: 8 fev. 2018.
4. "Governo lança Sistema Nacional LGBT para integrar políticas contra o preconceito". Secretaria Nacional de Políticas para Mulheres, 27 jun. 2013. Disponível em: <http://bit.ly/2HhroVf>. Acesso em: 15 fev. 2018.
5. Projeto de Lei nº 7.582 de 20 mai. 2014. Define os crimes de ódio e intolerância e cria mecanismos para coibi-los, nos termos do inciso III do art. 1º e caput do art. 5º da Constituição Federal, e dá outras providências. Brasília, 20 mai. 2006. Disponível em: <http://bit.ly/1AYLcGf>. Acesso em: 7 jan. 2018.
6. Idem.
7. "TSE aprova uso do nome social de candidatos na urna". Tribunal Superior Eleitoral, 1º mar. 2018. Disponível em: <http://bit.ly/2GweeDJ>. Acesso em: 15 mar. 2018.
8. "Direitos em quadra". *Folha de S.Paulo*, 13 fev. 2018. Disponível em: <http://bit.ly/2ss9POU>. Acesso em: 14 fev. 2018.
9. A frase correta do intelectual americano H.L. Mencken é "Explanations exist; they have existed for all time; there is always a well-known solution to every human problem — neat, plausible, and wrong" ["Explicações existem; sempre existiram; há sempre uma solução conhecida para

cada problema humano — clara, plausível e equivocada."]. (Mencken, H.L. *Prejudices: Second Series*. Nova York: Alfred A. Knopf, 1920, p. 158).

10. Favero, Paulo. "'Não concordo com a participação da Tifanny na Superliga', diz Tandara". *O Estado de S. Paulo*, 2 fev. 2018. Disponível em: <http://bit.ly/2FF7v8L>. Acesso em: 14 fev. 2018.

11. Henkel, Ana Paula. "Biologia não é de esquerda nem de direita". *O Estado de S. Paulo*, 28 dez. 2017. Disponível em: <http://bit.ly/2EbL0Ie>. Acesso em: 8 fev. 2018; e "Carta aberta ao Comitê Olímpico Internacional". *O Estado de S. Paulo*, 16 jan. 2018. Disponível em: <http://bit.ly/2EcTVci>. Acesso em: 8 fev. 2018.

12. "Comentarista: Tifanny está 'totalmente dentro do padrão' da Superliga feminina". SporTV, 16 jan. 2018. Disponível em: <https://glo.bo/2FNBL1M>. Acesso em: 16 mar. 2018.

13. Favero, Paulo. "Tifanny: 'Se existem mulheres boas e homens bons, vai existir transexual boa'". *Esporte Fera*, 5 fev. 2018. Disponível em: <http://bit.ly/2BkJyF4>. Acesso em: 8 fev. 2018.

14. Favero, Paulo. "'Não concordo com a participação da Tifanny na Superliga', diz Tandara". *O Estado de S. Paulo*, 2 fev. 2018. Disponível em: <http://bit.ly/2FF7v8L>. Acesso em: 14 fev. 2018.

15. Carneiro, Leandro. "Tifanny fica fora da seleção de vôlei, mas não por opção de Zé Roberto". *Folha de S.Paulo*, 13 abr. 2018. Disponível em: <https://bit.ly/2r2brM3>. Acesso em: 28 abr. 2018.

16. Rudnick, Fernando. "Mulher trans estreia no MMA contra homem: 'Seria covardia bater em mulher'". *Gazeta do Povo*, 15 fev. 2018. Disponível em: <http://bit.ly/2Cs5zyC>. Acesso em: 17 fev. 2018.

17. Pompeu, Ana. "STF autoriza pessoa trans a mudar de nome mesmo sem cirurgia ou decisão judicial". *Consultor Jurídico*, 1º mar. 2018. Disponível em: <http://bit.ly/2F4NmwY>. Acesso em: 15 mar. 2018.

18. D'Agostino, Rosanne. "STF decide que transexuais e transgêneros poderão mudar registro civil sem necessidade de cirurgia". *G1*, 1º mar. 2018. Disponível em: <https://glo.bo/2FiLC2z>. Acesso em: 15 mar. 2018.

19. Pompeu, Ana. "STF autoriza pessoa trans a mudar de nome mesmo sem cirurgia ou decisão judicial". *Consultor Jurídico*, 1º mar. 2018. Disponível em: <http://bit.ly/2F4NmwY>. Acesso em: 15 mar. 2018.

20. "Homem é acusado de 'mudar' de sexo para se aposentar cinco anos antes". *Gazeta do Povo*, 22 mar. 2018. Disponível em: <https://bit.ly/2I81tPp>. Acesso em: 26 mar. 2018.

7. Empresários: opção preferencial pela servidão

1. Faoro, Raymundo. *Os donos do poder: formação do patronato político brasileiro*. São Paulo: Editora Globo, 2012, p. 78.
2. Idem, p. 77-78.
3. Idem, p. 78.
4. Idem, p. 81.
5. Idem.
6. "Quando a comparação com outros países é justa, Brasil se destaca por carga tributária pesada". Mercado Popular, 10 fev. 2016. Disponível em: <http://bit.ly/2G7ifRd>. Acesso em: 18 mar. 2018.
7. Sowell, Thomas. *Barbarians inside the gates and other controversial essays*. Stanford: Hoover Institution Press, 1999, p. 250.
8. Lei nº 13.494, de 24 de outubro de 2017. Institui o Programa de Regularização de Débitos não Tributários (PRD) nas autarquias e fundações públicas federais e na Procuradoria-Geral Federal, Brasília, DF, 24 de outubro de 2017. Disponível em: <http://bit.ly/2zW8H5B>. Acesso em: 11 fev. 2018.
9. De acordo com o § 3º da Lei nº 13.494/2017, "a adesão ao PRD implica: I — a confissão irrevogável e irretratável dos débitos em nome do devedor e por ele indicados para compor o PRD, nos termos dos arts. 389 e 395 da Lei nº 13.105, de 16 de março de 2015 (Código de Processo Civil), e a aceitação plena e irretratável de todas as condições estabelecidas nesta Lei; II — o dever de pagar regularmente as parcelas dos débitos consolidados no PRD; III — a vedação da inclusão dos débitos que compõem o PRD em qualquer outra forma de parcelamento posterior, ressalvado o parcelamento de que trata o art. 14-A da Lei nº 10.522, de 19 de julho de 2002; IV — o cumprimento regular das obrigações com o Fundo de Garantia do Tempo de Serviço (FGTS)".
10. Lei nº 13.606, de 9 de janeiro de 2018. Institui o Programa de Regularização Tributária Rural (PRR) na Secretaria da Receita Federal do

Brasil e na Procuradoria-Geral da Fazenda Nacional, Brasília, DF, 9 de janeiro de 2018. Disponível em: <http://bit.ly/2BSyIa7>. Acesso em: 11 fev. 2018.
11. Lei nº 9.964, de 10 de abril de 2000. Institui o Programa de Recuperação Fiscal — Refis e dá outras providências, Brasília, DF, 10 de abril 2000. Disponível em: <http://bit.ly/2Bnj3P4>. Acesso em: 11 fev. 2018.
12. Lei nº 13.496, de 24 de outubro de 2017. Institui o Programa Especial de Regularização Tributária (Pert) na Secretaria da Receita Federal do Brasil e na Procuradoria-Geral da Fazenda Nacional, Brasília, DF, 24 de outubro de 2017. Disponível em: <http://bit.ly/2lmFfCw>. Acesso em: 11 fev. 2018.
13. "Governo publica MP que prorroga em duas semanas adesão ao Refis". *Folha de S.Paulo*, 31 out. 2017. Disponível em: <http://bit.ly/2ExVHbv>. Acesso em: 11 fev. 2018.
14. "Mudanças no Refis deixam buraco de R$ 4 bi no Orçamento de 2018". *Folha de S.Paulo*, 5 nov. 2017. Disponível em: <http://bit.ly/2G5KTyi>. Acesso em: 11 fev. 2018.
15. Mattos, Alexandre José Negrini de. *Maximização da utilidade esperada, planejamento tributário e governança corporativa*. Dissertação (Mestrado em Controladoria e Contabilidade) — Faculdade de Economia, Administração e Contabilidade de Ribeirão Preto, Universidade de São Paulo, Ribeirão Preto, 2017, p. 8. Disponível em: <http://bit.ly/2BmAdwd>. Acesso em: 12 fev. 2018
16. Idem, p. 36.
17. Idem, p. 96.
18. Idem.
19. Osakabe, Marcelo. "Temer veta o Refis para micro e pequenas empresas". *Estadão*, 5 jan. 2018. Disponível em: <http://bit.ly/2BT3iQZ>. Acesso em: 11 fev. 2018.
20. Idem.
21. Barbieri, Cristiane. "Qual o efeito do BNDES?". *Época Negócios*, 5 jun. 2013. Disponível em: <https://glo.bo/1kpjvu3>. Acesso em: 11 fev. 2018.
22. Villas Bôas, Bruno. "Após 9 anos e R$ 1,6 trilhão, legado de Coutinho no BNDES é controverso". *Folha de S.Paulo*, 1º jun. 2016. Disponível em: <http://bit.ly/2kstrwC>. Acesso em: 11 fev. 2018.

23. Schwartsman, Maurício. "Tudo o que você tinha vergonha de perguntar sobre o BNDES". *Mercado Popular*, 28 jul. 2017. Disponível em: <http://bit.ly/2Hbij04>. Acesso em: 11 fev. 2018.
24. Napolitano, Giuliana e Vilardaga, Vicente. "A política de campeões nacionais naufragou. Veja o porquê". *Exame*, 8 nov. 2013. Disponível em: <http://abr.ai/2EXTWlL>. Acesso em: 11 fev. 2018.
25. Dias, Marina e Cruz, Valdo. "Mantega usou BNDES para pedir doação, diz Odebrecht". *Folha de S.Paulo*, 8 mai. 2016. Disponível em: <http://bit.ly/1T5iiLo>. Acesso em: 11 fev. 2018.
26. O'Rourke, P. J. *Parliament of whores. A lone humorist attempts to explain the entire U.S. government*. Nova York: Grove Press, 2003, p. 210.
27. Toledo, Leticia. "A JBS e os encantos da Irlanda". *Exame*, 22 jun. 2017. Disponível em: <http://abr.ai/2FU6kmF>. Acesso em: 18 mar. 2018.
28. Gaspar, Malu. *Tudo ou Nada — Eike Batista e a verdadeira história do Grupo X*. Rio de Janeiro: Editora Record, 2014, p. 77.
29. Idem, p. 78.
30. Idem, p. 145.
31. Napolitano e Vilardaga, op. cit.
32. "Huck usou empréstimo de R$ 17,7 mi do BNDES para comprar jatinho". *Folha de S.Paulo*, 11 fev. 2018. Disponível em: <http://bit.ly/2EjgY5r>. Acesso em: 11 fev. 2018.
33. Neder, Vinicius. "Empréstimos do BNDES tiveram queda de 20% em 2017, menor valor em 18 anos". *Estadão*, 30 jan. 2018. Disponível em: <http://bit.ly/2GabCd5>. Acesso em: 11 fev. 2018.
34. Agostini, Renata e Scaramuzzo, Mônica. "Após política das 'campeãs nacionais', BNDES quer impulsionar as pequenas". *Estadão*, 7 jan. 2018. Disponível em: <https://bit.ly/2CAchmP>. Acesso em: 11 fev. 2018.
35. Garschagen, Bruno. *Pare de acreditar no governo*. Rio de Janeiro: Editora Record, 2015, p. 243.
36. Gallo, Márcio. "Incentivos fiscais". Superintendência da Zona Franca de Manaus, 10 de abril de 2017. Disponível em: <https://bit.ly/2s7UX4H>. Acesso em: 18 mar. 2018.
37. Dutz, Mark et al. *Emprego e Crescimento: a Agenda da Produtividade*. Brasília: Banco Mundial, 2018, p. 46. Disponível em: <https://bit.ly/2InOQR7>. Acesso em: 23 mai. 2018.

38. Latif, Zeina; Lisboa, Marcos. "Democracy and Growth in Brazil". *Insper Working Paper*, WPE: 311/2013, p. 27-28. Disponível em: <https://bit.ly/2GGqAHC>. Acesso em: 14 mar. 2018.
39. Carazza, Bruno. "Com ou sem nota, PJ?". *Folha de S.Paulo*, 11 mai. 2018. Disponível em: <https://bit.ly/2soI1aE>. Acesso em: 29 mai. 2018.
40. Salomão, Alexa. "A pejotização aumenta, e muito, a desigualdade, diz economista". *Folha de S.Paulo*, 8 set. 2017. Disponível em: <https://bit.ly/2ghdUjI>. Acesso em: 29 mai. 2018.
41. Souza, Claudio de. "Governo aumenta IPI dos carros importados e atinge marcas chinesas". *UOL*, 15 set. 2011. Disponível em: <http://bit.ly/2FSPN2i>. Acesso em: 18 mar. 2018.
42. "The 50-year snooze". *The Economist*, 19 abr. 2014. Disponível em: <http://econ.st/2uejdWO>. Acesso em: 18 mar. 2018.
43. Banco Mundial. "Emprego e Crescimento: a agenda da produtividade". *The World Bank*, 17 de março. Disponível em: <http://bit.ly/2HIBpdd>. Acesso em: 18 mar. 2018.
44. Latif e Lisboa, op. cit., p. 2.
45. Cabral, Marcelo. "'O país se condenou a ficar mais pobre', diz Marcos Lisboa". *Época*, 10 mar. 2016. Disponível em: <https://glo.bo/2DDCeBH>. Acesso em: 18 mar. 2018.
46. "Seminário PEC 241 e a dimensão fiscal da crise: parte 1". Institucional AFBNDES, 28 set. 2016. Disponível em: <http://bit.ly/2plZtMj>. Acesso em: 18 mar. 2018.
47. Banco Mundial. "Emprego e Crescimento: a agenda da produtividade", in *The World Bank*, 17 de março. Disponível em: <http://bit.ly/2HIBpdd>. Acesso em: 18 mar. 2018.
48. Pio, Carlos et al. Abertura comercial para o desenvolvimento econômico, Secretaria Especial de Assuntos Estratégicos, Presidência da República, Relatório de Conjuntura nº 3, março de 2018. Disponível em: <http://bit.ly/2HINaAn>. Acesso em: 18 mar. 2018.
49. Bento, Maurício. "Abrir o Brasil não é Folclore, mas seria Carnaval". *Instituto Mercado Popular*, 7 set. 2016. Disponível em: <http://bit.ly/2HITSqe>. Acesso em: 18 mar. 2018.
50. Idem.
51. Pio, op. cit.

52. Idem.
53. Escritório de Avaliação e Supervisão. "Avaliação de Programas de Apoio a Empresas no Brasil". *Banco Interamericano de Desenvolvimento*, nov. 2017. Disponível em: <http://bit.ly/2tZProU>. Acesso em: 18 mar. 2018.
54. Palestra ministrada no Insper, em São Paulo, no dia 9 de março de 2018.
55. Paráfrase da frase: "O FMI é uma entidade que se dedica a tirar dinheiro das pessoas pobres nos países ricos para dar às pessoas ricas nos países pobres."

8. Ordem dos Advogados do Brasil (OAB): monopólio, reserva de mercado, benesses constitucionais

1. Ferreira, Ligia Fonseca. "Luís Gama: um abolicionista leitor de Renan". *Estudos Avançados*, São Paulo, v. 21, n° 60, p. 271-288, ago. 2007. Disponível em: <http://bit.ly/2sOBrOf>. Acesso em: 23 fev. 2018.
2. Guimarães, Carlos Augusto Sant'Anna; Lima, Raphael Souza. "Luiz Gama: ex-escravo, autodidata, advogado, poeta, maçom, republicano e abolicionista radical". *Pesquisa Escolar Online, Fundação Joaquim Nabuco*. Disponível em: <https://bit.ly/2sSD22r>. Acesso em: 15 mar. 2018.
3. Ferreira, op. cit.
4. Boehm, Camila. "Após 133 anos de sua morte, Luiz Gama recebe título de advogado". *Agência Brasil*, 4 nov. 2015. Disponível em: <http://bit.ly/2woBlKy>. Acesso em: 15 mar. 2018.
5. As quatro faculdades em funcionamento em 1997 quando comecei a estudar Direito eram a Faculdade de Direito da Universidade Federal do Espírito Santo (em Vitória, fundada em 1967), a Faculdade de Direito de Cachoeiro de Itapemirim (fundada em 1966), o Centro Universitário do Espírito Santo (em Colatina, fundada em 1967) e a Universidade de Vila Velha (fundada em 1976).
6. "Censo da Educação Superior 2016". Instituto Nacional de Estudos e Estatísticas Educacionais Anísio Teixeira (Inep). Disponível em: <http://bit.ly/2G8Pu2M>. Acesso em: 13 fev. 2018.
7. "Total de advogados no Brasil chega a 1 milhão, segundo a OAB". *Consultor Jurídico*, 18 nov. 2016 Disponível em: <http://bit.ly/2EI3T9r>. Acesso em: 13 fev. 2018.

8. Haidar, Rodrigo. "Exame de Ordem é constitucional, decide Supremo". *Consultor Jurídico*, 26 out. 2016. Disponível em: <http://bit.ly/2BX5CGz>. Acesso em: 13 fev. 2018.
9. Campos, Roberto. "O pior corporativismo". *Folha de S.Paulo*, 26 mai. 1996. Disponível em: <http://bit.ly/2o2Qm2H>. Acesso em: 13 fev. 2018.
10. Lôbo, Paulo. *Comentários ao Estatuto da Advocacia e da OAB*. São Paulo: Saraiva, 2018, p. 281.
11. Idem, p. 284.
12. Idem, p. 287.
13. "OAB vai questionar notificação que recebeu do Cade por tabelar honorários". *Consultor Jurídico*, 27 out. 2017. Disponível em: <http://bit.ly/2ItcMTb>. Acesso em: 15 mar. 2018.
14. Cristo, Alessandro. "OAB responde no Cade por tabelar honorários". *Consultor Jurídico*, 10 nov. 2010. Disponível em: <https://bit.ly/2LAqCnw>. Acesso em: 15 mar. 2018.
15. "OAB vai questionar notificação que recebeu do Cade por tabelar honorários". *Consultor Jurídico*, 27 out. 2017. Disponível em: <http://bit.ly/2ItcMTb>. Acesso em: 15 mar. 2018.

9. CLT e Justiça do Trabalho: privilégios trabalhistas e como fui obrigado pela empresa onde eu trabalhava a processá-la

1. Aguiar, Adriana. "Súmula do TRT-ES proíbe demissão sem justificativa comprovada por empresa". *Valor*, 25 jan. 2017. Disponível em: <https://bit.ly/2ji5179>. Acesso em: 21 fev. 2018.
2. Campos, Mikaella. "Decisão exige que empresas justifiquem demissões". *A Gazeta*, 21 dez. 2016. Disponível em: <http://bit.ly/2oozqD7>. Acesso em: 21 fev. 2018.
3. Idem.
4. Leite, Carlos Henrique Bezerra. *Curso de Direito do Trabalho*. 9ª ed. São Paulo: Saraiva, 2018.
5. Leite, Carlos Henrique Bezerra. *Greve como direito fundamental*. Curitiba: Editora Juruá, 2014.
6. "OAB-ES participa de homenagem ao desembargador Carlos Henrique Bezerra Leite no TRT-ES". OAB-ES, 21 fev. 2018. Disponível em: <http://bit.ly/2ELX2N3>. Acesso em: 22 fev. 2018.

7. Seixas, Beatriz. "TRT-ES derruba proibição de demissão sem justa causa". *A Gazeta*, 1º fev. 2017. Disponível em: <http://bit.ly/2BGprBg>. Acesso em: 22 fev. 2018.
8. Martins Filho, Ives Gandra da Silva. "A Reforma Trabalhista no Brasil". *Revista de Direito do Trabalho,* ano 43, v. 181, set. 2017. São Paulo: Revista dos Tribunais, 2017, p. 18.
9. Idem, p. 21.
10. Idem, p. 21-22.
11. Idem, p. 21.
12. Idem, p. 22.
13. Salama, Bruno; Carlotti, Danilo; Yeung, Luciana. "As decisões da Justiça Trabalhista são imprevisíveis?". *Insper.* Disponível em: <https://bit.ly/2LjN9F9>. Acesso em: 2 jun. 2018.
14. Idem.
15. Dyniewicz, Luciana. "Justiça mantém contribuição sindical extinta pela reforma trabalhista". *Estadão,* 20 abr. 2018. Disponível em: <https://bit.ly/2HP4LIb>. Acesso em: 25 abr. 2018.
16. Castanho, William; Fernandes, Anaïs. "Ministério do Trabalho dá aval a imposto sindical". *Folha de S.Paulo*, 2 abr. 2018. Disponível em: <https://bit.ly/2JbZHhe>. Acesso em: 5 abr. 2018.
17. Olivon, Beatriz. "Presidente do TST critica reação de juízes à reforma". *Valor,* 25 out. 2017. Disponível em: <https://bit.ly/2iASjmL>. Acesso em: 20 fev. 2018.
18. "Ives Gandra Filho é declarado persona non grata à magistratura trabalhista". *JOTA,* 7 mai. 2018. Disponível em: <https://bit.ly/2IiuMCu>. Acesso em: 16 mai. 2018.
19. Diniz, Maria Helena. *Dicionário Jurídico.* v. 3. Saraiva: São Paulo, 1998, p. 371.
20. Lima, Daniela. "No primeiro dia de vigência da nova legislação trabalhista, juiz da Bahia condena empregado". *Folha de S.Paulo,* 13 nov. 2017. Disponível em: <http://bit.ly/2mnz5Tm>. Acesso em: 20 fev. 2018.
21. Roncaglia, Daniel. "Ajudante sustenta, em ação, que pegou fimose no trabalho". *Consultor Jurídico,* 4 set. 2008. Disponível em: <http://bit.ly/2phTx6U>. Acesso em: 15 mar. 2018.
22. Idem.

23. Vasconcelos, Frederico. "Juízes trabalhistas punem advogados que agem de má-fé". *Folha de S.Paulo*, 9 out. 2016. Disponível em: <http://bit.ly/2ESxa20>. Acesso em: 25 fev. 2018.
24. Mencken, op. cit.
25. Guimarães, Bernardo. *A riqueza da nação no século XXI*. Edição do autor para Kindle, 2015, Kindle Locations 1352-1355.
26. Idem, Kindle Locations 1367-1369.
27. Góes, Carlos; Karpowicz, Izabela. "Inequality in Brazil: A Regional Perspective", in *IMF — Working Paper*, 31 out. 2017. Disponível em: <http://bit.ly/2F0JolO>. Acesso em 14 de março de 2018.
28. Sanglard, Julia. "João Goulart institui 13º salário em 1962, sob pressão de patrões e trabalhadores". *O Globo*, 6 jul. 2017. Disponível em: <https://glo.bo/2BOBIni>. Acesso em: 24 fev. 2018.
29. Guimarães, op. cit., Kindle Locations 1401-1407.
30. Idem, Kindle Locations 1413-1415.
31. Bresciani, Eduardo e Madueño, Denise. "Câmara acaba com 14º e 15º salários para deputados e senadores". *Estadão*, 27 fev. 2013. Disponível em: <http://bit.ly/2EQoxRk>. Acesso em: 24 fev. 2018.
32. TST. Acórdão: Embargos em Recurso de Revista nº TST-E-RR-14/2004-037-02-00.0. Relator: Ministro Horácio Senna Pires. DJ: 14/11/2008. TST, 2009. Disponível em: <http://bit.ly/2HHDTJH> Acesso em: 25 fev. 2017.
33. Cortês, Lourdes. "TST mantém reintegração de portador do HIV por dispensa discriminatória". Tribunal Superior do Trabalho, 4 dez. 2008. Disponível em: <http://bit.ly/2GLLMMP>. Acesso em: 25 fev. 2018.
34. TST. Súmula: dispensa discriminatória. Presunção. Empregado portador de doença grave. Estigma ou preconceito. Direito à reintegração — Res. 185/2012, DEJT divulgado em 25, 26 e 27.09.2012. TST, 2012 Disponível em: <http://bit.ly/2HHDTJH>. Acesso em: 25 fev. 2017.

10. Criminosos: do estuprador no Enem à impunidade como privilégio

1. "PMs mortos no RJ". *G1*, 4 jan. 2018. Disponível em: <http://bit.ly/2zDSioL>. Acesso em: 5 fev. 2018.

2. Disponível em: <http://opb.net.br/mortometro.php>. Acesso em: 10 jan. 2017.
3. Instituto de Pesquisas Econômicas Aplicadas e Fórum Brasileiro de Segurança Pública. *Mapa da Violência 2017*. Disponível em: <http://bit.ly/2E0IUii>. Acesso em: 5 fev. 2018.
4. "Justiça autoriza Suzane a cumprir restante da pena em regime mais leve". *Folha de S.Paulo*, 13 ago. 2014. Disponível em: <http://bit.ly/2nECKKG>. Acesso em: 5 fev. 2018.
5. "Condenado por matar casal Richthofen deixa presídio e vai para regime aberto". *Folha de S.Paulo*, 23 ago. 2017. Disponível em: <http://bit.ly/2E422Ie>. Acesso em: 5 fev. 2018.
6. Adorno, Luis. "Ex de Richthofen, Daniel Cravinhos sai de prisão e cumpre pena em liberdade". *Folha de S.Paulo*, 17 jan. 2018. Disponível em: <http://bit.ly/2BdR84g>. Acesso em: 5 fev. 2018.
7. "Suzanne Richthofen pode cumprir o resto da pena em liberdade, diz laudo". *Folha de S.Paulo*, 13 jan. 2018. Disponível em: <http://bit.ly/2E4PYqj>. Acesso em: 5 fev. 2018.
8. Essa é a taxa média de reincidência no país, revelada pelo estudo publicado pelo Ipea em 2015 e que pode ser lido aqui: <http://bit.ly/2sSY3wF>. O conceito utilizado é o que considera a "reincidência em sua concepção estritamente legal, aplicável apenas aos casos em que há condenações de um indivíduo em diferentes ações penais, ocasionadas por fatos diversos, desde que a diferença entre o cumprimento de uma pena e a determinação de uma nova sentença seja inferior a cinco anos" (p. 7).
9. Essa é a taxa de reincidência no país mostrada pelo relatório de gestão publicado pelo Departamento Penitenciário Nacional com dados de 2001 e mencionado no estudo do IPA disponível em http://bit.ly/2sSY3wF. O conceito de reincidência penitenciária utilizado era o mais amplo em relação aos demais estudos e considerava crimes cometidos por "presos condenados e provisórios com passagem anterior no sistema prisional" (p. 13).
10. Cajado, Claudio. "Justificação". Projeto de Lei nº 3.468 de 2012. Disponível em: <http://bit.ly/2FRtVne>. Acesso em: 7 fev. 2018.
11. Idem.

12. Cagni, Patrícia e Jungblut, Cristiane. "Câmara aprova novas regras para saída temporária de presos". *O Globo*, 9 nov. 2017. Disponível em: <https://glo.bo/2hnJ09K>. Acesso em: 7 fev. 2018.
13. "Homem que matou jovem após combinar carona responde por 8 crimes e era foragido desde março". *G1*, 3 nov. 2017. Disponível em: <https://glo.bo/2hC3zft>. Acesso em: 7 fev. 2018.
14. "MP denuncia 3 por morte de jovem em carona combinada no WhatsApp". *VEJA*, 21 nov. 2017. Disponível em: <http://abr.ai/2BJMH1Y>. Acesso em: 7 fev. 2018.
15. Heringer, Carolina e Soares, Rafael. "Suspeitos detidos com fuzil, pistola e maconha no Morro da Coroa são soltos em audiência de custódia". *Extra*, 16 nov. 2016. Disponível em: <https://glo.bo/2o76X5k>. Acesso em: 17 fev. 2018.
16. PM-Me-Your_Desktop. "Ontem postaram aqui uma notícia de que um detento foi aprovado no SISU, hoje eu fui buscar o motivo do cara ter sido preso". *Reddit*, 4 fev. 2018. Disponível em: <http://bit.ly/2EzKwMe>. Acesso em: 17 fev. 2018.
17. Oliveira, Enderson. "Detento aprovado para Cinema na UFPA cumpre pena por estuprar e filmar três crianças". *DOL*, 5 fev. 2018. Disponível em: <http://bit.ly/2Gnj8li>. Acesso em: 17 fev. 2018.
18. Idem.
19. Demani, Annelize. "Aprovado em primeiro lugar para Cinema, detento foi condenado por fazer filme pornográfico com crianças". *O Globo*, 5 fev. 2018. Disponível em: <https://glo.bo/2HqKW9D>. Acesso em: fev. 2018.
20. Pessi, Diego. "O indulto, a prisão e o 'ghoul' de Scalia". *Gazeta do Povo*, 7 jan. 2018. Disponível em: <http://bit.ly/2CsSqVW>. Acesso em: 17 fev. 2018.
21. "Homem atropela em Minas três policiais militares". *Folha de S.Paulo*, 27 set. 2010. Disponível em: <http://bit.ly/2Ct60IK>. Acesso em: 17 fev. 2018.
22. "Filho de juiz mata pessoa atropelada e é solto sem pagar fiança, em São Luís". *G1*, 6 fev. 2015. Disponível em: <https://glo.bo/2o7iUrK>. Acesso em: 17 fev. 2018.

23. "Preso com droga, filho de desembargadora alega insanidade e pede suspensão de ação". *O Globo*, 24 jul. 2017. Disponível em: <https://glo.bo/2BDkb1p>. Acesso em: 17 fev. 2018.
24. Assis, Machado de. *Esaú e Jacó*. São Paulo: Penguin Companhia das Letras, 2012, Kindle Locations 2729-2730.
25. Benevides, Carolina e Duarte, Alessandra. "Brasil gasta com presos quase o triplo do custo por aluno". *O Globo*, 20 nov. 2011. Disponível em: <https://glo.bo/2CMITK4>. Acesso em: 9 jan. 2018.
26. Fernandes, Daniela. "OCDE: Brasil está entre os que menos gastam com ensino primário, mas tem investimento 'europeu' em universidade". *BBC Brasil*, 12 set. 2017. Disponível em: <https://bbc.in/2K5vlxA>. Acesso em: 9 jan. 2018.
27. Ramalho, Renan. "STF admite indenização em dinheiro para preso em situação degradante". *G1*, 16 fev. 2017. Disponível em: <https://glo.bo/2ma4Iw4>. Acesso em: 9 jan. 2017.
28. Idem.
29. Idem.
30. Prado, Thiago. "Filho de Cabral vai tentar reeleição mesmo com o pai preso". *O Globo*, 19 jan. 2018. Disponível em: <https://glo.bo/2mQgdZX>. Acesso em: 19 jan. 2018.
31 Barbosa, Bene; Quintela, Flavio. *Mentiram para mim sobre o desarmamento*. Campinas: Vide Editorial, 2015.
32. Lopes, Anselmo Henrique Cordeiro. "Indulto natalino: garantia ou violação de direitos?". *Época*, 5 jan. 2018. Disponível em: <https://glo.bo/2BzCkNs>. Acesso em: 17 fev. 2018.
33. Idem.
34. Idem.
35. Balthazar, Ricardo. "Tese de que indulto é ameaça para Lava Jato não faz sentido". *Folha de S.Paulo*, 29 dez. 2017. Disponível em: <http://bit.ly/2CtGzqJ>. Acesso em: 17 fev. 2018.
36. "Ministro Barroso extingue pena de José Dirceu no mensalão". *Consultor Jurídico*, 17 out. 2016. Disponível em: <http://bit.ly/2IAcYzW>. Acesso em: 18 mar. 2018.
37. Moka, Waldemir. Projeto de Lei n° 580 de 2015. Disponível em: <http://bit.ly/2CVkDJT>. Acesso em: 9 jan. 2018.

38. "Projeto que obriga preso a pagar suas despesas deve prejudicar mais pobres". *Consultor Jurídico*, 19 jan. 2017. Disponível em: <http://bit.ly/2mjX96U>. Acesso em: 9 jan. 2018.
39. Cieglinski, Thais. "Cármen Lúcia: respeitar direito dos presos e de a sociedade dormir em sossego". Conselho Nacional de Justiça, 8 jan. 2018. Disponível em: <http://bit.ly/2AKsZ17>. Acesso em: 9 jan. 2018.
40. "Estudante é morto com tiro na cabeça durante assalto em SP". *G1*, 10 abr. 2013. Disponível em: <https://glo.bo/2IyrQPr>. Acesso em: 18 mar. 2018.
41. Turollo Jr., Reynaldo e Machado, Leandro. "Símbolo da redução penal, jovem é solto antes do prazo máximo em SP". *Folha de S.Paulo*, 4 jul. 2015. Disponível em: <http://bit.ly/2pmdCZ7>. Acesso em: 18 mar. 2018
42. "Dobra número de adolescentes cumprindo medidas socioeducativas por infrações". *Consultor Jurídico*, 26 nov. 2016. Disponível em: <http://bit.ly/2GI0d64>. Acesso em: 18 mar. 2018.
43. Corrêa, Hudson. "Traficantes cariocas recrutam e armam crianças cada vez mais novas para o crime". *Época*, 16 jan. 2017. Disponível em: <https://glo.bo/2FV3QV6>. Acesso em: 18 mar. 2018.
44. Idem.
45. Loeffler, Charles E.; Chalfin, Aaron. "Estimating the Crime Effects of Raising the Age of Majority: Evidence from Connecticut", in *Criminology & Public Policy*, v. 16, n. 1, 2017, p. 45-71. Disponível em: <http://bit.ly/2FKkDOz>. Acesso em: 18 mar. 2018.
46. Damm, Anna Piil; Larsen, Britt Østergaard; Nielsen, Helena Skyt; Simonsen, Marianne. "Lowering the minimum age of criminal responsibility: Consequences for juvenile crime and education". *Economics Working Papers*, out. de 2017, Department of Economics and Business Economics, Aarhus University. Disponível em: <http://bit.ly/2pltnAu>. Acesso em: 18 mar. 2018.
47. Lee, David S.; McCrary, Justin. "The Deterrence Effect of Prison: Dynamic Theory and Evidence". *Advances in Econometrics*, 2017, v. 38, Berkeley. Disponível em: <http://bit.ly/2G4vbaw>. Acesso em: 18 mar. 2018.
48. Adolescentes são extremamente imediatistas, fazendo com que suas preferências temporais os influenciem a ponto de pensarem tão somente no horizonte imediato. O efeito dissuasivo oferecido por um sistema

penal e policial depende, em larga escala, da capacidade média das pessoas em questão de levar em conta as probabilidades futuras de virem a ser investigadas, julgadas, e eventualmente punidas, ficando o grau da punição em última escala de análise pelo potencial infrator. Logo, o que faz maior diferença na eficácia para controle de segurança é a certeza de punição certeira e célere, mesmo que a pena não seja tão grave. Mas se o Judiciário for moroso no julgamento e condenação, as mudanças na lei podem ter pouca eficácia prática. Ver Lee, David S.; McCrary, Justin. "The Deterrence Effect of Prison: Dynamic Theory and Evidence". *Advances in Econometrics*, 2017, v. 38, Berkeley. Disponível em: <http://bit.ly/2G4vbaw>. Acesso em: 18 mar. 2018.

49. Addobbati, Ana. "Justiça condena homem a cinco anos de prisão por roubo de uma galinha". *Jusbrasil*. Disponível em: <http://bit.ly/2DG5jBr>. Acesso em: 5 fev. 2018.
50. "SP: Mulher que roubou pote de manteiga é condenada". *Portal Terra*, 7 dez. 2006. Disponível em: <http://bit.ly/1ZmjOJI>. Acesso em: 5 fev. 2018.
51. Barbosa, Rogério. "Justiça manda soltar homem preso há sete meses por furtar bolachas e leite condensado". *UOL Notícias*, 23 mai. 2012. Disponível em: <http://bit.ly/2ni0zqO>. Acesso em: 5 fev. 2018.
52. "Jornalista Pimenta Neves sai da prisão e cumpre pena em casa desde o dia 10". *Folha de S.Paulo*, 17 fev. 2016. Disponível em: <https://bit.ly/2qNh14y>. Acesso em: 5 fev. 2018.
53. Casado, Letícia. "STF condena Maluf por lavagem de dinheiro". *Folha de S.Paulo*, 23 mai. 2017. Disponível em: <https://bit.ly/2qhdZCw>. Acesso em: 5 fev. 2018.
54. Turollo Jr., Reynaldo. "STF nega a Maluf direito a mais um recurso, mas o mantém preso em casa". *Folha de S.Paulo*, 19 abr. 2018. Disponível em: <https://bit.ly/2qPLGNY>. Acesso em: 21 abr. 2018.
55. Elster, John. *Karl Marx: A Reader*. Nova York: Cambridge University Press, 1999, p. 320-321.

PARTE 4: PRIVILÉGIOS, RESPONSABILIDADE E O SENTIDO DA VIDA

1. Pieper, Josef. "Los 'Derechos Humanos'", in *Mikael — Revista del Seminario de Paraná*, Paraná, Argentina, ano 7, n. 21, 1979, p. 91-92.

1. A dinâmica incoercível do Estado moderno

   1. Sousa, José Pedro Galvão de. *Da representação política*. São Paulo: Edição Saraiva, 1971, p. 23-24.
   2. Idem, p. 24.
   3. Idem.
   4. Idem, p. 70.
   5. Idem, p. 24.
   6. Idem, p. 69.
   7. Tocqueville, Alexis. *A democracia na América. Livro II: Sentimentos e Opiniões*. São Paulo: Martins Fontes, 2000, p. 387.
   8. Idem, p. 388.
   9. Idem, p. 392.
   10. Idem.
   11. Idem.
   12. Idem.
   13. Hayek, Friedrich. *O caminho da servidão*. São Paulo: Instituto Ludwig von Mises Brasil, 2010, p. 19.

2. Incentivos e privilégios

   1. Ariely, Dan. *Previsivelmente racional*. Alfragide, Portugal: Estrela Polar, 2009, p. 35-36.
   2. Idem, p. 36.
   3. Dalrymple, Theodore. *Não com um estrondo, mas com um gemido: a política e a cultura do declínio*. São Paulo: É Realizações, 2016, p. 104-105.

4. O equívoco do patrimonialismo

   1. Analiso o patrimonialismo no Brasil com base nas concepções de Max Weber e Antonio Paim no capítulo "Patrimonialismo não é nome de rua" do meu livro *Pare de acreditar no governo — por que os brasileiros não confiam nos políticos e amam o Estado*. Rio de Janeiro: Editora Record, 2015, p. 66-71.

6. Em busca de sentido

   1. Frankl, Viktor. *Em busca de sentido*. São Leopoldo, Rio de Janeiro: Editora Sinodal/Vozes, 2017, p. 123.

2. Carvalho, Olavo de. *O Jardim das Aflições*. Campinas: Vide Editorial, 2015.
3. Refiro-me aqui ao célebre tríptico *Jardim do Éden*, *Jardim das Delícias Terrenas* e *Inferno*, de Hieronymus Bosch, pseudônimo do pintor holandês Jeroen van Aeken.
4. Kolnai, Aurel. "The Utopian Negation of Fundamental and Ineliminable Distinctions". *The Utopian Mind and Other Papers*. Londres: The Athlone Press, 1995, p. 183.
5. Frankl, op. cit., p. 130.
6. Idem, p. 131.
7. Idem.
8. Scruton, Roger. *Como ser um conservador*. Rio de Janeiro: Record, 2016, p 8-9.

7. Dever e responsabilidade: que nação queremos ser?

1. Ortega y Gasset, José. "La rebelión de las masas", in *Obras completas*. Tomo IV (1929-1933). Madrid: Revista de Occidente, 1966, p. 276.
2. Lasch, Christopher. *A rebelião das elites e a traição da democracia*. Rio de Janeiro: Ediouro, 1995, p. 38.
3. Idem.
4. Idem, p. 39.
5. Idem.
6. Ortega y Gasset, op. cit., p. 178.
7. Peterson, Jordan. "O sentido da vida para os homens", 19 abr. 2018. Disponível em: <https://bit.ly/2NrmRSa >. Acesso em: 19 jul. 2018. Veja também o vídeo "Os jovens estão famintos por responsabilidades", 28 set. 2017. Disponível em: <https://bit.ly/2JIpvks>. Acesso em: 19 jul. 2018.

Bibliografia

Amaral, Luciano. *Rica vida: crise e salvação em 10 momentos da história de Portugal*. Alfragide: D. Quixote, 2014.
Aquino, Santo Tomás de. *Da justiça*. Campinas: Vide Editorial, 2012.
_____. *Treatise on law (Summa theologica, Question 90-97)*. Chicago: H. Regnery, 1967.
Aristóteles. *Nicomachean Ethics*. Loeb Classical Library, vol. XIX. Harvard: Harvard University Press, 1926.
Banco Mundial. "Emprego e Crescimento: a agenda da produtividade", in *The World Bank*, 17 de março. Disponível em: <http://bit.ly/2HIBpdd>. Acesso em: 18 mar. 2018.
Boétie, Étienne de La. *Discurso sobre a servidão voluntária*. São Paulo: Revista dos Tribunais, 2009.
Bradie, Michael et al. *Action and responsibility*. v. II. Ohio: Bowling Green State University, 1980.
Brubaker, William Rogers. "The French Revolution and the Invention of Citizenship", in *French Politics and Society*, v. 7, n. 3, verão 1989.
Burke, Edmund. *Reflexões sobre a Revolução em França*. Tradução e introdução de Ivone Moreira. Lisboa: Fundação Calouste Gulbenkian, 2015.
Camargo, Anamaria; Miotto, Giuliano (orgs.). *Educar é libertar: uma nova abordagem aos desafios da educação no Brasil*. Goiânia: Kelps, 2017.
Cardoso, Luciana Zaffalon Leme. "Uma espiral elitista de afirmação corporativa: blindagens e criminalizações a partir do imbricamento das disputas do sistema de justiça paulista com as disputas da política convencional". Tese (Doutorado em Administração Pública

e Governo) — FGV — Fundação Getulio Vargas, São Paulo, 2017. Disponível em: <https://bit.ly/2xhWj2G>. Acesso em: 26 mai. 2018.

Carroll, Lewis. *Aventuras de Alice no País das Maravilhas e Através do Espelho e o que Alice Encontrou Lá*. São Paulo: Editora 34, 2015.

Carvalho, Amilton Bueno de. *Direito Alternativo em Movimento*. Niterói: Luam Editora, 1999.

Carvalho, Olavo. *O Jardim das Aflições*. Campinas: Vide Editorial, 2015.

Cícero. *Tratado da República*. Lisboa: Círculo dos Leitores, 2008.

Costa, Ricardo da; Zierer, Adriana. "Boécio e Ramon Llull: A Roda da Fortuna, princípio e fim dos homens", in *Revista Convenit Internacional*, v. 5, 2000. Disponível em: <htttps://bit.ly/2G9N7MT>.

Coutinho, João Pereira. "Política e Perfeição: Um Estudo sobre o Pluralismo de Edmund Burke e Isaiah Berlin". Tese (Doutorado em Ciência Política) — Instituto de Estudos Políticos da Universidade Católica Portuguesa, Lisboa, 2008.

Dalrymple, Theodore. *Não com um estrondo, mas com um gemido: a política e a cultura do declínio*. São Paulo: É Realizações, 2016.

_____. *Nossa cultura... Ou o que restou dela: 26 ensaios sobre a degradação dos valores*. São Paulo: É Realizações, 2015.

_____. *A vida na sarjeta: o círculo vicioso da miséria moral*. São Paulo: É Realizações, 2014.

Damm, Anna Piil; Larsen, Britt Østergaard; Nielsen, Helena Skyt; Simonsen, Marianne. "Lowering the minimum age of criminal responsibility: Consequences for juvenile crime and education", in *Economics Working Papers*, outubro de 2017, Department of Economics and Business Economics, Aarhus University. Disponível em: <http://bit.ly/2pltnAu>. Acesso em: 18 mar. 2018.

Da Ros, Luciano. "O custo da Justiça no Brasil: uma análise comparativa exploratória", in *Newsletter*. Observatório de elites políticas e sociais do Brasil. v. 2, n. 9, 2015. p. 3-5. Disponível em: <http://bit.ly/1Ti6CaZ>. Acesso em: 14 nov. 2017.

Diniz, Débora e Medeiros, Marcelo. "Aborto no Brasil: uma pesquisa domiciliar com técnica de urna", in *Ciência & Saúde Coletiva*, 15 (Supl. 1): 959-966, 2010. Disponível em: <http://bit.ly/2CBMNpp>. Acesso: 5 dez. 2017.

Diniz, Maria Helena. *Dicionário Jurídico*. Saraiva: São Paulo, 1998.

Dip, Ricardo; Moraes Jr., Volney Corrêa Leite de. *Crime e castigo: reflexões politicamente incorretas*. Campinas: Millenium Editora, 2002.

Dubner, Stephen J.; Levitt, Steven D. *Freakonomics + Superfreakonomics*. Edição 2 em 1. Rio de Janeiro: Elsevier, 2012, p. 128-129.

Dutz, Mark et al. *Emprego e crescimento: a agenda da produtividade*. Brasília: Banco Mundial, 2018. Disponível em: <https://bit.ly/2InOQR7>. Acesso em: 23 mai. 2018.

Dworkin, Ronald. *Levando os direitos a sério*. São Paulo: Martins Fontes, 2002.

Echeñique, Javier. *Aristotle's ethics and moral responsibility*. Cambridge: Cambridge University Press, 2012.

Elster, John. *Karl Marx: A Reader*. Nova York: Cambridge University Press, 1999.

Faoro, Raymundo. *Os donos do poder: formação do patronato político brasileiro*. São Paulo: Editora Globo, 2012.

Feinberg, Joel. *Doing & deserving: Essays in the theory of responsibility*. Princeton: Princeton University Press, 1974.

Ferreira, Ligia Fonseca. "Luís Gama: um abolicionista leitor de Renan", in *Estudos Avançados*, São Paulo, v. 21, n. 60, p. 271-288, ago. 2007. Disponível em: <http://bit.ly/2sOBrOf>. Acesso em: 23 fev. 2018.

Filho, Naercio Menezes, e Gabriel Nemer Tenoury. "A Evolução do Diferencial Salarial Público-Privado no Brasil", in *Insper — Centro de Políticas Públicas*. Policy Paper, n. 29, nov. 2017. Disponível em: <https://www.insper.edu.br/wp-content/uploads/2012/05/Evolução-da-diferença-salarial-público-privada.pdf>. Acesso em: 11 mar. 2018.

Frank, André Gunder e Marta Fuentes. "Dez teses acerca dos movimentos sociais", in *Lua Nova*, São Paulo, n. 17, p. 19-48, jun. 1989. Disponível em: <http://bit.ly/2Cpsuii>. Acesso em: 27 fev. 2018.

Frankl, Viktor. *Em busca de sentido*. São Leopoldo, Rio de Janeiro: Editora Sinodal/Vozes, 2017.

Garschagen, Bruno. *Pare de acreditar no governo: por que os brasileiros não confiam nos políticos e amam o Estado*. Rio de Janeiro: Editora Record, 2015.

George, Robert P. *Choque de ortodoxias: direito, religião e moral em crise*. Coimbra: Tenacitas, 2008.

Gianturco, Adriano. *A ciência da política: uma introdução*. 2ª ed. Rio de Janeiro: Forense Universitária, 2018.

Góes, Carlos; Duque, Daniel. "Como as universidades públicas no Brasil perpetuam a desigualdade de renda: fatos, dados e soluções", in *Nota de Política Pública nº 01/2016*. São Paulo: Instituto Mercado Popular. Disponível em: <http://bit.ly/2phq4dF>. Acesso em: 14 mar. 2018.

Góes, Carlos; Nemer, Gabriel. (2018). "Reforma da Previdência: Um Guia para Não-Economistas", in *Nota de Política Pública nº 01/2018*. São Paulo: Instituto Mercado Popular. Disponível em <http://bit.ly/2G3CqvE>.

Góes, Carlos; Karpowicz, Izabela. "Inequality in Brazil: A Regional Perspective", in *IMF — Working Paper*, 31 out. 2017. Disponível em: <http://bit.ly/2F0JolO>. Acesso em: 27 dez. 2016.

Gohn, Maria da Glória. "Movimentos sociais na contemporaneidade", in *Rev. Bras. Educ.*, Rio de Janeiro, v. 16, n. 47, p. 333-361, ago. 2011. Disponível em: <http://bit.ly/1mikgdv>. Acesso em: 27 fev. 2018.

Goodin, Robert. E.; Schmidtz, David. *Social welfare and individual responsibility*. Cambridge: Cambridge University Press, 1998.

Guimarães, Bernardo. *A riqueza da nação no século XXI*. Edição do autor para Kindle, 2015.

Hayek, Friedrich. *O caminho da servidão*. São Paulo: Instituto Ludwig von Mises Brasil, 2010.

Henrique da Cunha Tavares. *Os limites para instituição de obrigações tributárias acessórias à luz do princípio da proporcionalidade e do dever fundamental de contribuir com os gastos públicos*. Dissertação (Mestrado em Direito) — Faculdade de Direito de Vitória, Espírito Santo, 2014.

Hobbes, Thomas. *Leviatã ou matéria, forma e poder de uma república eclesiástica e civil*. São Paulo: Martins Fontes, 2014.

Huemer, Michael. *The problem of political authority: an examination of the right to coerce and the duty to obey*. Nova York: Palgrave Macmillan, 2013.

Ikeda, Sanford. "Rent-Seeking: A Primer", in *Ideas on Liberty*, nov. 2003, p. 26. Disponível em: <https://bit.ly/2saS6YW>. Acesso em: 23 mai. 2018.

Instituto de Pesquisas Econômicas Aplicadas e Fórum Brasileiro de Segurança Pública. Mapa da Violência 2017. Disponível em: <http://bit.ly/2E0IUii>. Acesso em: 5 fev. 2018.

Jouvenel, Betrand. *As origens do Estado moderno: uma história das ideias políticas no século XIX*. Rio de Janeiro: Zahar, 1978.

_____. *O poder: história natural do seu crescimento*. São Paulo: Peixoto Neto, 2010.

Kristol, Irving. "'Human Rights' — The Hidden Agenda", in *The Neoconservative Persuasion: Selected Essays, 1942—2009*. Nova York: Basic Books, 2011.

Kolnai, Aurel. "The Utopian Negation of Fundamental and Ineliminable Distinctions", in *The Utopian Mind and Other Papers*. Londres: The Athlone Press, 1995.

Lasch, Christopher. *A rebelião das elites e a traição da democracia*. Rio de Janeiro: Ediouro, 1995.

Latif, Zeina; Lisboa, Marcos. "Democracy and Growth in Brazil", in *Insper Working Paper*, WPE: 311/2013. Disponível em: <https://bit.ly/2GGqAHC>. Acesso em: 14 mar. 2018.

_____. "Seminário PEC 241 e a dimensão fiscal da crise: parte 1", 28 set. 2016. Disponível em: <http://bit.ly/2plZtMj>. Acesso em: 18 mar. 2018.

Lee, David S.; McCrary, Justin. "The Deterrence Effect of Prison: Dynamic Theory and Evidence", in *Advances in Econometrics*, Berkeley, v. 38, 2017. Disponível em: <http://bit.ly/2G4vbaw>. Acesso em: 18 mar. 2018.

Leite, Carlos Henrique Bezerra. *Curso de Direito do Trabalho*. 9ª ed. São Paulo: Saraiva, 2018.

Lenine, V. I. *O Estado e a Revolução*. Porto: Vale Formoso, 1970.

Levy, Neil. *Consciousness and Moral Responsibility*. Oxford: Oxford University Press, 2014.

Lisboa, José da Silva da. *Constituição moral e dos deveres do cidadão com exposição da moral pública conforme o espírito da Constituição do Império*. Parte 1. Rio de Janeiro: Typographia Nacional, 1824.

Loeffler, Charles E.; Chalfin, Aaron. "Estimating the Crime Effects of Raising the Age of Majority: Evidence from Connecticut", in *Criminology & Public Policy*, v. 16, n. 1, 2017, pp. 45-71. Disponível em: <http://bit.ly/2FKkDOz>. Acesso em: 18 mar. 2018.

Lynch, Christian Edward Cyril. *Da monarquia à oligarquia: história institucional e pensamento político brasileiro (1822-1930)*. São Paulo: Alameda Casa Editorial, 2014.

Martins Filho, Ives Gandra da Silva. "A Reforma Trabalhista no Brasil", in *Revista de Direito do Trabalho*, São Paulo, ano 43, v. 181, set. 2017.

May, Thomas. *Autonomy, authority and moral responsibility*. Berlim: Springer Science+Business Media Dordrecht, 1998.

Mattos, Alexandre José Negrini de. *Maximização da utilidade esperada, planejamento tributário e governança corporativa*. 2017. Dissertação (Mestrado em Controladoria e Contabilidade) — Faculdade de Economia, Administração e Contabilidade de Ribeirão Preto, Universidade de São Paulo, Ribeirão Preto, 2017, p. 8. Disponível em: <http://bit.ly/2BmAdwd>. Acesso em: 12 fev. 2018.

McIntosh, Peggy. "White Privilege and Male Privilege: A Personal Account of Coming to See Correspondences Through Work in Women's Studies (1988)", in *Working Paper* #189, Wellesley Centers for Women, Wellesley, MA 02481. Disponível em: <http://bit.ly/29N1xWH>. Acesso em: 3 mar. 2018.

Medeiros, Marcelo; Souza, Pedro. "Gasto Público, Tributos e Desigualdade de Renda no Brasil", in *Textos Para Discussão*, Instituto de Pesquisa Econômica Aplicada (IPEA), Brasília/Rio de Janeiro, jun. 2013. Disponível em: <http://bit.ly/2nRXAEK>. Acesso em: 27 dez. 2016.

Melo, Gladstone Chaves de. *Origem, formação e aspectos da cultura brasileira.* Lisboa: Centro do Livro Brasileiro, 1974.

Mencken, H. L. *Prejudices: Second Series.* Nova York: Alfred A. Knopf, 1920.

Mercadante, Paulo. *A coerência das incertezas.* São Paulo: É Realizações, 2001.

Minogue, Kenneth. *The Servile Mind: How Democracy Erodes the Moral Life.* Nova York: Encounter Books, 2012.

Moore, Michael S. *Causation and responsibility: an essay in law, morals, and metaphysics.* Oxford: Oxford University Press, 2010.

Moreira, Ivone. *A filosofia política de Edmund Burke.* Moinho Velho: Editorial Aster, 2012.

Morgado, Miguel. *A aristocracia e os seus críticos.* Lisboa: Edições 70, 2008.

_____. *Autoridade.* Lisboa: Fundação Francisco Manuel dos Santos, 2010.

Moyn, Samuel. "Rights vs. Duties: Reclaiming Civic Balance", in *Boston Review*, 16 mai. 2016. Disponível em: <https://bit.ly/1R9jqt0>. Acesso em: 15 dez. 2017.

Noronha, Ibsen. *Da contra-revolução e seus inimigos.* São Luís: Livraria Resistência Cultural Editora, 2018.

Nucifora, Antonio et alii. *Um ajuste justo: análise da eficiência e equidade do gasto público no Brasil.* v. I, síntese, nov. 2017, p. 48-49. Disponível em: <http://bit.ly/2hRpnHj>. Acesso em: 29 nov. 2017.

Oakeshott, Michael. *Rationalism in Politics and Other Essays.* Indianápolis: Liberty Fund, 1991.

_____. *The Politics of Faith & The Politics of Scepticism.* Yale: Yale University Press, 1996.

Ortega y Gasset, José. *História como sistema: Mirabeau ou o político.* Brasília: Editora da Universidade de Brasília, 1982.

_____. "La rebélion de las masas", in *Obras Completas*. Tomo IV (1929-1933). Madrid: Revista de Occidente, 1966.

Paim, Antônio. *A querela do estatismo*. Rio de Janeiro: Tempo Brasileiro, 1978.

Pessi, Diego; Souza, Leonardo Giardin. *Bandidolatria e democídio: ensaio sobre o garantismo penal e criminalidade no Brasil*. São Luís: Livraria Resistência Cultural Editora/Editora Armada, 2017.

Peters, Richard. *Authority Responsibility and Education*. Londres: Ruskin House, 1959.

Pieper, Josef. "Los 'Derechos Humanos'", in *Mikael — Revista del Seminario de Paraná*, Paraná, Argentina, ano 7, n. 21, 1979, p. 91-100.

Pinheiro, Maria Cláudia Bucchianeri. "A Constituição de Weimar e os direitos fundamentais sociais: a preponderância da Constituição da República Alemã de 1919 na inauguração do constitucionalismo social à luz da Constituição de 1917", in *Revista da Informação Legislativa*, v. 43, n. 169, p. 101-126, jan./mar. 2006, p. 115-117. Disponível em: <http://bit.ly/2GUqZXw>. Acesso em: 28 fev. 2018.

Pio, Carlos et alli. "Abertura comercial para o desenvolvimento Econômico. Relatório de Conjuntura nº 3", in Secretaria Especial de Assuntos Estratégicos, Presidência da República, mar. 2018. Disponível em: <http://bit.ly/2HINaAn>. Acesso em: 18 mar. 2018.

Preta, Stanislaw Ponte. *Febeapá: Festival de Besteira que Assola o País*. São Paulo: Companhia das Letras, 2015.

Pufendorf, Samuel. *The whole duty of man according to the Law of Nature*. Indianapolis: Liberty Fund, 2003.

Ramirez, R. P. Santiago. *El Derecho de Gentes*. Madri: Ediciones Stvdivm, 1955.

Ramos, André Luiz Santa Cruz. *Direito Empresarial Esquematizado*. 4ª ed. rev. atual. e ampl. São Paulo: Editora Método, 2014, p. 527.

Rawls, John. *Uma teoria da justiça*. Lisboa: Editorial Presença, 2001.

Reale, Miguel. *Filosofia do Direito*. São Paulo: Saraiva, 1999.

Rocha, Julio César de Sá. *Direito da saúde: direito sanitário na perspectiva dos interesses difusos e coletivos*. São Paulo: LTr, 1999.

Rodríguez, Ricardo Vélez. *Patrimonialismo e a realidade latino-americana*. Rio de Janeiro: Documenta Histórica, 2016.

Rosa, Adolfo de Oliveira. *A face oculta da "ética do medo" no poder público: uma análise teórica das variáveis de evasão fiscal ampliadas por Richardson (2008)*. Dissertação (Mestrado em Ciências Contábeis) — Fundação Instituto

Capixaba de Pesquisas em Contabilidade, Economia e Finanças (Fucape), Vitória/ES, 2011, p. 87. Disponível em: <https://bit.ly/2rvXCF2>. Acesso em: 16 dez. 2017.

Rousseau, J. J. *O contrato social: princípios do Direito Político*. São Paulo: Martins Fontes, 1999.

Salama, Bruno; Carlotti, Danilo; Yeung, Luciana. "As decisões da Justiça Trabalhista são imprevisíveis?", in *Insper*. Disponível em: <https://bit.ly/2LjN9F9>. Acesso em: 2 jun. 2018.

Sarlet, Ingo Wolfgang e Marinoni, Luiz Guilherme. *Curso de Direito Constitucional*. São Paulo: Editora Saraiva, 2012.

Sáenz, Alfredo. *La Revolución Francesa. Segunda Parte: La Revolución Desatada*. Buenos Aires: Gladius, 2011.

Scruton, Roger. *Como ser um conservador*. Rio de Janeiro: Record, 2016.

Sieyès, Emmanuel-Joseph. *An Essay on Privileges, and Particularly on Hereditary Nobility*. Londres: J. Ridgway York-Street, 1791.

Silva, José Afonso da. *Curso de Direito Constitucional*. 18ª ed. São Paulo: Malheiros, 2000, p. 311.

Simmons, A. John; Wellman, Christopher Heath. *Is there a duty to obey the law?* Cambridge: Cambridge University Press, 2005.

Sousa, José Pedro Galvão de. *Da representação política*. São Paulo: Edição Saraiva, 1971.

Sowell, Thomas. *Barbarians inside the gates and other controversial essays*. Stanford: Hoover Institution Press, 1999.

_____. *Conflito de Visões*. São Paulo: É Realizações, 2011.

_____. *Is Reality Optional? and Other Essays*. Stanford: Hoover Institution Press, 1993.

_____. *Os intelectuais e a sociedade*. São Paulo: É Realizações, 2011.

Sperandio, Luan. 2017. "Consequências do Intervencionismo no Mercado de Saúde Suplementar Brasileiro", in *MISES: Revista Interdisciplinar de Filosofia, Direito e Economia*, v. 5, n. 1, p. 125-136, 2017. Disponível em: <http://bit.ly/2pjDF31>. Acesso em: 13 mar. 2018.

Strauss, Leo. *Direito natural e história*. Lisboa: Edições 70, 2009.

Tocqueville, Alexis. *A Democracia na América. Livro I: Leis e Costumes*. São Paulo: Martins Fontes, 2000.

_____. *A Democracia na América. Livro II: Sentimentos e Opiniões*. São Paulo: Martins Fontes, 2000.

_____. *Lembranças de 1848. As Jornadas Revolucionárias em Paris*. São Paulo: Companhia das Letras, 2011.

Torres, João Camilo. *O elogio do conservadorismo e outros escritos*. Curitiba: Arcádia, 2016.

Tourinho Filho, Fernando da Costa. *Código de Processo Penal Comentado*. São Paulo: Saraiva, 2012, p. 363-365.

Tullock, Gordon; Brady, Gordon L.; Seldon, Arthur. *Government Failure: a Primer in Public Choice*. Washington, D.C.: Cato Institute, 2005.

Tullock, Gordon. Virginia Political Economy, in *The Selected Works of Gordon Tullock*, v. 1. Indianapolis: Liberty Fund, 2004.

Villey, Michel. *O Direito e os direitos humanos*. São Paulo: Martins Fontes, 2007, p. 2.

Villey, Michel. *A formação do pensamento jurídico moderno*. São Paulo: Martins Fontes, 2005.

Voegelin, Eric. The Nature of the Law, and Related Legal Writings, in *The Collected Works of Eric Voegelin*, v. 27. Lousiana: Louisiana State University Press, 1991.

Este livro foi composto na tipografia Palatino LT
Std, em corpo 11/16, e impresso em
papel off-white no Sistema Cameron da
Divisão Gráfica da Distribuidora Record.